爱的期许：
家庭教育及其他

张能治 著

中山大学出版社
· 广州 ·

版权所有　翻印必究

图书在版编目（CIP）数据

爱的期许：家庭教育及其他/张能治著.—广州：中山大学出版社，2020.10
ISBN 978－7－306－06946－7

Ⅰ.①爱… Ⅱ.①张… Ⅲ.①儿童教育—家庭教育 Ⅳ.①G782

中国版本图书馆 CIP 数据核字（2020）第 166144 号

出　版　人：王天琪
策划编辑：蔡浩然
责任编辑：蔡浩然
封面设计：林绵华
责任校对：周　玢
责任技编：何雅涛
出版发行：中山大学出版社
电　　话：编辑部 020－84110771，84113349，84111997，84110779
　　　　　发行部 020－84111998，84111981，84111160
地　　址：广州市新港西路 135 号
邮　　编：510275　　传　　真：020－84036565
网　　址：http：//www.zsup.com.cn　E-mail：zdcbs@mail.sysu.edu.cn
印　刷　者：佛山市浩文彩色印刷有限公司
规　　格：787mm×1092mm　1/16　25.75 印张　365 千字
版次印次：2020 年 10 月第 1 版　2020 年 10 月第 1 次印刷
印　　数：1—2500 册
定　　价：75.00 元

如发现本书因印装质量影响阅读，请与出版社发行部联系调换

谨以此书献给我的家人、亲人、朋友！
献给关注孩子健康快乐成长的人们！

家庭教育的核心是爱,
爱要科学,
爱的结果:
有责任,
懂感恩,
能独立,
敢担当,
善担当!

——张能治

内 容 简 介

这是一本教人如何以爱的信念做好对孩子教育的书。

全书以促进孩子德、智、体、美、劳全面发展为导向，论述了要教育好孩子，就必须提高家长和教师自身的教育素质；介绍了家庭教育的思路、方法和经验，字里行间充满着关爱孩子、关注家庭教育的情结。书中还记述了作者对亲人、老师和同学的情谊，令人感动。

本书内容丰富，文字流畅，可读性强，不仅对孩子家长做好家庭教育有指导作用，而且对中小学、幼儿园老师做好对孩子的教育工作也有重要的参考价值。

目录 CONTENTS

🦋 专家导读
家长和教师的良师益友／赵忠心／Ⅱ
爱心的结晶／黄卓才／Ⅳ
教育之道，爱与榜样／李　晓／Ⅴ
爱之道爱之行的探索／骆　风／Ⅶ

🦋 前言
爱的信念／张能治／1

🦋 第一章　少年之歌
我想当翻译家／2
一个有为的少年／5
特别奖／8
Wait a minute，please（请等一下）／9
他的中国情结／11
为孩子出书　为未来呐喊／14

第二章 读书之歌

使孩子"成一个独立的人"
　　——读鲁迅《我们现在怎样做父亲》/ 18

爱而有度　严而有格
　　——读胡适《我的母亲》/ 20

美丽的人生画卷
　　——评邓淑娟的《悠悠我心》/ 22

不倒翁 / 27

书籍的选择与阅读 / 29

让读书成为生活的一种习惯
　　——与青少年朋友谈读书 / 31

自学能力，撞击成功的巨大力量 / 40

创造出值得自己崇拜的孩子 / 42

爱·创造·快乐着
　　——谈《爱，让孩子快乐成长——e时代家庭教育真谛》
　　的主题 / 45

科学育儿　快乐成长
　　——谈《家庭教育那些事儿》的主题及其他 / 48

教育孩子的艺术
　　——解读《叩开孩子心扉的艺术：谈家庭教育那些事》
　　的结构与主题 / 51

珍藏记忆　分享快乐
　　——在《明湖秋月》首发式上致词 / 55

拥抱暨南　拥抱未来
　　——在《情满暨南》首发式上致词／58

🦋 第三章　亲情之歌

愿每个家庭都美丽幸福／62

心愿／64

回家／67

情结／69

牵手／73

这个冬天很"暖和"／80

急需的就是最好的／82

带来温暖的人／84

难以忘怀的共产主义长征队／88

🦋 第四章　感恩之歌

我的情和爱／94

师恩难忘／96

姐弟情深／98

自信的人生／100

严谨的学者　成功的父亲／103

从《东凤高级小学校歌》到史诗《甘工鸟》／107

第五章　自信之歌

"真了不起！" / 116

朝阳读书，人生朝阳 / 118

创新与坚持 / 119

积极开展科技教育，努力提高中小学生的科技素质 / 121

一本极具特色的家教读物 / 127

第六章　生命之歌

"扫地"的现代教育意义 / 132

做生命的强者 / 134

陆游《食粥》诗的现代意义 / 144

享受生活每一天 / 146

人生有"伴"欢乐多 / 149

第七章　公益之歌

公益，让社会更加和谐 / 156

成长心连心 / 158

把爱带给孩子的人 / 161

心系公益的"格林教育" / 164
一个有梦想的创业者 / 171
热心家庭教育的 G / 173

第八章　刊物之歌

积极探索网络环境下的家庭教育 / 176
教育始于家庭
　　——《当今家庭教育》走过七年的路 / 178
我们是家庭教育的奉献者 / 186
少年是无可估量的 / 190
智慧的桥梁　联系的纽带 / 192
科学呵护孩子 / 194
让大家都高兴 / 196
从《暨南情怀》到《暨南情愫》 / 198

第九章　写书之歌

让孩子学会自我教育 / 202
爱孩子要科学 / 204
享受家庭教育 / 206
为了孩子们的快乐成长 / 208
让孩子尽早从你的生命中独立出去 / 210

家的温馨与魅力 / 212

家庭教育著作种种 / 214

成就孩子有作为的人生 / 217

"明湖秋月"永远伴着我们 / 219

友谊的结晶 / 220

自豪的暨南人 / 222

众人拾柴火焰高 / 224

第十章　校长之歌

论中小学校长的心理素质及其培养 / 228

主动·和谐·求是·创新
　　——谈校训与优质教育 / 234

主动作为，家庭事业双丰收 / 240

赞"主动"的办学理念 / 242

第十一章　局长之歌

教育科研与素质教育 / 246

努力做一个青少年成长的促进者 / 255

一个经济特区教育工作者的心声 / 262

教导主任在实施新课程中的角色定位 / 265

第十二章　关工之歌

我们是家庭教育的痴心者／272

关心我们自己孩子的教育吧／279

做一个对儿童有所帮助的人
　　——写在第二次荣获"全省关心下一代工作先进
　　　工作者"称号之际／281

将关爱送给每个家庭
　　——"金平区关心下一代家庭教育讲师团"的
　　　工作回顾／286

阅读，让孩子终生受益／301

第十三章　陶研之歌

创造教育之光
　　——论陶行知的创造教育思想及其现实意义／310

陶行知的教育目标与当今的素质教育／319

以陶为师，爱满学生
　　——谈教师职业道德／325

我们要向陶行知学习些什么／343

第十四章　督导之歌

一个教育督学的人生追求 / 352

像葵花一样天天向着太阳 / 360

给陈店小学的一封信 / 362

注重规范，超越规范，凸显学校个性 / 364

第十五章　演讲之歌

张能治演讲专题 / 368

家庭教育 / 368

青少年教育 / 369

成人继续教育 / 369

读者之声

印象深刻，特色鲜明 / 林　枫 / 372

"爱与榜样"的好书 / 苏耀良 / 372

有大爱之心的智人 / 陈景山 / 373

一个幸福的家 / 黄卓才 / 374

最令晚辈敬仰的人 / 洪　琳 / 374

一个优美的故事 / 陈俊乾 / 375

《牵手》读后感 / 邓淑娟 / 376

《牵手》动我情／陈遵宝／377

您永远是我们的老师／陈三鹏／378

文情并茂的《牵手》／赵崇兴／379

众人赞《牵手》／黄健桢等／380

 后记

爱的心声／张能治／384

专家导读

家长和教师的良师益友

赵忠心

张能治先生的《爱的期许：家庭教育及其他》一书即将出版，我有幸先睹为快。

张能治先生是中学教师出身，做过中学校长、教育局局长。他长期专门从事家庭教育研究和推广工作，取得了丰硕的成果，获得了很大的社会效益。

张先生是一位事业心很强，且拥有真才实学的教育工作者，是名副其实的教育专家。他应邀到全国各地做家庭教育演讲几百场，主编家庭教育杂志，撰写、出版家庭教育著作。他既能深入实际调查研究，又能坐下来，沉下心来，认真思考、钻研家庭教育理论问题，刻苦探索家庭教育的规律，为发展、繁荣我国的家庭教育事业奉献自己的一份力量。

《爱的期许：家庭教育及其他》一书是张能治先生的第五部家庭教育著作，很有实践价值和理论价值。该书有几个显著特点：

该书自始至终以素质教育为导向，以促进孩子德、智、体、美、劳全面发展为主要内容，引导读者认识到，培养教育孩子是一个系统工程，要全面关心、培养孩子，力戒片面的"一半的教育"和畸形的"单打一"不良倾向，为孩子身心协调发展和积蓄发展的后劲奠定基础。

该书从多侧面、多角度对影响孩子身心发展的种种主客观因素进行了全面的分析，努力引导读者认识到，随着社会的发展和社会生活的复杂化，影响孩子成长发展的"变数"越来越多，培养教育孩子是一个复杂的过程。千万不能把家庭教育简单化、庸俗化，不能轻信社会上流传的种种教子"秘诀"、"绝招"、合辙押韵的"顺口溜"和虚头巴脑的"口号"。

该书自始至终引导读者要认识到，培养教育孩子是一门科学，必须要了解、掌握、尊重孩子身心发展和家庭教育的规律，重点关注培养教育孩子的思想观念问题。学会"用教育的头脑思考孩子的教育问题"，切实提高家长和教师的教育素质；不要把培养教育孩子看成单纯的技术性问题，不要只是关注培养教育孩子的具体做法和手段。

综观全书，可以清楚地看到，该书始终以科学发展观为统帅，充分体现了"今天的教育要有利于孩子今天的发展，更要有利于孩子明天和后天的发展"这样一个科学的理念，努力引导读者克服那种只顾眼前利益而忽视长远利益，甚至以牺牲长远利益为代价的"急功近利"的浅薄的教育思想。

《爱的期许：家庭教育及其他》一书收集了张能治先生的91篇文章，这是作者长期实践和研究的成果。字里行间充满着张先生对家庭教育事业的钟情、对孩子们深沉的热爱，体现了张先生高度的社会责任感。

我深信，张先生的这部家庭教育著作，一定会成为年轻父母和教师的良师益友，帮助家长和教师排忧解难，增强培养孩子的自信心。

2020年4月30日于北京

（作者系中国家庭教育学会原副会长、中国教育学会家庭教育专业委员会名誉理事长、全国网上家长学校名誉校长、北京师范大学教授）

爱心的结晶

黄卓才

张能治老师的新著《爱的期许：家庭教育及其他》收录了91篇精彩原创短文，内容非常丰富。作为一个优秀教育工作者，一个家庭教育专家，"爱"是他整个教育思想和教育实践的核心。这本书无疑是他爱心的结晶，是献给家长和家庭教育工作者的一份厚礼。

作者终生从教，勇于实践，勤勉善思，不断进取。在职期间由普通教师到中学校长，再到教育局局长；长期致力于家庭教育的研究，编刊物，做公益演讲，著书立说……在长期的教育实践中，他对家庭教育已经形成一套从宏观到微观的深刻见解。这本书不讲深奥难懂的理论，而是在精悍的短文中，通过一个个成功的实例，深入浅出地跟读者一起探讨家庭教育的思路、策略和方式方法，介绍行之有效的经验，因此，可读性、参照性都相当强。

功夫不负有心人。我相信，作者"爱的期许"一定会得到预期的回应。

2020年3月16日于暨南园

（作者系暨南大学中文系教授、作家）

专家导读

教育之道，爱与榜样

李 晓

著名家庭教育专家张能治老师寄来他的新作《爱的期许：家庭教育及其他》书稿，一看标题，我脑海中不由得浮现出两句名言。

一句名言，是我国东汉时期大学问家许慎的《说文解字》关于教育的诠释："教，上所施下所效也"，"育，养子使做善也"。教育，就是家长和老师做榜样、示范，让孩子或学生模仿、学习；就是抚育孩子或学生，引导他们往好的方向成长。再一句名言，是世界公认的欧洲19世纪最重要的德国教育家弗里德里希·福禄贝尔说的"教育之道无他，唯爱与榜样而已"。

许慎和福禄贝尔虽一东一西，且相隔17个多世纪，但他们对于教育本质的揭示何其相似！

没有爱，把孩子或学生视同草芥或机器；不示范，家长或老师没有担当好的楷模、善的榜样，要想尽到教育的职责，恐怕是痴人说梦。

为人父母者，并不缺乏对孩子的爱。然而，很多年轻的父母是否领悟了教育的真谛呢？真的通晓了关爱的艺术吗？让我们看看张老师书中讲的几个故事吧。

《使孩子"成一个独立的人"——读鲁迅〈我们现在怎样做父亲〉》，作者介绍鲁迅关于父母对孩子爱的三层要义：爱的第一要义是父母检点自己，给子女一个健康的生理精神的遗传；爱的第二要义是父母教育子女，使子女超越父母；爱的第三要义是父母解放子女，使子女"成一个独立的人"。反观如今不少父母将时间消磨于微信、被手机所绑架的状况，不能不让人感到忧虑。张老师在文中提出，"要结合网络时代的特点，理解孩子、指导孩子、解放孩子，使孩子成为一个能独立思考的人，对社会负有责任感的人"。这是何等重要！

《爱而有度　严而有格——读胡适〈我的母亲〉》，作者介绍胡适的母亲：小的时候，每天早晨醒来，母亲都告诉他昨天他哪件事做错了，哪句话有问题，让他反省认错。这不就是古人所主张的导善纠失吗？母亲处处留心地观察、日复一日地训诫，已然不易。她心目中的善恶对错，亦必定是黑白分明的。至于为何在每天清晨提醒，而不是立即批评，或者临睡叮咛，则或许是场合不宜，或许是担心影响睡眠……何等深沉绵密的母爱啊！张老师在文末强调，"读胡适《我的母亲》，爱而有度，严而有格，这是教育真谛"。

令人印象颇深的《心系公益的"格林教育"》一文，写的是一个女孩热心公益的故事。作者歌颂的是一个海外留学生的中国情结；所传达的是一种新型的教育模式——STEAM教育；所关注的是孩子的教育，尤其是家庭教育；所倡导的是新型的公益观。这个女孩叫洪曼婷，读高中时，就创办公益机构"格林教育"，连续六年举办暑期夏令营，帮助了好几个省数千名城乡孩子。她能够如此热心教育公益，起因于曾经数次随父亲到农村参加扶贫助学活动的感悟。可想而知父亲的身体力行对孩子产生了多么大的影响。

张能治老师致力于教育事业，年届耄耋犹笔耕不辍，已出版五部家庭教育方面的专著，并多次应邀赴全国各地演讲。本文所举，只是其即将付梓的《爱的期许：家庭教育及其他》中的几个片段。相信这部荟萃了91篇文章的新作，一定能像张老师的其他著作一样，给关心家庭教育的读者们以启迪和裨益。

2020年4月26日于北京

（作者系中国政法大学教授、博士生导师）

爱之道爱之行的探索

骆　风

张能治先生是我从老家洛阳来到广东高校工作之后交往最多的同行专家之一。他担任过中学教师、中学校长、教育局局长等职，当选为全国优秀科技辅导员、广东省关心下一代先进工作者、广东省朝阳读书活动先进个人。张先生对待工作非常热心、十分用心，他的一大特点就是注重调查研究、努力创新。担任学校领导职务后，他越发体会到家庭教育对于儿童成长、对于学校工作的重要价值，逐渐把自己的研究集中到家庭教育领域，先后出版了五本家庭教育著作，还应邀到全国许多地方演讲和指导，受到广大家长和教师的热烈欢迎。

今年三月我收到了张能治先生寄来的《爱的期许：家庭教育及其他》样书。摸着这本厚厚的书稿，闻着那淡淡的墨香，我的心情一扫疫情带来的郁闷，增添了许多欣慰和畅快。一个月来，我不时阅读张先生的书稿，思考家庭教育有关问题，受益甚多。

《爱的期许：家庭教育及其他》，从书名到内容主要讲爱。早在2500年前，集我国儒家智慧精华的《论语》就提倡"仁者爱人"。作为父母、家长，要教育孩子从小学会关爱他人，懂得爱别人。《论语》还提倡孝悌为本，爱别人要从孝敬父母、尊重师长，从爱自己身边的人开始，然后达到泛爱众、爱大家的目标。现代心理学和教育学研究证明，爱是两代人沟通的基础，没有爱就不可能有成功的教育。鲁迅于1931年创作的《答客诮》，这是鲁迅的爱子宣言："无情未必真豪杰，怜子如何不丈夫？知否兴风狂啸者，回眸时看小於菟。"我曾研究过家庭教育中长辈对子女的爱，认为爱孩子首先是对他的尊重、信任，保障孩子身心健康，生动活泼，自由发展；

其次是促进他学习和成长，成为合格公民，力争成为优秀人才。我提出了爱孩子的"六要"和"六不要"：第一要关心孩子，而非忽略孩子；第二要照顾好孩子生活，但不包揽孩子的一切；第三要读懂孩子，但不主观臆断；第四要指导孩子，但不强迫孩子；第五要尊重孩子，但不屈从孩子；第六要锻炼孩子，但不要拔苗助长。这些建议，在张能治先生的《爱的期许：家庭教育及其他》一书中都有生动的体现。

2011年，由我发起、张能治等广东家庭文明与家庭教育界专家热烈响应、得到广东省委省政府有关部门支持成立了广东现代家庭文明与亲子教育学会，10年来通过承担家庭文明与家庭教育方面的国家社科基金课题、广东省政府重大决策咨询课题、广东省和广州市课题，在广州、深圳、珠海、东莞、佛山、中山、惠州、汕头等地开展家庭文明与家庭教育的创优和服务活动，取得了喜人的成绩，得到广东省文明办、民政厅和社科联等省委省政府有关部门和城乡居民的高度赞扬，多次被中央和地方媒体盛情报道。我们的相关建议曾得到时任总理温家宝和广东省委主要领导的积极评价，成为党委政府决策的参考。张能治先生是学会的积极分子，我和他在学会这个学术平台有过许多交流与合作，他为学会的成立和发展做出了突出的贡献。

《爱的期许：家庭教育及其他》是张能治先生汇集数十年研究家庭教育和指导家长、教师的大成之作，多视角地论述爱，包括对家庭教育爱之道、爱之行的探索，值得大家关注和学习。我希望不仅家长要阅读这本书，班主任等家教工作者也要读读这本书。更重要的是，我们要参考张先生的观点和实例"改造"我们的家庭教育，使中国的家庭教育不断创新和完善！

2020年4月6日于广州

（作者系广州大学教育学院研究员、硕士研究生导师、全国家庭教育专家团成员、中国家庭教育学会理事、广东白云学院学前教育专业带头人、广东现代家庭文明与亲子教育学会会长）

前　言

爱的信念

爱，人类永恒的主题。没有爱，便没有教育。

爱孩子，这是父母的天性。父母科学的爱，必将促进孩子成人成才。《爱的期许：家庭教育及其他》收录了作者91篇文章，从爱生活、爱事业两大方面入手，多角度地综论爱的种种。

第一章少年之歌。从小立志，不怕挫折，积极向上，"长大我要当英语翻译家"，《少女花语》的小作者邱齐蓝如是说："我希望自己今后会走很多地方，但是无论我做什么，都希望做和中国有关的事情"，这就是黄志鸿的中国情结；"为孩子出书，为未来呐喊"，这是我的人生追求。

第二章读书之歌。读鲁迅的书，父亲要《使孩子"成一个独立的人"》；读胡适的书，母亲对孩子要《爱而有度　严而有格》；读人类一切有益的书，《让读书成为生活的一种习惯》……做一个会读书、明事理的父母，以科学的方法指导孩子，这是家庭教育的根本。

第三章亲情之歌。亲情无限，亲情无价。我现身说法，《心愿》《回家》《情结》《牵手》等篇展示了亲情的无限魅力和巨大的社会价值。

第四章感恩之歌、第五章自信之歌。懂得感恩，满怀自信，这是孩子成长的法则。《我的情和爱》《姐弟情深》等篇表达了作者永远感恩的情怀。感恩，是教育的真谛，更是家庭教育的真谛。

第六章生命之歌。热爱生命，敬畏生命，做一个身体健康、心情愉悦的人。《"扫地"的现代教育意义》《做生命的强者》等篇揭示了生命的意义。

第七章公益之歌。关爱他人，热心公益，造福社会，做人就要做这样的人。

第八章刊物之歌、第九章写书之歌。我策划主编了《当今家庭教育》

《孩子与家庭》《金园教育》《暨南情怀》《暨南情愫》等刊物；出版了六本书，其中四本是涉及家庭教育的。我用这种独特方式，为家庭教育支招，为家长服务，为教师服务，为人民服务。

第十章校长之歌、第十一章局长之歌。"主动·和谐·求是·创新"，这是我的办学理念，是我担任中学校长、教育局局长的感悟。

第十二章关工之歌。关工，是关心下一代工作的简称。我以关心未成年人健康成长为己任，以家庭教育为载体，以演讲、出版杂志、著书立说为手段，促进青少年快乐成长，这是金平教育局关工工作的一大特色。

第十三章陶研之歌。陶研，是陶行知研究的简称。创造是教育的最高境界，陶行知是创造教育的楷模。研究陶行知，宣传陶行知，践行陶行知，做一个创造型的教育家，促进孩子创造能力的发展，这是我的人生目标。

第十四章督导之歌。督导评估，促进学校"注重规范，超越规范，凸显学校个性"，有效提升学校的品位，这是督导评估的根本任务。

第十五章演讲之歌。从家庭教育、青少年教育、成人继续教育三个维度为社会服务，期盼全社会都来关注孩子的成长。

孩子的教育是一个综合性工程，需要家庭、学校、社会共同参与，才能完美；孩子的教育是一个慢慢渐进的过程，需要家长以身作则，示范引领，才能奏效；孩子的教育是一个不断实践的过程，需要教育、心理、生理等方面知识的指导，努力探索才能成功。《爱的期许：家庭教育及其他》一书从宏观到具体提出了一些策略、一些思路、一些实践供读者参考。

《爱的期许：家庭教育及其他》是我长期研究和实践的结果，是爱的信念的结晶。

孩子是家庭的未来，是幸福家庭的希望。愿天底下的孩子自由快乐地成长，愿天底下的家庭都成为和美幸福的家庭！

张能治

2019年12月2日于汕头

第一章 少年之歌

我想当翻译家[①]

听着童话广播剧《灰姑娘》《白雪公主》《美女与野兽》《冰雪奇缘》……惟妙惟肖的配音、绘声绘色的对话,如磁铁般吸引着我,我被震撼了!她是谁,配音的女孩是谁?她就是《少女花语》的小作者邱齐蓝。

邱齐蓝,一个12岁的女孩,漂亮修长的身材、炯炯有神的眼睛、甜甜的嘴巴,可爱极了。她的《少女花语》作文集,就像她的人品一样可爱可读!看了她的《我的理想》和英语日记,知道她长大了想当个英语翻译家,怪不得她的英语口语那么棒!

《学会自我保护》描写了一次家里意外失火,她和爸爸妈妈救火的情景与感悟,"我们一定要学会在灾难中自我保护,寻找生路";《聆听自然之歌》描绘了春姑娘、夏哥哥、秋妹妹、冬爷爷四季的变化;《游紫莲山庄》记叙作者与同学们游览紫莲山庄,"留下了许多美好的回忆,也学到了许多新知识"的情景;《"花"大妈游东汉字城》用拟人的手法述说"花"大妈游东汉字城的所见所闻;《我的红领巾更鲜艳了》写自己拾到钱包送还失主的经历,"那时我觉得我的红领巾更鲜艳了";《我们班的"小书虫"——林铄铄》记叙了与同学相处,向他人学习的故事;《"轻叩诗歌大门"活动总结》表达了作者"让生活充满诗意,让诗歌陪伴我们的一生"的情怀;《学琴之路》述说作者在学习钢琴的道路上"有伤心也有开心,有烦恼也有收获,有泪水也有汗水"的艰辛历程;《做生活的强者——〈鲁滨逊漂流记〉读后感》抒发了作者学习鲁滨逊"高超的生活能力"的决心……

上述这些习作,多侧面地反映了小作者邱齐蓝校内外生活的方方面面,《少女花语》是一本难得一见的小学生作文集。

邱齐蓝酷爱绘画,《少女花语》的插画是她绘画作品的集中体现。她曾为爸爸的诗集插画,曾在《汕头特区晚报(新苗版)》和我主编的刊物《孩子与家庭》发表她的国画作品。最近,邱齐蓝的家庭获评"爱书的家庭"的光荣称号,她在颁奖现场作画,深深打动了在场的嘉宾与观众。邱齐蓝爱好诵读诗歌写作诗歌,《少女花语》中的小诗反映了她在诗歌写作上的收获,这是诗人爸爸熏陶的结果。邱齐蓝连续三年通过竞选当上班长,她敢作敢为,敢于管理,善于管理,深受师生好评。从她的这些品德和能力,依稀看到企业家妈妈的影子。

综观《少女花语》这本作文集,其内容丰富多彩,版面简洁清新。如能在以下这些方面努力,作文集会更精彩:题材应广泛些,要多写读后感与游记;描写应形象生动些,作品才有更强的感染力;用词造句应多推敲些,使其表情达意更准确。

如何提高写作水平,最要紧的是多阅读、多写作。在互联网高度发达的今天,阅读,尤其是纸质阅读仍然是需要的。首先要根据教育部的要求,阅读规定的名著;其次还要根据自己的兴趣与爱好,努力扩大阅读面,增加阅读量。中小学时期是阅读的黄金时间,海量的阅读、积极的思索,必将照亮人生。只是读,远远不够,还要写。写是读的深化与提高。只有写,主动地写,积极地写,阅读水平才会提高到一个新的层次。

兴趣与专注是成才的关键一环。有了兴趣,就有不竭的动力,就没有克服不了的困难;只有专注,才能成就一番伟业。"坚持就是最好的阶梯",这是作者的座右铭,多有创意的座右铭!向许渊冲先生[2]学习,坚持着,专注着,英语翻译家的梦想就会变成现实。

"海阔天空,任你翱翔",请记住父母的寄语,做一个在广阔天空自由翱翔的少年,一个有理想有抱负的少年,一个能肩负时代重任的女孩!

是为序。

2018 年 5 月 18 日夜

于汕头碧霞庄

①此文是为小作者邱齐蓝《少女花语》所作的序。原序题目是《一个有抱负的女孩》，收入本书时改为《我想当翻译家》。

②许渊冲，生于1921年，他是与傅雷、钱钟书同时代的资深翻译家，已出版了120多本译作和翻译理论著作。他将中国的古代经典译为英文和法文，也将外国文学名著译为中文。2014年他获得国际翻译界最高奖项——"北极光"杰出文学翻译奖，成为首位获此殊荣的亚洲翻译家。如今，年过九旬的许渊冲先生仍笔耕不辍。参见董卿主编《朗读者·1》，人民文学出版社2017年版，第63—78页。

一个有为的少年[①]

看了小作者蔡凯煌的《逐梦少年——作文集》和他的"自荐书",我感慨万千。一个12岁少年,不仅是学习的尖子,还是老师的得力助手、助人为乐的好少年。他爱好广泛,敢于参与,获得的奖项多(全国、省、市、区级共20项,校级44项),获奖范围广(包括各学科竞赛、机器人、作文、书法、绘画、品德、体育等),这些在他的作文集里都有所反映。

《逐梦少年——作文集》中的《心怀感恩,展我风采》,记录了作者在听了励志讲座后,决心"成为一个有所作为的人"的心志;《竞选班长的演讲》表达了为他人为班集体而努力的雄心壮志;《温哥华街头的爱》《"亡"大叔的婚姻》以拟人的笔法、丰富的想象,描绘出美丽的故事;《读〈鲁滨逊漂流记〉有感》《读〈斗破苍穹〉有感》等读后感表达了学习的决心与勇气;《紫莲一日游》《"绿太阳"一日游》等游记,抒发了小作者拥抱大自然的情怀;《诚信的奖励》生动真实地记录小作者诚信的一件小事……

我认识小作者蔡凯煌是从他的一篇作文《父亲带给我的快乐》开始的。当他知道我创办并主编《孩子与家庭》杂志时,第一时间给我发来这篇习作,那时他读小学四年级。我在刊登该文时加上"主编的话":"学习有了主动性,就会产生想象不到的效果。"两年过去了,今天看到他的《逐梦少年——作文集》,我非常高兴,完全印证了我关于"学习主动性"的预言,蔡凯煌就是一个拥有"学习主动性"的好孩子。

阅读与写作是孩子成长不可或缺的环节。广泛而深入地阅读,孩子的知识必将越来越丰富全面;写作则是对阅读的深化提高。中小学时期是阅读的黄金时间。小学毕业了,应利用暑假这大好时光,这是一段从小学向中学过度的美妙时间,要好好规划,好好阅读。初中阶段,科目增加了,要根据教材需要，更加广泛地阅读。一本好书就是一个社会，读一本好书就是与一位高尚的人对话，可以从中得到深刻的教益。要关注国学，学习国学，为实现中国梦而海量地阅读。阅读要主动，写作也应主动，因为写作是对阅览的深化与提高啊！"阅读是弓，写作是箭，一支箭要射出去必须要有弓的力量。"曹文轩说得多好！只有不断地写作，不断地修改，作文才会立意高远，表达深刻。

要主动走出去，饱览祖国的大好河山、世界的壮丽风光；深入到社会生活中，当志愿者，做力所能及的小事，以自己独特的方式为他人为社会服务；参与科学实验，努力提高动手能力；跑步、打球，强身健体；在实实在在的活动中获得体验，获得写作的素材，这是写作不竭的来源。

作为小学生习作，《逐梦少年——作文集》也有不足之处：题材还不够广泛，游记与读后感偏少；有的题目缺乏个性，不够生动有趣；有的表述平铺直叙，缺乏生动的描写；有的句子还不通顺，一些词语用得不够准确；等等。所有这些都需要在今后的写作实践中不断去提高。

蔡凯煌告诉我，他7岁学会电脑打字，拥有自己的QQ号，可以与朋友交谈；8岁学会使用Word，懂得上网查资料；9岁学会电脑画图，下载软件；10岁会发电子邮件，给刊物投稿；11岁学会制作PPT，会用电脑进行机器人编程；12岁会用PPT制作课件在班里演讲，用3D绘图软件进行电脑画图。学以致用，这本《逐梦少年——作文集》就是他在电脑上编辑制作的。

蔡凯煌的小学生活是丰富多彩的，他的爱好和兴趣是广泛全面的，他的少年时光是灿烂美丽的，他不愧为一个品学兼优有作为的少年！

读万卷书，行万里路。戒骄戒躁，虚心地学，主动地读，努力地写，期望三年后小作者蔡凯煌初中毕业，有第二本作文集，一本较高水准的作文集。

等待着！期盼着！

是为序。

2018 年 5 月 16 日夜
于汕头碧霞庄

①此文是为小作者蔡凯煌《逐梦少年——作文集》所作的序。

特 别 奖

期中考试后，小学举行插花比赛。

参赛同学事前多数做了认真的准备，参赛时个个兴高采烈，其中不乏多才多艺者。

有一个小女孩，读四年级，轮到她表演时，她插上拔下，拔下又插上，插得有点凌乱，看得出，她有点儿紧张。她反复调整，终于完成了，要拿到台上，不知怎么了，刚迈出步，脚一歪，花篮掉下来。她不好意思地迅速将花篮拿起来，再将花枝调整一下，最终还是在规定时间里完成了作品。

有位朋友说："可怜的女孩，在众人面前出丑。"

旁边有位家长说了一句话："在这么多同学中，她最可爱。"

作为评委，我给这位小女孩较高的分数，但这位女孩的作品仍然不能获得规定的奖项。

经评委讨论，主办方认可，一致同意给她一个特别奖——挫折奖。

评奖已过去好多天，在众多规定的奖项中，包括一等奖和特等奖，我没有太深刻的印象，而这位小姑娘的动作和她的作品，给我的印象特别深刻。她略带羞涩的笑容、坚持到底的态度，让人不能忘怀。

缺点和挫折使人进步。学习中出现错漏是正常现象，只要肯认真改正，并适当训练，人就会前进。

我们需要的不是一百分，不是十全十美，而是能力。缺点和挫折是能力的加速器。

挫折，让人可爱！

2010 年 3 月 3 日凌晨 3 时 40 分
于汕头碧霞庄

Wait a minute, please（请等一下）

引　子

暑假期间，读飞厦中学初中二年级的菁和读金园实验中学初中一年级的嘉两姐妹在爸爸的陪伴下到上海看世界博览会，晚上到繁华的外滩游览。

时间：2010 年 7 月 28 日晚

地点：上海外滩

人物：菁、老外……

事件经过：

一位老外将车停在外滩的停车场，游览后回来，坐上车，将车开动准备离去。

车场的管理人员对这老外喊道："小伙子，请交停车费啊！"

老外似乎没有听到。

菁："Wait a minute, please!"（"请等一下！"）

老外转过身，用汉语问："多少钱？"

车场的管理人员说："5 元。"然后转身对菁说："谢谢你，小姑娘！"

菁："没什么，这是我应该做的。"

菁的爸爸站在一旁笑眯眯地看着眼前发生的一切。

菁的妹妹嘉忙将刚才发生的这一幕打电话告诉远在汕头的妈妈。

我与菁的父母谈起此事，他们对菁的表现感到由衷的高兴。

感 悟

"Wait a minute, please!"这是一句普通的英语,如果它发生在课堂上,或在校内师生的对话中,那没什么特别之处;而它发生在繁华的上海外滩,是菁第一次到达的地方,那就大不一样了。面对一个老外停车没交钱,而车场管理人员不懂英语的情况,菁立即用英语和老外对话,让他遵守停车场的规则,维护了车场管理者的利益。

菁的行为表现了一个女中学生可贵的社会责任感,也反映出她的独立性和善于将学习到的外语应用于社会实践中的勇气与胆略。

2010 年 8 月 5 日

于汕头碧霞庄

他的中国情结

他出生于汕头，2岁时到广州，童年和少年在广州度过，初二下学期随父母移居澳大利亚。到悉尼后先补习英语，在公立校读完初中，在私立校悉尼文法学校就读高中。高中毕业同时考上悉尼大学和耶鲁大学，他选择了耶鲁大学。19岁时赴美国，进入耶鲁大学商学院，获经济学学士学位。大学毕业后，赴多家公司应聘和报考研究生。最终以优异的成绩进入摩根斯丹利投资银行，成为金融界的一员，同时考取哈佛大学研究生。与摩根斯丹利投资银行签约两年，两年后去哈佛大学就读该校商学院的研究生。2011年5月哈佛大学研究生毕业，获硕士学位，到香港某基金公司工作，现在香港创办自己的基金公司。

他是谁？他叫黄志鸿。

2009年8月6日晚，我应约访问黄志鸿。我到达时已9时，他在客厅等候。我们很快切入话题。他以在摩根斯丹利投资银行负责招聘耶鲁大学毕业生为题告诉笔者：摩根斯丹利投资银行每年在耶鲁大学招收四名毕业生，报名者近200名，他的任务是从众多报名者中选出12名，然后由公司高层通过一对一的面试确定最后四名。

如何挑选这12名应聘者，黄志鸿从四个方面进行考察：

一是解决问题的能力，包括大学的成绩（学分）和高考的综合成绩两方面，重视数学成绩。

二是领袖能力（即领导能力、组织能力），如校队队长、报刊总编、社团会长等。

三是团队精神，如在校队、合唱团、社团中的合作表现。

四是其他，包括相当的工作经验，如到股票行实习、懂几种外国语等。

这四个方面也是一个大学生必须具备的基本素质。每一个大学生入学时就必须考虑到，并在行动中加以落实。耶鲁大学的雷文校长对刚刚入学的学生就提出四年后如何面对总经理面试的问题，实际的能力是就业的根本能力。

当年黄志鸿进入摩根斯丹利时，公司是用这样的方法考察他，现在他也用同样的方法去考察他的学弟学妹。有趣的是，总经理面试后挑选的四人，是在他选拔的12人中成绩最高的，这也反映出他用这四条标准选拔的准确性。

而黄志鸿这四方面在大学时也表现不凡。

耶鲁的本科教育是全美国最突出的，黄志鸿在校时的成绩很优秀，尤其是数学。从小学到大学他的数学学得很轻松，高考时综合成绩也很好。

黄志鸿的领导能力很强，这是他最突出的一个方面。

黄志鸿大一暑假时，中国教育部曾组织多所中国重点高校的校长、书记到耶鲁考察进修，他争取到接待他们的任务。他尽可能给中国高校的领导提供力所能及的服务，尽了一个留美的中国学生的责任，赢得了中国高校领导的信任并与他们建立了友谊，即使在他们回国后也常有联系。隔年，即大二暑假他组织耶鲁大学12名学生访问中国的北大、清华、复旦和上海交大四所高校，与中国重点高校的优秀学生对话。回美国后，创办了一份《环球家》杂志，并与世界十几个国家重点高校，包括中国的北京大学、英国的剑桥大学、澳大利亚的悉尼大学、法国的政治大学的学生建立了广泛的联系……他还创立环球家基金会，为《环球家》杂志提供活动资金。

黄志鸿的团队精神也是很棒的。小学和初中他是班长，曾任学校广播站站长，当过晚会主持人，高中参加校队，有很强的组织协调能力。他创立的环球家基金会和《环球家》杂志，经常与耶鲁的学生以及各国学生联系，在交往中锻炼了他的协调能力，培养了他的团队精神。

黄志鸿在中国、澳大利亚、美国不同文化背景下生活和学习，具有国际化背景。他懂汉语，包括普通话、粤语、潮州话，还懂英语、西班牙语，会说会写。在澳大利亚和美国学习期间他到过多个国家进修和旅游,曾到英国剑桥大学进修英国文学,到阿根廷进修西班牙语。所有这些活动都增加了他对各国的了解,也有效地锻炼了他的交往能力及在不同国家工作的能力。

"父母工作忙,凡事都鼓励我去闯,在悉尼我自己坐一个多小时的火车去找私校,询问插班事宜,环境培养了我的独立性。"黄志鸿如是说。

黄志鸿对自己的未来很期待也很兴奋。"20年后你再听到我的名字,Rawen,不管怎样,我可以向你保证,你要么发现我在中国做事情,要么在做和中国有关的事情,这就是中国在我生命中的位置。""我希望自己今后会走很多地方,但是无论我做什么,我都希望做和中国有关的事情。"①这就是黄志鸿的中国情结,难能可贵的中国情结!

① 《黄志鸿:我的未来一定和中国有关》,见李宇宏《耶鲁的青春岁月——21名耶鲁大学中国本科生访谈录》,中国青年出版社2006年版,第159—171页。

为孩子出书　为未来呐喊[①]

《孩子与家庭纵横谈》出版了，这是一部有个性、有特色，难得一见的优秀家庭教育的书。

整本书主要由两部分组成：一部分是孩子的作品，一部分是大人的作品，篇幅各占一半，都是从发表在《孩子与家庭》上的作品中挑选出来的，原则上按发表时间顺序排列。孩子的作品每篇文末都有一段"爸爸妈妈的话"，对自己孩子的作品进行点评。这种做法是独特的，它有效地促进了父母与子女之间的沟通。孩子的作品涵盖了孩子生活的方方面面，他们注重阅读，注重实验，注重观察，把丰富多彩的学校生活和校外生活，用自己多彩的笔展现出来，很难得。尽管有些作品还显稚嫩，但他们的感受是独特的，是成人无法企及的。

孩子代表未来。为孩子出书，为未来呐喊，这是我们的心愿。

习近平总书记说："幸福都是奋斗出来的。"这些孩子敢想敢说敢写，充分体现了青少年的奋斗精神，这是一种难能可贵的精神。广大青少年读者应该向他们学习，做个敢于担当的孩子。

大人的作品包含两个方面：一方面是父母对自己孩子作品点评的话语，一方面是社会各界对家庭教育的真知灼见。爸爸妈妈要写好对自己孩子作品点评的话，真的很不容易啊！这是家庭教育一个新的领域，这是主编给家长们创造的一个机会，一个与自己的孩子沟通的机会，一个难得的实践。他们实践了，这是一种对孩子成绩的肯定的实践，一种与孩子有效沟通的实践，一种对孩子满怀希望的实践。"爸爸妈妈的话"内容广泛，父母都从自己孩子的角度出发述说各自的感受。这种感受是真切而具体的，是别人无法代替的。

第一章　少年之歌

　　《孩子与家庭纵横谈》全书共十一章，每章都有一段开篇语。开篇语的作者既有名人名家，也有普通家长与教师，这些开篇语起着统领本章的作用。各章大人作品的作者，有专家学者、各行各业的家长、各类学校的教师和社会各界关注家庭教育的人们，他们从各自研究的领域，述说了一个共同的话题：家庭教育。他们的观念新，视角独特，从不同角度给人启迪。

　　本书由主编拟出一个编辑提纲，经编委会讨论研究。全书由主编编辑统稿，印出样书，编委分工校对，同时请江苏省特约校对陈遵宝先生对全书进行仔细的校对，最后由主编审定。

　　本书收入北京师范大学教授、中国教育学会家庭教育专业委员会名誉理事长赵忠心先生多篇作品，他长期支持《当今家庭教育》《孩子与家庭》的出版工作。当主编向他约稿时，他回复说："张老师：你好！你喜欢哪些文章，就直接从我博客中复制就行了。"赵忠心教授的话，表现了一个资深学者扶持家庭教育的风范，我们表示衷心感谢！

　　感谢广东第二师范学院教育学院教授、广东省家庭教育研究会副秘书长王小棉女士在繁忙的教育教学活动中为本书撰写精彩序言，感谢广东省汕头市金平区政协副主席、金平区教育局局长刘彦彧先生在繁忙的教育行政管理工作中为本书作序，指明努力方向，感谢资深的家庭教育研究者陈遵宝先生的辛勤校对！感谢华夏出版社黄金山社长的大力支持，潘平副总编的具体指导，责任编辑赵楠、美术设计殷丽云等的精心编辑与设计！感谢广东省汕头市金平区教育局、广东格林教育文化有限公司对本书的出版给予的大力支持，感谢所有关心本书出版的社会各界朋友们！

　　由于编者、作者水平有限，加上时间仓促，本书一定存在缺点错误，敬请读者批评指正。

2019 年 2 月

①此文是作者为华夏出版社出版的《孩子与家庭纵横谈》一书所作的后记。

第二章

读书之歌

使孩子"成一个独立的人"
——读鲁迅《我们现在怎样做父亲》

鲁迅一生在致力于社会改造的同时还热情关注着下一代的教育问题，为我们留下了丰富的关于儿童教育的言论。1919年，鲁迅在《新青年》第6卷第6号发表了《我们现在怎样做父亲》一文，号召觉醒的人们，应该以义务的、利他的、牺牲的精神，"肩住了黑暗的闸门，放他们到宽阔光明的地方去；此后幸福的度日，合理的做人"，解放自己的孩子。

在《我们现在怎样做父亲》一文中，鲁迅给我们展示了一个合格父亲的形象，倡导了一种无私的爱，这种爱有三层要义：爱的第一层要义是父母检点自己，给子女一个健康的生理精神的遗传；爱的第二层要义是父母教育子女，使子女超越父母；爱的第三层要义是父母解放子女，使子女"成一个独立的人"。

父母如何达到爱的这三层要义？

鲁迅说："倘若现在父母并没有将什么精神上体质上的缺点交给子女，又不遇意外的事，子女便当然健康，总算已经达到了继续生命的目的。"这就是我们今天所倡导的优生。"但父母的责任还没有完，因为生命虽然继续了，却是停顿不得，所以还须教这新生命去发展。"如何发展呢？"只要思想未遭锢蔽的人，谁也喜欢子女比自己更强，更健康，更聪明高尚，——更幸福；就是超越了自己，超越了过去。"

鲁迅认为，当好父母"是一件极伟大的要紧的事，也是一件极困苦艰难的事"。要促成子女的发展，"所以觉醒的人，此后应将这天性的爱，更加扩张，更加醇化"，鲁迅特别强调"理解""指导""解放"这三方面。

第一，理解。鲁迅说："经过许多学者的研究，才知道孩子的世界，与成人截然不同；倘不先行理解，一味蛮做，便大碍于孩子的发达。"今天，要理解孩子，就得陪伴孩子。只有科学的陪伴，才知道孩子在想什么，需要什么；在生活中陪伴，在活动中陪伴，在交谈中陪伴，在散步中陪伴；要根据孩子的不同年龄，采取不同的陪伴方式，在陪伴中理解孩子。

第二，指导。"养成他们有耐劳作的体力，纯洁高尚的道德，广博自由能容纳新潮流的精神，也就是能在世界新潮流中游泳，不被淹没的力量。"要指导孩子，父母就必须学习，学习现代教育学、心理学、家庭教育学等；要学以致用，结合自己孩子的实际，做出切实可行的行动。

第三，解放。"应该尽教育的义务，交给他们自立的能力；因为非我，所以也应同时解放，全部为他们自己所有，成一个独立的人。"解放孩子的目的，在于使孩子真正成为一个独立的人。凡事要跟孩子商量，让孩子发表意见，培养孩子独立思考的能力，准确表达的能力；适合孩子做的事要让孩子做，在做中培养孩子的动手能力和责任心；父母要放下架子，善于向孩子学习，在沟通中增进感情。

理解孩子、指导孩子、解放孩子，这便是父母对于子女应负有的责任，父母教育子女应遵循的原则，最终使孩子"成一个独立的人"。

鲁迅写作《我们现在怎样做父亲》一文距今已近 90 年，鲁迅的儿童家庭教育思想闪烁着作为一个思想家的真知灼见，充满着科学的见解，今天仍有其巨大的现实意义。现代父母应该学习《我们现在怎样做父亲》，特别是父亲，更应该思考我们应该给孩子一个什么影响。要结合网络时代的特点，理解孩子、指导孩子、解放孩子，使孩子成为一个能独立思考的人，一个有社会责任感的人。

2018 年 7 月 31 日

于汕头碧霞庄

爱而有度　严而有格
——读胡适《我的母亲》

爱是什么？各有各的解读。读胡适《我的母亲》，使我对爱有了进一步的认识。

尊重。"我母亲管束我最严，她是慈母兼严父。但她从来不在别人面前骂我一句，打我一下。"尊重他人，尊重孩子，这是教育的原则。一个受尊重的孩子，会唤起人的自尊，敢于挺起胸膛，勇往直前。骂和打不是教育，更不能侮辱人格，"不在别人面前骂我一句，打我一下"，就是尊重孩子人格的具体表现。教育需要尊重，需要等待；相信孩子一定会改正，相信孩子会慢慢改正。这就是教育的艺术。

勤学。"到天大明时，她才把我的衣服穿好，催我去上早学。学堂门上的锁匙放在先生家里；我先到学堂门口一望，便跑到先生家里去敲门。先生家里有人把锁匙从门缝里递出来，我拿了跑回去，开了门，坐下念生书，十天之中，总有八九天我是第一个去开学堂门的。等到先生来了，我背了生书，才回家吃早饭。"九年，母亲让年少的胡适养成早起勤学的好习惯。九年，胡适"学得了读书写字两件事。在文字和思想的方面，不能不算是打了一点底子"。胡适后来的突出成就，与他少年时期母亲对他的培养，让他养成早起勤学的习惯有极大关系。

宽容。"我母亲的气量大，性子好，又因为做了后母后婆，她更事事留心，事事格外容忍。""我母亲待人最仁慈，最温和，从来没有一句伤人感情的话。"容忍、仁慈、温和、宽容是一种美德。母亲的宽容，使母亲的家能比较和谐，避免很多不必要的争吵，使胡适有一个温馨的家，度过那美好的少年时光，感受到宽容的魅力。胡适能"宽恕人，体谅人"，都是从母亲那里学到的。胡适把母亲说成是"我的恩师",可见母亲在他心中的地位多么崇高!

认错。"每天天刚亮时,我母亲就把我喊醒","她看我清醒了,才对我说昨天我做错了什么事,说错了什么话,要我认错,要我用功读书"。人总会犯错,尤其是小孩。清晨,母亲让孩子反思,昨天做错什么事,说错什么话,要认错,错了就改。这样的教育很具体、很及时,针对性又很强。让孩子及时改正错误,放下包袱,带着清新的头脑,开始新的一天的学习和生活,用心良苦。

刚气。母亲"很有刚气,不受一点人格上的侮辱"。"我家五叔是个无正业的浪人,有一天在烟馆里发牢骚,说我母亲家中有事总请某人帮忙,大概总有什么好处给他。"这句话传到了我母亲耳朵里,她气得大哭,请了几位本家来,把五叔喊来,她当面质问他她给了某人什么好处。"直到五叔当众认错赔罪,她才罢休",表现了母亲柔韧性格中刚强的一面。母亲的言传身教,使胡适受到了"极大极深的影响",在人生大道上克服了无数坎坷,终成著名学者。

读胡适《我的母亲》使人明白:爱,应让孩子懂得感恩;爱,应让孩子学会学习;爱,应让孩子尽早独立;爱,应让孩子学会宽容;爱,应让孩子懂得责任……这就是胡适《我的母亲》的现代教育价值。

读胡适《我的母亲》,爱而有度,严而有格,这是教育的真谛。

2018 年 6 月 22 日

美丽的人生画卷

——评邓淑娟的《悠悠我心》[①]

盼望着,盼望着,终于盼到《悠悠我心》出版了!

案头这本精美的《悠悠我心》是一本优秀散文集,是作者邓淑娟女士从香港经深圳特快寄来的。

《悠悠我心》,书名美,书法美,装帧美,内容更美!

封面、封底与勒口

"有幸福,也有泪水;有爱情,也有伤感。"

这是一本作者从心灵中流淌出来的真实人生故事书。

"淑娴素心,柔情似水;娟秀文笔,惜墨如金。"

"邓淑娟的美文,如朝雨晚风,惹人喜爱,给人以精神上的享受和艺术上的熏陶。"

封底两位读者的评价,让人未读全书便感受到全书的内在美。

前勒口的几段文字,对《悠悠我心》的内容做了高度的概括。"人生路上每一道靓丽的风景,有的温馨浪漫,有的叫人荡气回肠","把人生旅途中的足迹留在永恒的文字里",使读者未见作者邓淑娟其人其文,已略知其人其事。

序言

王启充的序言——《莫道桑榆晚 为霞尚满天》,表达了一种豁达乐观、积极进取的人生态度，让人真实感受到邓淑娟"莫道桑榆晚　为霞尚满天"的情愫。

作者心语

童年的幸福、少年的纯真、青年的成长、一生的辗转，情真意切，表达了感恩、思念、眷恋的情怀，展现出一幅美丽的人生画卷。

目录

从"依恋的故乡、少年往事、青春回眸"，到"庙贝农场、乘坡杂记、百花岭、南头岭下、香江晚风"，再到"永远的怀念"，将时间与地点有机地糅合在一起，连成一个整体。

正文

我和邓淑娟是暨南大学中文系同班同学，求学期间，"四清运动"和"文化大革命"占据了大量时间，彼此接触和了解并不多。我热心于同学间的联谊活动，主编了《暨南情怀》和《暨南情愫》两个刊物，并结集出版了《明湖秋月》和《情满暨南》两本书。邓淑娟是这两个刊物的热心作者和读者，为此，我与她的联系渐渐多起来。《悠悠我心》这49篇文章，有相当一部分是在这两个刊物上发表的，后来也收进这两本书。全书分成九辑，每一辑的小序，言简意赅，温馨感人，展示了该辑的内容和意境。

邓淑娟给人的印象是真诚、热情、漂亮，她的散文则清新、自然、流畅。

爱情是美好的、甜蜜的、伟大的。我爱《春天的爱情》，此篇描绘了作者温馨浪漫的爱情生活。艰苦的军垦农场岁月并没有将她压垮，相反，热恋的人儿，甜蜜的爱情，他们享受着人间最大最真的爱。熄灯后，开着手电筒，"反复地读着那密密麻麻写满了几页纸的信"，如醉如痴；"搂着那叠厚厚的情书入梦"，抵挡了冬天的寒流。只有一天的假期，于这对恋人，是多么的宝贵。要到离驻地很远的灵山公社办理结婚证，又要买糖果请人，单程三个多小时的路，过渡、步行、奔跑，长途跋涉，终于在下午5点准时回到连队销假，那兴奋的劲儿难以言表。《杨柳依依》，从第一次握住我的手，我"怦然心动"，而后"月上柳梢头，人约黄昏后"，饱尝爱情的甜蜜；相伴在北区公园，杨柳依依，"执子之手，与之偕老"，见证爱情的无穷力量。《老夫老妻》，"协调""默契""互补""磨合""包容""体贴"，实践了"我爱你"的终生誓言。

　　百花岭是安的故乡，大嫂是作者一直记挂的百花岭的亲人。《大嫂》，一篇感人的优秀散文，作者通过几次见到大嫂的描绘，展示了大嫂质朴而可敬可爱的形象。第一次见到大嫂，那时大嫂不到30岁，"小巧玲珑，皮肤黝黑，齐耳短发衬着一对乌黑灵动的眼睛，神采奕奕"。数年后，为了照顾年迈的家公家婆和三个年幼的儿子，大嫂辞去令人羡慕的邮电所工作，回家务农，"耕田、养猪、种菜、煮食、洗衣"，辛勤地劳作，只知付出，从不埋怨，给人坚强与温暖的感觉。十年前回百花岭，大嫂70岁，晚上下着小雨，她戴着斗笠，踏着崎岖的烂泥小路去"守园"，护卫槟榔。大嫂的勤劳、勇敢、贤慧尽在眼前。这次回百花岭，大嫂80岁，村里要修水泥路，大嫂捐出6000元积蓄。6000元对一个连说话都无力的老人来说，不是个小数目，大嫂爱家乡，支持家乡建设的宽广胸怀略见一斑，"我的心里油然升起无限的敬意"。在作者笔下，大嫂的勤劳节俭、贤慧善良、坚强勇敢、豁达奉献的品格展现无遗。大嫂亲切和蔼的笑容、温柔细语的声音，已印在作者脑里，刻在读者心里。读着《大嫂》，我爱"大嫂"。《大嫂》简直可以入选初中语文教材。另一篇写人的文章《做人的楷模——缅怀刘美焕老师》，作者通过"补鞋""理发""帮人带食品""载我和儿子""扫落叶"等细节，展现了刘老师生活中的点点滴滴，让人读了印象特别深刻。

　　童年是美好的，《悠悠我心》开篇的《美丽的沙捞越河》我很喜欢。古晋是马来西亚沙捞越州的首府，作者依恋的故乡，紧紧依偎着美丽的沙捞越河畔。我的太太出生在沙捞越的诗巫，4岁时随她伯父回国，她的二姐一家就住在古晋,因此,当听到沙捞越、古晋这些名字时,我就感到特别亲切。大码头、大轮船、吊桥、总督府、报时钟、胡椒园、高脚屋的小竹楼,写出古晋城镇的繁荣与村寨的简陋;到河边玩耍、与朋友到码头拾木炭、陪祖父去散步、和阿姨骑单车去兜风,展现了作者多彩的童年;绚丽的晚霞,微波荡漾的河面,小舢板在金色的波光中慢慢地摇,摇桨把水中的金光搅成了碎片……作者的童年就在这美丽的沙捞越河畔度过。印度街68号是作者儿时的家,《印度街68号》分"地面""二楼""阁楼""尾声"四个部分,对家做了具体细腻的描绘。在这"68号",她读了巴金的长篇小说《家》《春》《秋》《雾》《雨》《电》,读了很多很多书,这就是作者魂牵梦绕的故乡。

《鸭司令》中,"我"扛着尾端系有彩色布条的赶鸭竹竿走在田埂上,喂鸭子时就吹响哨子,"200只小鸭了就会从四面八方蜂拥而至",艰难的军垦农场生活,虽苦犹乐,极富情趣。《养鸡》中,母鸡经过三个星期的努力,"一只只雏鸡相继破壳而出","毛茸茸的可爱极了",在琼中县八年,"从未间断养鸡",鸡成为生活的伴侣,带来营养与欢乐,带来生活的情趣。《情系喵喵》中,"它竟在我怀里生下了湿漉漉的小猫",这是很多人都不会经历过的,多么难忘,多有情趣……

感恩,这是人生不可或缺的生活态度。离去的亲人,就像"手中心爱的花儿已经枯萎凋谢,虽然万般不舍也只能在心中留住它的香气"。生动的描绘,让人深切感受到的,是悲伤,更是感恩。《无尽的思念》表达了对哥哥永远的怀念。"我站在码头的边缘极目远望",兄妹情深!《如果有来生》表达的则是对妈妈深沉的爱。"妈妈的爱,有如日月之光辉,滋润着我这棵柔弱的小草。妈妈的胸怀,有如海洋般宽广,包容我的刁蛮任性。""如果有来生,我还要做你的女儿!"形象的比喻,感恩的情怀跃然纸上。

邓淑娟的散文写得这么好,得益于她对生活的热爱,得益于她对阅读孜孜不倦的追求。《读书乐》分享了她读书的快乐,她把借书比喻为交了好朋友,把买来的书说是家里人,把看书当成最大的嗜好,把抄书当成一种乐事，借书、买书、看书、抄书，乐在其中。童年、少年、青年时期的读书生活给她打下了坚实的文字底子。随着时间的推移，她越发喜爱看书，她和夫君都陶醉在如诗如画、如梦如幻的诗书意境里！读书乐，乐读书，这就是邓淑娟的生活写照，这就是她的人生态度。

善于用古诗词是《悠悠我心》写作上的一大特点。《菠萝蜜树下》中，躺在安亲手做的精巧躺椅上，"我"想起王维的诗，"人闲桂花落，夜静春山空。月出惊山鸟，时鸣春涧中"。月光、微风、星空、躺椅、菠萝蜜、桂花……人和诗，情和景，融合在一起，和谐甜蜜。《南头岭的傍晚》中，小小野菊，幽居山谷，清雅淡素，悠悠小路，海阔天空。"采菊东篱下，悠然见南山。山气日夕佳，飞鸟相与还。"陶渊明的诗，悠然自得的情，幽美淡远的景，与作者此时的心境是一致的。语言准确生动流畅是《悠悠我心》写作的另一特点。《踏雪寻趣》中，"踏"和"寻"，表达的是作者积极的人生态度。我们"跑着、躲着、追着、笑着"，一系列准确的动词，写出作者在天津读中学的愉快生活。"船身渐渐小了，模糊了，拐弯了，终于完全消失在视线之外"，《无尽的思念》形象生动地描写了依依惜别的情和景，表达了作者对哥哥的不舍之情。

《悠悠我心》是一本优美的散文集，是一幅美丽的人生画卷。

我读《悠悠我心》，爱不释手！她，给人乐观向上的力量；她，给人"永远闪着亮光"的自信……

2018 年 8 月 23 日
于汕头碧霞庄

①邓淑娟著：《悠悠我心》，香港超媒体出版有限公司 2018 年版。

不　倒　翁

　　电视剧《我在北京，挺好的》①女主角谈小爱与徐小晖离婚后，谈小爱的人生跌入低谷，这时她以不停地缝衣来填补精神苦闷。朴实的宝民哥看在眼里，急在心头。一天，他专门买来一件玩具——不倒翁，送给谈小爱。谈小爱拨弄可爱的不倒翁，很开心。看，它就是不倒，还对着小爱笑呢！见到这情景，谈小爱也笑了。

　　"我就要在北京，谁也不能赶我走！"谈小爱终于喷发出掷地有声之言。这言语，注定谈小爱在今后的人生道路上走得踏实，走得坚定！

　　人生道路，总是一帆风顺是不可能的，碰碰磕磕才是生活，培养人也如此。培养一个孩子，从幼儿开始，就应该通过游戏、搭积木、跑步、旅游……让孩子在活动中，学会与人相处，在挫折中经受锻炼，寻找解决问题的方法。

　　爱，是幸福的表现。教育家 A. C. 马卡连柯说："爱——这是最伟大的情感，这种情感一般来说能够创造奇迹，创造新人，创造只有人的精神才能创造的人类最伟大的珍品；但这种情感也是制造废品的原因，即造就拙劣的人，自然也是给整个社会首先是给家庭带来危害的人的原因。"因此，爱必须科学，爱必须有限度。让孩子在挫折中经受磨炼，这是爱的科学方法。当今的家庭教育最缺乏的是有限度的爱，最危险的是无限度的爱——溺爱。溺爱的结果，家庭以孩子为中心，一家人围着孩子转：孩子爱什么，家庭给什么；衣来伸手，饭来张口；为了孩子的学习，什么事都不让孩子干，家务活孩子都不沾边。这导致孩子只爱听表扬的话，批评话一点都听不进去；不合群，不会与人相处……这样的孩子，即使学习成绩很好，那也是很危险的。袁健—— 一个双硕士学位毕业生因经不起挫折而跳楼自杀，就是令人心痛的案例。"沉痛之余,我希望同学们也能从这一悲剧中深刻自省,坎坎坷坷是人生的常态,要勇敢地走过去,在以后的人生中,积极乐观地面对任何困难和挫折,永远都要爱惜自己、爱惜生命、爱惜家人!无论多么出色和成功,要永远放低姿态,学会忍受。"北京大学副校长、汇丰商学院院长海闻如是说,他告诫孩子们要爱惜生命,顽强乐观地生活和工作。

家庭,就是组织幸福,父母就是幸福的组织者。要让孩子立于不败之地,就得从家庭的小事做起。父母的一句话、一个行动、一件小事,都在对孩子产生教育的效果,好的或坏的;孩子的一句话、一个行动、一件小事,都体现出他的观念、他的爱好、他的品格,不论是好的还是坏的,都可以从父母身上找到影子。

为了孩子的未来、家庭的幸福,父亲和母亲都行动起来,引领全家人从身边小事做起,踏踏实实,一步一个脚印,像不倒翁那样笑对人生,不论是顺境还是逆境,都要坚强挺立,勇往直前!

2014 年 6 月 28 日

① 《我在北京,挺好的》是由中央电视台、中共陕西省委宣传部、西安曲江丫丫影视文化股份有限公司等单位联合出品的电视剧,姚远执导,王茜华、陶昕然、林继东和张明健等主演。该剧讲述两姐妹 30 多年的风雨人生历程中,在起伏不定的命运推动下成长与蜕变,最终战胜自我,赢得成功与尊严的故事。该剧又通过陕西一家人的草根生活状态和北京一家人的平民幸福生活场景,折射出改革开放以来一代人的努力成果,表达出国与家的中国梦的同构,是一部践行中国梦的好作品。该剧已于 2014 年 5 月 7 日在中央电视台一套黄金档全国首播。

书籍的选择与阅读[①]

读书是人类精神生活中不可缺少的行为和内容,而选择则是人类经验和智慧的尝试与积累。读书内容的选择,是决定一个人精神大厦构建的主要支柱,谁忽视了对读书内容的选择,谁就会步入读书的误区。

选择是一门学问,也是一种艺术。一本书不能拿到就读正文,而应该先了解这本书的基本情况,然后才决定读不读、怎样读。

那么,如何了解一本书呢?

一看书名。书名是作者定的,是直接表达或象征本书的内容及其特征,并使其个性化的名称。多数书名反映出这本书所涉及的学科领域,突出本书的重点、主要线索等。例如,张扬著的《第二次握手》,看了这个书名,读者会想:第二次握手是谁跟谁握手?在什么时候、什么地点进行?这第二次握手有何意义?而第一次握手又是在什么时候?二看内容简介。这是出版社向读者简要介绍和评述本书。三看序言。序言是由他人撰写的,一般是从学术高度来评述本书的内容、使用价值,向读者推荐此书。四看前言。前言由作者自己撰写,主要是向读者阐明写作本书的目的、特点、读者对象等。五看目录。目录是全书主要标题的集合,浏览目录可以了解全书的内容及结构。六看后记。后记是作者写的,说明本书写作和出版的过程,以及与本书有关的情况。通过上述各方面的了解,对一本书已有初步的印象。在此基础上,选择自己感兴趣的个别章节阅读,然后决定借不借此书或买不买此书。

教师担负着教书育人的重任,既要专业化发展,使担任的学科教学专业水平不断提高;又要全面发展,以适应千差万别的学生的需求。因此,教师既要选择专业性的书籍阅读,也要选择各类书,特别是教育学、心理学书籍来阅读。选择书籍时要注意中外文化结合，以中国文化为主，外国文化为我所用，要有坚定的文化自信。

阅读要注意速度，做到精读与泛读相结合。精读，就得弄懂弄通，掌握基本观点，用于教育教学的实践。必要时写写读书笔记，它可以提升阅读的效果。但人的精力有限，不可能什么书都精读。要在有限的时间里，快速地阅读，在较短时间里读完一本书，领会该书所传达的基本信息即可。现代社会，科学的分类越来越细，但各学科之间的结合、联系却越来越紧密。因此，教师的阅读面要广一点，多涉猎一些知识，一些未知的领域，不断扩大知识面，以提高教书育人的水平。

阅读给人智慧，给人快乐，给人力量；阅读可以塑造人的心灵，可以拓宽前进的道路，可以成就敢担当有作为的人生。

来吧，亲爱的读者们，愿大家都成为会选择、会阅读的智者！

2019 年 9 月 15 日

①本文是为《金平教研》撰写的刊首语，刊登于该刊 2019 年第 3 期，总第 63 期。

让读书成为生活的一种习惯
——与青少年朋友谈读书

引 子

有这样一个故事：一个中国老太太和一个美国老太太在天堂相遇，美国老太太问中国老太太，你一生最大的幸福是什么？中国老太太说，我来天堂之前三年，积累了一笔钱，买了一套房子给儿孙们享用，这是我一生最大的幸福。美国老太太说，我一生最大的幸福就是有好房子住，而我买房子的钱是从银行贷款得来的，在我来天堂之前三年已还清房子的贷款。这个故事，反映了中美两国不同的消费观念和生活习惯。

朋友们，你是赞成中国老太太的做法呢，还是赞成美国老太太的做法？随着中国加入WTO（世界贸易组织），随着生活水平的不断提高，人们的消费观念会逐步发生变化，人们的生活习惯也逐步发生变化。这是我今天要与大家谈的主题——习惯。生活中的习惯多种多样，今天谈的是读书的习惯。

一、读书改写命运——为什么要读书

请听名人是怎么说的。

敬爱的周恩来总理在青年时代就立下誓言："为中华民族的崛起而读书。"

苏联著名作家高尔基说："书是人类进步的阶梯！"

美国著名物理学家凯勒说:"一本书像一艘船,带领我们从狭隘的地方,驶向无限广阔的生活海洋!"

著名散文大师秦牧说:"我小时候是个顽童,假如不是优秀的书籍拉我一把,说不定我会沿着另一条道路滑下深渊。幸得爱好读书的习惯逐渐挽救了我。"

这些名人都对读书的重要性做了精辟的论述。

有一句格言,"书籍是全世界的营养品",我说,不读书人就会缺乏营养,发育不健全;有一句谚语说,"书籍是积聚智慧的长明灯",我说,不读书,道路就会一片黑暗;有一位名人说,"书是人们精选出来的财富",我说,不读书,人就终身贫穷。读书是何等重要!读书对我们每个人,尤其对广大青少年学生来说,都是极端重要的。

著名导演张艺谋说:"平常老说人是有命运的,1978年考上北京电影学院是我一生最大的命运改变。"

二、选择是读书的重要步骤——读什么书

(一)根据需要和兴趣选择书籍

读书是人类精神生活中不可缺少的行为和内容,而选择则是人类经验和智慧的尝试与积累。读书内容的选择,是决定一个人精神大厦构建的主要支柱。谁忽视了对读书内容的选择,谁就会步入读书的误区。

选择是一门学问,也是一种艺术,同时也是一种习惯和权利。青少年学生要根据社会的需要和个人的爱好,学会选择,用好这个权利。

1. 博览群书,提高综合素质

人要全面发展,各类书都要看一点。现代社会,科学的分类越来越细,但各学科之间的结合、联系却越来越紧密。发达国家的大学越来越注意知识面的广度,没有广博的知识,没有扎实的基础,是很难在激烈的竞争中

立足的。在广东、山东、海南、宁夏四个省份试行的高中新课程改革，其学习领域包括"语言与文学、数学、人文与社会、科学、技术、艺术、体育与健康和综合实践活动"八大块。学习领域的设置是以前的高中课程规划所没有的，目的是开阔视野，打破学科壁垒，反映现代科学综合化的趋势，有利于提高学生的综合素质。新的高中课程领域使原先过于注重知识系统性的线性课程，转变成注重知识横向联系和综合的块性课程。学生从这样的课程中可以学会对知识的建构，这对学生的终身学习将产生良好的影响。现在国内一些大学，一、二年级主要学习基础理论，到大三，学生才根据自己的爱好、特长和市场的需要去选择专业，所以同学们在选择课外书时，面要广一点，多涉猎一些知识，一些你未知的领域，当然，这些涉猎，速度应该快一些，古今中外，文学、艺术、科学、技术、社会、体育都可以去接触，都应该去接触。

2. 选择自己感兴趣的书籍，发展特长

美国著名心理学家、教育家霍德华·加德纳的多元智能理论认为，人有八种智能，而各人的智能发展是不平衡的，有的人某一方面的智能特别突出，某些方面却很一般，所以课外阅读，应根据个人的智能特点，让有兴趣，有天赋那部分智能得到更充分的发展，平时可以多看这方面的课外书。

（二）粗略了解一本书的方法

一本书不能拿到就读正文，而应该先了解这本书的基本情况，然后才决定读不读。那么，如何了解呢？这一环节对青少年朋友们来说很重要，我给大家介绍一个基本的方法。

1. 书名

书名是作者定的，是直接表达或象征本书的内容及其特征，并使其个性化的名称。多数书名会反映出这本书所涉及的学科领域，突出本书的重点、主要线索等。

例如，张扬著的《第二次握手》，看了这个书名，读者会想：第二次握手是谁跟谁握手？在什么时候、什么地点进行？这第二次握手有什么意义？而第一次握手又是在什么时候？

2. 内容简介

内容简介或叫内容提要，是出版社向读者简要介绍和评述本书内容的，200～300字，重点介绍本书的主要内容、特点、价值、读者对象等。

3. 序言

序言是由他人写的，一般是从学术的高度来评述书的内容、使用价值，向读者推荐此书。序言排列于作者前言的前面。有的书也可以没有序言。

4. 前言

一般书稿都应有前言，由作者自己撰写。主要是向读者阐明写作本书的目的、本书的特点、写作过程、资料来源、读者对象等，文字应简明扼要，以1000字左右为宜。

5. 目录

目录位于正文之前，是摘录全书主要标题的名目。看目录可以了解全书内容的概况及结构。

6. 后记（或跋）

后记放在正文的后面，是作者或编者写的，说明本书写作或编辑和出版的过程，以及与本书有关的情况，500～1000字。

7. 阅读重要章节

通过上述各方面的了解，对一本书已有初步的印象。在此基础上，选择自己感兴趣的个别章节阅读，然后决定借不借或买不买此书。

三、求异是读书的重要方法——怎样读书

（一）自信是读书成功的前提

自信是一种重要的心理素质。一个人如果对自己没有信心，怎么能读

好书？同学们要相信自己，相信我能行，我能读好书，读出成果。

丁肇中认为："对于自己应有信心，做你自己认为是正确的事情……不能因为别人反对，你就停止。"正是这种自信心，使这位美籍华裔科学家在物理学上取得极大的成功，获得诺贝尔物理学奖。

世界上著名的发明家爱迪生说："自信是成功的第一秘诀。"同学们，你们一定要自信，要自己相信自己，相信自己能读好书，因为这是成功的第一秘诀！

（二）注重探究，这是读书不可少的过程

读书的过程就是探究的过程。要探究，就要学会观察，学会思考，学会分析。要从多侧面、多角度去分析问题。

读科学方面的书更要注重探究。例如，蜡烛燃烧的实验：放在一个平面上的两支蜡烛，一高一低，点燃以后，用玻璃罩罩在蜡烛上，问哪支蜡烛先熄灭。

答案是高的蜡烛先熄灭。为什么？对此应进行探究分析：①蜡烛燃烧需要氧气；②燃烧的蜡烛会产生二氧化碳；③二氧化碳不支持燃烧；④常温下二氧化碳的密度比空气大；⑤燃烧产生的二氧化碳气体的温度比周围空气温度高得多；⑥这时高温的二氧化碳的密度反而比空气小，因而上升，使高的蜡烛先熄灭。

探究是一个过程，是读书成功必不可少的一个过程。

（三）读书的两种方法

读书有两种方法，一种叫继承性读书，一种叫求异性读书。读书过程要将继承性读书与求异性读书有机地结合起来。

1. 继承性读书

继承性读书就是通过读书，去获得前人已确立的观点、方法、原则，获得已被科学、被社会、被实践证明的真理，就是说要继承，每个问题都

机械地问个为什么是不必要的。有的知识不用怀疑就可以接受，越是低年级的知识越是这样。

那么，同学们该如何进行继承性学习呢？

课堂，要认真思索，积极发问，重点记录。

课后，要及时复习，将要点及时记忆。

作业，应在认真复习，掌握了基本知识的基础上独立、快速完成。

背诵，要养成朗读的习惯，特别是语文、英语，要多背诵一些名篇。

重点，及时改正作业和考试的错误，考试着重复习这些错的地方。

这就是继承性读书应遵循的几个原则。

2．求异性读书

只有继承性读书还不够，还要进行求异思维，创造性地读书。要带着问题走出教室，走出书本，要多问个为什么，要从多侧面、多角度提出问题。问题会激发你求知的兴趣，使你千方百计地寻找资料，与别人交流，探求解决问题的办法。在研究问题、解决问题时，要克服思维定式，换一个角度去思考，去探索，要养成积极思考的习惯。

有这样一个案例，如何拔出酒瓶塞：宴会快要开始，服务员开红酒瓶时，不慎将酒瓶塞弄断。服务员用刀子、锥子撬，但瓶塞就是拿不出来，服务员紧张起来，怎么办？一位朋友找来一根比瓶塞略小的棒子，用力一按，将酒瓶塞推到瓶子里，红酒顺利地倒出来。

瓶塞一般都是从瓶子嘴里拉出来，这是一种思维定式，将断了的瓶塞往瓶里压，这是换个角度的思维方法，因为我们的目的是要立即将瓶子里的红酒倒出来。克服了这一思维定式，解决问题的办法简单易行，这就是求异思维的魔力。

四、坚持是形成良好读书习惯的重要保证——怎样培养读书习惯

(一) 确定目标,长期坚持

教授关于每年读一本书的故事:一群即将毕业的大学生来到教授跟前,教授对他们提出一个要求,毕业后仍要坚持读书,每年至少要读一本以上。一年读一本书这不是轻而易举的事吗?大学生们对教授的要求感到不可理解。一年后,这些大学生回到教授那里。教授问,在这一年里,能读一本书以上的人举手,结果举手的人寥寥无几。

朋友们,坚持这是对意志的锻炼,是习惯形成的基础。有的人,因为到处找工作,到处碰壁,而忘记读书;有的人,因为工作忙,就把读书丢在脑后;有的人因生活的奔波、烦恼而放弃读书。其实,读书会让你增长知识,让你跟上时代,这是工作的需要、生活的需要。要更好地工作,更好地生活,就必须读书。读书与工作、与生活不是对立的,而是相辅相成的。只有坚持读书,才能形成习惯,才能使之成为生活的一部分。读书需要坚持,生命因坚持而美丽!

(二) 经常检查,有效监督

首先是自我检查,自我监督。每天、每周、每月、每年,你都要检查自己读书的情况,总结经验,坚持好的,克服并及时改正存在的问题。读书是自己的事,是为自己好,因此,应加强自我检查的力度,提高自我监督的自觉性。

要告诉家长自己的读书计划,请家长帮助监督。主动要求家长监督,将有效地克服自己某些惰性,促进计划的落实。

主动与同学交流,两人或几个人制订互相监督的计划,达到互相学习、互相促进的目的。

告诉老师，请老师监督。老师不仅能够促进你的计划的落实，还会给你提供新的读书内容和方法，使你的读书效果提高一个层次。

（三）细处着眼，培养意志力

（1）经常读报、剪报。

（2）随时将网上获得的有价值的信息分类存档。

（3）读书做批注，包括课本和课外书。

（4）随时随地做记录。

（5）及时将材料，包括纸质的和网络的材料分类、归纳、整理，以备日后之用。

（6）抓住灵感，写读书笔记。

（四）环境熏陶，时间保证

（1）环境熏陶。创造良好的读书环境，不在书桌上放有碍读书的物品，消除有碍于读书的杂音，如电视、谈话等。

（2）时间保证。每日定出一定时间读报、看电视；每周定出一定时间看杂志，阅读课外书；每月做一次检查；每学期做一次小结。

鲁迅说："时间就像海绵里的水，只要愿挤，总还是有的。"关键在于同学们要有强烈的时间观念，能够科学地安排时间。

（五）利用媒体，获取更多的信息

21世纪是信息化的世纪，青少年学生要获取更多的信息，就必须注意利用媒体。媒体包括纸质媒体和电脑、网络，各人可根据需要和爱好加以选择利用，这是学习一个重要的方面，也是读书不可缺少的环节。长期坚持，形成利用各种媒体学习知识的习惯，将会更好地促进你成功。

结　论

　　习惯是在长期的生活中形成的一种比较稳定的心理状态、一种行为表现。它是一种无形而顽强的力量。良好的读书习惯，会使人主动、和谐、求是、创造，会形成一种推向成功的巨大力量。

　　求异地读书，有选择地读书，坚持不懈地读书，读书终将会成为生活的一种习惯，让你的生命变得美丽，给你带来幸福。

　　青少年朋友们，读书给人以智慧，给人以快乐，给人以创造力。热爱读书吧！读书必定会改写你们的命运，智慧必将谱写灿烂的人生。

2004 年 2 月 29 日

自学能力，撞击成功的巨大力量[①]

脑科学的研究表明，每个学生都有自学的潜能。学生的自学潜能必须通过学生的实践活动才能得到开发。中央教育科学研究所的重点课题"语文自学辅导教学实验研究"，是开发学生语文自学能力的有效途径，是改革语文教学的有效方法。语文自学辅导的教学模式是：启、读、练、知、结。这种教学模式的指导思想是：以学生的自主学习为主体，以教师的引导点拨为主线，以优化学生的学力结构为主标，以大面积大幅度提高学生学习效率为主旨，使语文教学成为在教师和教材辅导下的学生生动、活泼、自主、快乐的学习活动。其核心是把学习的主动权交给学生，让学生获得更多的自学机会，不断开发自学的潜能，逐步掌握自学方法，锻炼自学能力。

广东省汕头市金园区语文自学辅导实验研究，从1995年9月由华新小学率先在汕头市实验开始，至今已有五年多时间，实验学校达24所。实验规模越来越大，参加实验的人数越来越多，说明语文自学辅导指导思想和课堂模式已逐步为广大语文教师所认可。五年多的实践，收获颇丰。

第一，学生的阅读能力、写作能力、听说能力及观察力、记忆力、想象力等都有不同程度的提高，尤其是自学能力。实验班的学生已较好地掌握了语文自学的方法，养成自学习惯。自学习惯的养成，是一种无形力量，不可抗拒的力量，它会成为一种撞击成功的巨大力量，让人受益终生。

第二，更新教育观念，培养了一大批有创新思想的教师。传统的教学，学生被当成知识的接收器，处于被动地位，因而缺乏一种主体意识和主动精神。语文自学辅导是总课题组张鹏举先生等人在长期的教学实践和教育科研中，挑战传统和常规而创造出来的一种全新的教学模式。一个课题实验就是一个培训班。24所中小学，几百位语文教师参加实验，在实践中锻炼提高，涌现出一大批观念新，敢于改革、善于改革的语文教学积极分子和学科带头人，这是最重要的科研成果，是可持续发展的成果。

第三，在不同类型学校、不同年级，产生出一大批优质课，为语文教学改革提供样板。

第四，写出一大批优秀论文、调查报告和实验报告，这是一份十分宝贵的精神财富。

回顾五年多的实践，我们所取得的成果是突出的，实验的意义是深远的。能取得如此丰硕的成果，我们不会忘记多年来给予亲切关怀和具体指导的中央教育科学研究所所长阎立钦教授，不会忘记总课题组负责人张鹏举副研究员，以及张开勤、左昌伦、高长梅先生。我们还要感谢长城出版社的鼎力相助，使本书能顺利出版。

在金园区语文自学辅导实验结题之际，我们将部分获奖的论文结集出版，这是一件很有意义的事，尽管这些论文还有瑕疵。我们的实验还在继续，学生自学潜能的开发永无止境。愿广大的语文教师、教育工作者，都来开发学生的自学潜能，让语文自学辅导之花开得更艳。

2000 年 12 月 5 日

①此文是为《把学习的主动权还给学生》（巫清辉主编，长城出版社 2000 年版）一书所作的序言，出版时改为前言。其时作者任区语文自学辅导实验研究课题组组长。

创造出值得自己崇拜的孩子[①]

汕头隆城报本学校是一所历史悠久的学校,它培育出无数优秀学子,远的不说,单就近年各项活动,师生在各级获奖的不乏其人。2002年高考,广东汕头金山中学两姐妹同时考取全国重点大学,姐姐进了中山大学,妹妹就读北京大学,一时间在广东传为佳话。当时我正在广州出差,听到这消息,特别高兴,回汕后即拿来《汕头特区晚报》细读,原来姐妹俩就是从隆城报本学校走出来的。这个例子从一个侧面说明隆城报本学校教育教学的扎实,为学生今后的发展奠定了坚实的基础。隆城报本学校是一所农村小学,地处革命老区澄海莲华镇,由于诸多原因,经济尚欠发达,目前学校的现代化设施还不尽如人意,但老师们不囿于条件,认真学习,锐意改革,教育理念与时俱进。笔者曾应校长之邀,到该校为老师们做了一场题为《创造教育与创造型教师》的演讲,看了老师们的教育教学论文,其观念与我提出的"主动、和谐、求是、创造"教育理念是一致的。隆城报本学校老师们先进的教育理念是学校培育出众多优秀人才的原因所在。

21世纪的教育是创造的教育。创造教育自1906年在美国诞生以来,给美国带来巨大的经济效益。伟大的教育家陶行知早在20世纪20年代就提出他的创造理论,1943年发表了著名的《创造宣言》。陶行知说:"教师的成功是创造出值得自己崇拜的人。先生之最大的快乐,是创造出值得自己崇拜的学生。说得正确些,先生创造学生,学生也创造先生,学生先生合作而创造出值得彼此崇拜之活人。"又说:"处处是创造之地,天天是创造之时,人人是创造之人,让我们至少走两步退一步,向着创造之路迈进吧。"

隆城报本学校的老师们遵循陶行知先生的教导，注意在活动中培养学生的创造个性，通过创设宽容、和谐、自由、安全的班级环境，鼓励学生大胆提问题，让学生在学习、生活、健体、道德诸方面养成良好习惯等，使学生学得主动，学得愉快，形成一个和谐协作，敢想、敢说、敢做、敢创造的良好氛围。

本书取名《向着创造之路迈进》，意在概括本书内容的特征：创设情境，激发兴趣，大胆质疑，主动学习，和谐合作，探索研究，鼓励创造。另一用意在于号召老师们在实施新课程计划过程中，继续发扬上述的创新意识，大胆实践，向着创造之路而前行。全书正文除特约稿外，分五个部分：学校管理与班、队工作，语文，数学，英语，科学、艺术与体育。老师们根据各自的管理范围和学科、年级的特点，采取了一系列行之有效的方法，努力培养学生的学习兴趣，激发学习热情，启迪思维，因而教育教学效果好。呈现在读者面前的这些论文，就是老师们辛勤耕耘的结晶。综观这些论文，既有鲜明的论点，又有充足的论据，特别是老师们从亲身实践中挖掘出来的例子，生动有趣，为这本书增添色彩。多数论文短小精悍，也不乏篇幅较长、说理深刻的。我读后颇受启发。我相信，《向着创造之路迈进》一书的出版，必将起到互相交流、互相促进的作用。当然，本书也不是没有瑕疵之处，但作为一所普通农村小学，我以为不必苛求，相信老师们，特别是年轻的老师们会在今后的教育教学实践中不断提升自己，以弥补现在之不足。

关爱每一个学生的发展，这是新课程标准的目标。要达此目标，需要不断更新观念，不断实践，不断探索。当前最要紧的是要加强现代教育科学和现代心理科学的学习和研究，用多元智能理论等前沿理论指导教育实践，促进学生个性发展，和谐发展，创造性发展。

创造型教师必将培养出创造型学生。时代需要创造型教师。愿老师们在执行新课程标准的过程中，敢于质疑，勇于探索，向着创造之路迈进，写出更多更富有创意的佳作来。是为序。

2005年2月18日

于汕头碧霞庄

①此文是为张旭龙主编的《向着创造之路迈进》一书所作的序。

爱·创造·快乐着[①]
——谈《爱，让孩子快乐成长——e时代家庭教育真谛》的主题

爱，教育的出发点；爱，必须科学，要懂得方法。爱的结果是创造，没有创造的爱不是真爱。创造让孩子享受快乐，快乐产生无穷的创造力。《爱，让孩子快乐成长——e时代家庭教育真谛》一书遵循上述的创作思路，历经10年而写成。

1997年飞厦中学举办读书节，我应邀为该校全体教师作了题为《读书·求异·创造》的报告。从那时开始，我用演讲的形式在各地给教师、学生、家长讲学，形成了"能治谈教育"的演讲专题系列，并随着时间的推移，将家庭教育放在第一层次的位置来研究。我在书的前言《让孩子学会自我教育》中写道："教育，包括家庭教育、学校教育、社会教育、自我教育，本书重点谈家庭教育，有的篇章也涉及学校教育、社会教育与孩子的自我教育，对家长来说配合抓好这些教育，这也是一个家庭教育的问题。"

家庭教育是教育中最重要的环节，又是当前最薄弱的环节，几乎每一个问题孩子背后都有一个问题父母，很多祖辈在教育孙辈问题上也存在不少困惑。当今的时代是网络时代，当今的家庭教育是网络环境下的家庭教育。本书基于上述背景而写作。书中运用前沿的教育理念，包括多元智能理论、情商理论、逆境商理论、创造教育理论、儿童发展敏感期理论、儿童六大解放理论，莫扎特效应，21世纪四大技能等指导创作，意在引导读者向前看，探索未来，因为孩子是属于未来的。书中引用了大量古今中外的案例与故事，并作出言简意赅的点评，给读者留足思考的余地。读者可

以在轻松的阅读中感受到教育孩子的正误，激发大家去实践，从而让孩子获得体验，逐步形成良好的习惯。

爱是贯穿全书的主线，没有爱就没有教育。书中关于如何爱孩子的故事，从多侧面给人启迪，引导人们走出爱的误区，永不放弃爱的信念，用爱的行动，使每个孩子都获得成功。

每个孩子都具有无穷的创造力，他们每时每刻都在创造，而创造是教育的最高境界和最终目的。我们既要开发孩子的智力，更要开发孩子的创造力；既要看起跑的成绩，更要看终点的成绩。家长和教师都要以宽容的心态，关爱孩子的创造萌芽；要建立科学的评价标准，把孩子培养成为逻辑清晰、思维科学的人，敢于实践、勇于创造的人。

父母要引导孩子学会自我教育，这是孩子成长的根本，是将来自立于社会的根本。父母要加强学习，通过自我教育改变自己，并以榜样的力量，让孩子在实践中学会自我教育，使孩子的头脑、双手、双眼、嘴巴、空间和时间都解放出来，使家庭真正成为培养孩子创造力的场所，家长真正成为孩子迸发创造力的老师。

更新教育理念，做网络时代的合格父母，这是网络时代对每位家长提出的新要求。父母要成为孩子运用网络的参与者、辅导者，成为孩子玩网络游戏的玩伴、学习网络的学伴、平时无话不说的朋友，成为孩子快乐成长的引路人。这样，每个家庭都将成为和谐的家庭、幸福的家庭。

快乐应成为孩子的主旋律。优质的家庭教育和学校教育必定会让孩子快乐成长。时代呼唤优质教育！优质教育必定会使每个孩子的潜能得到充分开发、充分发展，个性得到张扬，学业成绩和综合素质得到提高。优质教育必定会使每个孩子都成为身体强健的人、朝气蓬勃的人、快乐幸福的人。

爱，创造，孩子快乐着、父母快乐着、家庭快乐着……

2012 年 3 月 21 日

①此文是作者在"张治能:《爱,让孩子快乐成长——e 时代家庭教育真谛》学术研讨会"上的发言。该研讨会于 2012 年 3 月 21 日下午在东厦中学北校区三楼会议室隆重举行。会议由《当今家庭教育》编辑部主办,广州胜通贸易有限公司和汕头市东厦中学协办,《当今家庭教育》副主编陈成浩主持,出席会议的有汕头市、区有关部门的领导、来宾,家庭教育讲师团及编辑部人员,中小学校长和老师以及区教育局关工委委员,共 50 多人。会上,东厦小学教导主任陈煜琦宣读了专家学者对张能治这部新作的评价,方仰群、黄锋、余德元、严增城、林庆源、黄梓才、庄思明、郑韶南等同志作了精彩的发言。主持者陈成浩局长凭借他对作者张能治和对这部书的深刻理解,以他对家庭教育的无限激情,对每位发言者都作了生动而准确的点评,深化了这场家庭教育学术研讨会的主题,突显了该书的学术价值和社会价值。汕头电视台和《汕头日报》《汕头特区晚报》《汕头都市报》等媒体,共派出七位记者进行报道。余德元撰写了《让爱在家庭教育园地扎根、升华——"张能治:〈爱,让孩子快乐成长——e 时代家庭教育真谛〉学术研讨会"综述》一文(见《当今家庭教育》2012 年第 5 期,总第 13 期)。

科学育儿　快乐成长①
——谈《家庭教育那些事儿》的主题及其他

《家庭教育那些事儿》一书由暨南大学出版社出版了，我欣喜，我高兴！这是一本厚实而又精致的书，是一本专门为父母写的书。为了这本书，我倾注了六年的心血。六年，从 2009 年 1 月我策划创办了《当今家庭教育》杂志至 2014 年 12 月《家庭教育那些事儿》出版；六年，我的辛勤劳作，终于有一个美丽的结果，我由衷地高兴。

家庭教育是我的孩子，一个特殊的孩子，我像爱子孙一样爱着这个孩子，并为她付出我的光和热，付出我的一切——时间、精力、情感、金钱……因为我太爱这个孩子了。我爱这个孩子，值得！因为家庭需要她，教育需要她，社会需要她，国家需要她。

人们常说，家是港湾。港湾要宁静、温馨、幸福，就必须有科学的家庭教育。家庭教育是一个世界性的课题，也是当今中国教育面临的一大难题。没有哪一位父母不想让自己的孩子健康快乐成长，但能不能健康快乐成长，关键取决于父母的教育理念、教育能力与教育水平。家庭教育的重要性是不言而喻的，正如赵刚教授在该书的序言中所说："无数事实表明，家庭教育不仅是养育孩子成长这些生活琐事，更关乎国民素质、民族兴衰、国体强弱，因为国家这个大厦是建构在每个稳定、和谐的家庭基石之上的。""张能治先生潜心研究家庭教育，矢志不渝地推广科学的家庭教育，他主编的《家庭教育那些事儿》这本书，从多角度述说家庭教育的重要性、家庭教育的方法和途径。《家庭教育那些事儿》的出版，给家庭教育百花园增添了璀璨夺目的光彩。"

"科学育儿，快乐成长"是贯穿《家庭教育那些事儿》全书的主题。呈现在读者面前这本书,从理念、视野、阅读、生命、感恩、能力、书信、故事、幼教、心育、亲情、责任、名著这13个侧面,以大量真实的故事、典型的案例、精当的点评,述说着家庭教育的方方面面,给人以启迪。

"理念""视野""名著"等篇章,阐述的主要是"道",其他各篇述说的主要是"术"。阅读本书,"相信读者能从本书中明'道'而'术'生,借鉴并创造出适合自己孩子的有效的教育方法,帮助自己的孩子健康成长",王小棉教授说得极是。

"用教育的头脑思考孩子的教育问题",这是教育家赵忠心教授的忠告。"张能治先生主编的《家庭教育那些事儿》一书内容非常丰富,涉及孩子成长和家庭教育过程中的方方面面,自始至终引导家长学会思考,有利于切实提高家长的教育素质。"引导父母"学会思考"是出版这本书的目的。

思考必须有智慧。"孩子长大是一个神奇的过程,家长除了爱心、经验和坚持,还需要掌握家庭教育的智慧。张能治先生这本著作可谓家庭教育的大智慧"。骆风教授如是说。《家庭教育那些事儿》通过"阅读""书信""故事""心育""亲情"等篇章,让读者获得感悟,转化为"能力""责任"等。孩子的教育必须从小抓起,"幼教"篇就显得极为重要,而"生命"教育则是不可或缺的,家庭应当成为守护孩子生命的港湾,让他们在活动中获得体验,尊重生命、珍惜生命,保护生命,包括自己的生命和他人的生命。"名著"篇介绍的是古今中外的家庭教育名著,它是人类家庭教育文明发展史的缩影。我长期研究它,推广它。我认为:"它,打造了一个民族的文化底蕴,注解着时代的精神风貌;它,穿越时间的隧道,贯穿历史的长河,在一定程度上揭示了家庭教育的发展规律。""研读家庭教育名著,是每个为人父母者的需要,父母可以从丰富的家庭教育实践经验中有所借鉴;研读家庭教育名著,可以塑造一个人的文化素养,沉淀在自己的言行中,成为一个人思想中最深厚的基础,并潜移默化地影响着儿女。"

"家庭教育是中国教育的'支点',抓住这个'支点',教育就会出彩,就会生机勃勃,孩子就会意气风发,健康快乐。渴望孩子快乐成长的人们,请紧紧抓住这个教育'支点'吧！"这是时代的呼唤！

我奉献这本书，就是为了孩子们的健康快乐成长，期盼它对广大家长，特别是年轻父母的家庭教育有所帮助。

愿《家庭教育那些事儿》这本书能给各个家庭带来幸福，给孩子们带来欢乐！

科学育儿，快乐成长！我们期盼着……

2014 年 12 月 29 日初稿

2015 年 1 月 15 日定稿

于汕头碧霞庄

①2014 年 12 月 29 日下午，《当今家庭教育》编辑部在东厦中学一楼接待室举行以"科学育儿，快乐成长"为主题的《家庭教育那些事儿》新书出版座谈会，编辑部全体同志、市部分中小学校长及该书部分作者共 18 位同志参加了该次座谈活动。会上，本书主编张能治首先与大家分享出版本书的艰辛历程和成功出版的无限喜悦。与会者对张能治主编刻苦用心的钻劲、锲而不舍的毅力和锐意进取的精神无比钦佩，感慨新著出版之不易，大家纷纷畅谈自己的感想。肖俐婷做了《当今家庭教育编辑部举行〈家庭教育那些事儿〉新书出版座谈会》的报道（见《当今家庭教育》总第 24 期）。

此文是作者在《家庭教育那些事儿》首发式上的讲话。2015 年 1 月 15 日下午，《家庭教育那些事儿》首发式暨家庭教育学术研讨会在东厦中学校本部五楼会议厅隆重举行。会议由汕头市公益基金会、金平区关工委、金平区教育局主办，市关工委主任钟展南、市公益基金会会长张泽华参加研讨会并发表重要讲话，汕头市教育局副局长谢崇发来热情洋溢的贺信。出席研讨会的还有金平区教育局局长刘彦彧，金平区关工委常务副主任黄梓才、副主任陈成浩、曾俊亮和来自金平区各中小学幼儿园的校长、政教主任、园长以及《家庭教育那些事儿》的作者共 400 多人。研讨会上，还举行了《家庭教育那些事儿》赠书仪式。会议由金平区教育局副局长赵耿辉主持。姚佩琅作了《老骥伏枥，志在"家庭教育那些事儿"：张能治主编的〈家庭教育那些事儿〉首发式暨学术研讨会纪要》的报道（见《当今家庭教育》总第 25 期）。

教育孩子的艺术①
——解读《叩开孩子心扉的艺术：谈家庭教育那些事》的结构与主题

我的新著《叩开孩子心扉的艺术：谈家庭教育那些事》近日由暨南大学出版社出版，向全国发行，这是近六年来我出版的第三本家庭教育著作。

资深家庭教育专家骆风教授评论，《叩开孩子心扉的艺术：谈家庭教育那些事》，"这是著名家庭教育专家张能治先生又一部家庭教育力作"，"这是值得家庭教育界同行欢庆的一件喜事！家长们阅读她必将获得教育子女的智慧，教育工作者和社会人士阅读她也能领略到家庭教育的风采"。该书的出版"给家庭教育百花园又增添了一抹亮丽的色彩。我相信，该书一定又会给广大读者带来不一样的感受和实实在在的收获"。

是的，昆山读者陈遵宝在阅读了样书后深有感触地说，张能治先生的家庭教育著作"获得了海内外华人社会不同阶层、不同行业人群的广泛好评"，张能治先生"不愧为与时俱进、引领潮流的教育专家"。又说："张能治先生不仅是一位资深的家庭教育研究者，更是一位脚踏实地的践行者。如何对孩子进行学习指导，第三章'技巧'，在《提高孩子学习能力的着力点》中提出的'学习的六个环节'，是他在长期的教育教学实践中得出来的经典总结，对孩子与家长都有深刻的指导意义。在《人生目标与人生规划》中，他把自己摆进去，以自己的人生目标和行动真实而具体地激励读者去努力！"

《叩开孩子心扉的艺术：谈家庭教育那些事》一书的结构我颇费心思。

第一章"视野"，谈提高家庭教育效能的策略；第二章"游戏"，谈游戏是婴幼儿认识生活的途径，是不可替代的教育手段；第三章"技巧"，给学习者提供可效法的范本和努力的方向；第四章"读写"，强调读，更强调写，写作让父母的家庭教育观念升华；第五章"生存"，引导孩子对生命的敬畏，做生命的强者；第六章"亲情"，以自己的真实个案，表达了我对家庭、对学校眷恋之情；第七章"创造"，这是教育的最高境界，引导人们努力成为有创造力的人。上述七章，都围绕叩开孩子心扉这个命题，从不同侧面揭示教育的艺术。每章开头都有一幅画和一句话，这是每章的核心；每篇末尾都有一段"温馨提示"，让读者读完一篇之后回顾总结，牢记要领，注重实践。

《叩开孩子心扉的艺术：谈家庭教育那些事》既有前沿的教育理念做指导，又有古今中外的教育案例，特别是新近发生的案例做佐证，真实具体，令人信服。例如，在《做生命的强者》中引用国际著名生物学家巴甫洛夫的"巴甫洛夫很忙……巴甫洛夫正在死亡"的典型案例，赞扬了伟大科学家在生命的最后时刻，还在研究生命衰变的过程，让他的助手记录下来，造福于人类的医学事业。中国著名的药学家屠呦呦，经过190次失败的实验，终于在1971年第191次的实验中获得成功，青蒿提取物对鼠疟原虫抑制率达100%，开创了治疗疟疾的新征途，挽救了千千万万疟疾患者的生命。上述两位科学家分别获得诺贝尔生物奖和医学奖，这是何等辉煌的事业啊！而17岁女中学生安吉拉·张利用课后和周末，在两年中投入了1000个小时进行抗癌方法实验，终于研究出一种抗癌新疗法。安吉拉·张的行动，对中小学校的实验教学和引导青少年学生加强实验研究都将起着极大的促进作用。文中还举出新近发生的救人英雄的事迹，包括最美教师张丽莉、最美司机吴斌、最美路人周冲、最美妈妈吴菊萍，他们都是普通百姓，但他们都是最美的人！文中同时指出不珍惜生命的种种表现：飙车是马路杀手，抽烟是孩子生命的慢性自杀，溺水是对生命的无知。最后提出"掌握游泳本领，提高溺水自救能力"、防溺水要做到"五不游泳"的要求，水到渠成，顺理成章。这是一篇6644字的长文，文中以中外十几个典型案例娓娓道来，绝无说教的痕迹。此文是2012年6月我应时任鮀浦中学校长黄树群的邀请对该校师生进行的"防溺水教育"而作的。"做生命的强者",这是一个重要的命题,是一个任何人都不应该忽视的命题,不应该回避的命题。为了生命,学会游泳;防溺水,要做到"五不游泳";研究生命,延长生命,像巴甫洛夫、屠呦呦、安吉拉·张那样;保护生命,向最美的人张丽莉、吴斌、周冲、吴菊萍学习,做生命的强者!

《叩开孩子心扉的艺术:谈家庭教育那些事》一书涵盖了家庭教育的方方面面,既有《婴幼儿教育应该注意的若干问题》《从小培养幼儿的良好品格》《提高孩子学习能力的着力点》《人生目标与人生规划》《观察·思考·提炼》《"影响世界华人"的欧洲两院院士孙大文》等内容丰富深刻的长文,也有像《警察·医生与跳楼者》《智慧的女孩》《智慧的男孩》《特别奖》《Wait a minute, please! 请等一下!》等发人深省的几百字短文。长文短文结合,各有各的精彩。这本书既写别人,也写自己。写自己有什么好处? 它给读者一个示范,给家长一个榜样。把自己摆进去,对亲人、对家庭、对朋友、对学校、对工作过的单位,我都怀着深深的敬意。第六章"亲情",《姐弟情深》《永远记住她的好》《这个冬天很"暖和"》《急需的就是最好的》《情结》《回家》《愿每个家庭都美丽幸福》《成长心连心》《心愿》等篇,表达了我深情的爱和永远感恩的情怀。

附录四篇作品,《和孩子一起筑就美丽中国梦——评张能治新书〈叩开孩子心扉的艺术:谈家庭教育那些事〉》《读者对〈爱,让孩子快乐成长——e时代家庭教育真谛〉评价摘编》《选班主任》《投身教育 孜孜耕耘:教育专家张能治访谈》,从不同侧面述说《叩开孩子心扉的艺术:谈家庭教育那些事》一书的社会价值以及作者的人格魅力,展示出家庭教育的巨大作用。阅读它,让人真切感受到作者的《叩开孩子心扉的艺术:谈家庭教育那些事》是完全可以信赖的。这个附录是全书的重要组成部分,第四篇《投身教育 孜孜耕耘:教育专家张能治访谈》是电视纪录片的脚本,首次以纸质媒体的形式与读者见面。

回头再看看自序和跋,又颇具特色。《让孩子尽早从你的生命中独立出去》这个自序，通过一个13岁男孩到澳大利亚朋友家生活一个月的故事，告诫天下的父母怎样爱孩子——培养孩子的独立性。而《家的温馨与魅力》这篇跋，发自内心地表达作者感恩的情怀，没有家，没有家人的理解支持，没有朋友的关爱帮助，独自一个人是不可能成功的，感恩，是家庭教育的真谛。

家庭教育是一门科学，更是一门艺术。家长如何指导幼儿生活——游戏；家长如何和孩子沟通——倾听；家长如何指导孩子学习——读写；家长如何让孩子成为一个充满正能量的人——感恩；家长如何让孩子更精彩——创造。

家长培养孩子的目标是什么？孩子要成为什么样的人？《叩开孩子心扉的艺术：谈家庭教育那些事》这本书告诉你，应该让孩子成为有责任感、有独立性、有耐挫力、有创造力、懂感恩、会交友、宽容、诚实的人。

这就是本书的结构与主题。

不忘初心，在未来的日子里，我将以习近平新时代中国特色社会主义思想为指导，进一步深入研究，不断实践，为探索中国特色社会主义家庭教育体系、为促进孩子的健康快乐成长而努力！

2017年10月20日

①此文是作者在《叩开孩子心扉的艺术：谈家庭教育那些事》首发式上的讲话。该书于2017年11月8日在汕头市图书馆学术报告厅举行首发式、赠书仪式及学术研讨会。

珍藏记忆　分享快乐[①]
——在《明湖秋月》首发式上致词

《明湖秋月》今天和读者见面了！这是大家共同关心和努力的结果。金秋十月，我们中文系 63 级部分同学回到母校，在中文系学术报告厅举行《明湖秋月》首发式，与当年的老师和母校现任的各级领导共话人生，有特别的意义。

明湖是暨南大学的象征，秋天是收获的季节。《明湖秋月》记载的是我们中文系 63 级同学在老师们培育下所取得的收获。正如本书"前言"所说："我们出版这本书，目的在于珍藏记忆，分享成果与快乐。把大家发表在《暨南情怀》上的作品和收集到的照片汇集起来，它从一个侧面反映 45 年来大家的收获，收获智慧，收获成果，收获友谊，收获爱情，收获家庭，收获家庭教育，收获养生之道，收获幸福……给大家在安度晚年时一种慰藉，一种快乐，一种希望。"

暨南大学是我们的母校，我们时时刻刻在关注母校的过去和今天的变化。爱暨大，爱老师是我们中文系 63 级的共同心愿，《明湖秋月》中有大量的版面给予反映。彩色照片中的《百年暨南新姿》《恩师情》，黑白照片中的《百年名师（部分）》《永远怀念》《历史记忆》，诗文中的《老师弦歌》《师恩颂歌》《深情往来》《深切怀念》等栏目充分表达了我们尊师爱校之情。原暨南大学党委书记、我们敬爱的老领导张德昌书记为本书题写的书名和诗文书法，原暨南大学副校长饶芄子教授的文稿，原暨南大学副校长黄旭辉老师提供的照片，我们的班主任洪柏昭老师、张国培老师，我们的老师李文初老师、卓支中老师、黄卓才老师的文稿、题词给本书增色生辉。暨大档案馆林文兴馆长及工作人员为我们入学相片的扫描提供了帮助，给予大力支持。在此我代表中文系63级同学向老师们表示深深的敬意。

《明湖秋月》全书由摄影书画与诗文两部分构成，按由近及远、先老师后学生、先彩色照片后黑白照片的顺序编辑。诗文按主题分成十一章。同一栏目的文稿，除特别需要外，一般按在《暨南情怀》上发表的顺序排列，文末都注明期数。4篇附录让读者更好地了解暨南大学校歌的演变和从《暨南情怀》到《明湖秋月》三年来的过程。

本书由主编张能治拟出编辑提纲，分别刊登于通讯《暨南情怀》第8期和第16期，广泛征求大家的意见。编委会先后开了两次座谈会，定出若干编辑意见。本书原计划规模较大，后根据部分学友的建议，压缩了篇幅，包括彩色照片、黑白照片、书画和诗文。现在收入本书有彩色的照片170幅、黑白照片212幅、书画作品33件、诗文100多篇（首）。所有照片都注明出处，诗文注明在《暨南情怀》发表的期数。为了减少本书的重量和厚度，彩色照片我们选用比铜版纸更昂贵的优质亚泰轻涂纸。

本书的编辑和校对主要使用2004年第1版的《现代汉语规范词典》，若此词典找不到的字词查《现代汉语大词典》，地名或古籍以新版的《辞海》《辞源》为准。为统一体例，全书采用国家规范的简化汉字，我们的年级统一使用"中文系63级"的称号。

由于本书所反映的事件时间跨度大，内容丰富，多次变更稿件，给编辑带来一些困难，我们不厌其烦，尽量满足各方面的要求。本书封面画作方顺全，责任编辑张能治。诗文都是我用电脑编辑并打印出来的。本书各部分先由各位编辑分工校对一遍，全书由陈遵宝先后校对两遍，我校对多遍，最后请资深专业校对钟勇华先生校对一遍。应该说，对本书的编辑和校对工作，我们做了积极的努力。尽管如此，错漏仍在所难免，敬请广大老师、学友、读者批评指正。

本书为非卖品，赠送阅读。我们安排一部分书赠送给母校领导、老师、校友会总部、图书馆、档案馆、文学院、中文系等单位，以作纪念，表达我们感恩之情。也有一部分送给各地有联系的校友会，像香港校友会、上海校友会、汕头校友会、深圳校友会、美国南加州校友会等，以加强校友之间的联系。本书共印260册，原则上有作品（包括书画和提供照片）的师生每人送两本，无作品的每人送一本，要求多的我们将最大限度满足。《暨南大学中文系63级名录》共印120本，师生每人一本。我们今天在此开首发式，会后我将自费专程到香港、深圳，将书送到香港、深圳同学手中，外地同学将用特快专递寄给各位。

加强联系，增进友谊，培育感情，互相帮助是我们办刊、出书的目的。

能为大家服务，我很高兴！好事多磨，有什么做得不妥的，请大家包涵。

2010年10月22日

①此文是作者在《明湖秋月》一书首发式上的致词。该书于2010年10月22日在暨南大学文学院中文系学术报告厅举行首发式。（见2013年11月20日《暨南情愫》第1期）

拥抱暨南　拥抱未来[①]
——在《情满暨南》首发式上致词

经过三年的努力,《情满暨南》一书出版了!这是我们——一群自信的暨南人献给母校 110 周年华诞的一份礼物。

三年前,我们出版了通讯《暨南情愫》,共 20 期。一年半前,我们发出了在校庆前夕出版一本纪念母校 110 周年华诞的书的倡议,得到各地校友的热烈响应。54 位作者 266 篇诗文,凝成一句话:情满暨南!

今天,我们回到母校,来到文学院,在中文系学术报告厅举行《情满暨南》首发式,心情特别激动,特别高兴。

离开暨南几十年,常梦回……

"根在中华,走遍万邦;德润寰宇,辉映炎黄!"寄寓家国使命的暨南大学校歌,凝结了暨南人的澎湃心声。"忠信笃敬、知行合一、自强不息、和而不同"的暨南精神,陶冶着暨南人的品格和情操。

《情满暨南》出版了!

《情满暨南》从不同侧面述说暨南人的衷情和挚爱:对暨大 110 周年的讴歌、对中文系 63 级入学 50 周年的回顾、对明湖的眷恋、对恩师的感激、对友谊的颂歌、对大自然的赞美、对家教智慧的阐发、对生活的艺术描绘、对往事的回眸、对逝者的怀念,更有暨南人的孙辈描绘的美丽画卷,虽然他们年少,但他们将比祖辈更有作为……

恩师情深,母校难忘。

今天我们带来 500 册刚刚出版的《情满暨南》一书,献给母校 110 周年华诞,献给母校图书馆、档案馆、校友总会、文学院、中文系和老师们、校友们、朋友们,送给中文系一年级全体新同学。暨南大学有光荣的革命传统，书中我们收录了上海时期暨南大学文学院院长、中文系主任、著名学者、教授、作家郑振铎的《最后一课》，献给广大暨南人、广大读者，以期不忘历史，发扬暨大的光荣传统，为实现中国梦奋勇向前。

六年前（2010年10月22日），我们曾在这里举行《明湖秋月》首发式，时任暨南大学副校长贾益民动情地说："《明湖秋月》内容很丰富很好，每篇文章都体现出学长的深情，浸透着同学的美好情谊。"时任中文系主任赵维江说："《明湖秋月》的字写得好，意义更好，欢迎各位校友多到中文系座谈。"因为六年前领导的肯定和邀请，今天我们才再次选择在中文系学术报告厅举行《情满暨南》首发式，我们相信：42万字的《情满暨南》是一本用情和爱编织成的书，一本字字句句充满对生活无限热爱的书，一本对暨南大学无限崇敬的书，一本对祖国对人类无限憧憬的书，一本充满正能量的书！

朋友们，来吧！拥抱暨南，拥抱未来。未来属于不屈的暨南人，属于自信的暨南人！

2016年9月23日

① 此文是作者在《情满暨南》一书首发式上的致词。该书于2016年9月23日在暨南大学文学院中文系学术报告厅举行首发式。（见2017年7月25日出版的特刊《暨南情愫》第21期）

第三章 亲情之歌

愿每个家庭都美丽幸福[①]

说到家庭幸福，就离不开孩子的健康快乐成长，就离不开家庭教育。

长期以来，我致力于家庭教育的研究和推广工作，我和我的同事做了几件事：

第一，积极参加全国、全省的家庭教育学术活动。我参加了三次分别在苏州、广州召开的海峡两岸家庭教育学术会议，参加了在杭州召开的世界华人家庭教育高峰论坛，近几年我访问了北京、上海、苏州、广州、长沙等地，与学术界的朋友探讨家庭教育，从中吸纳来自全球的家庭教育先进理念，指导本地区的家庭教育工作。

第二，组建金平区家庭教育讲师团。四年来，讲师团讲了300多场。15年来，我应邀在全国各地做了300多场演讲，用自己的智慧和爱心为千万家长服务。

第三，积极参加教育部关工委在广东省开展的"创建全国优秀家长学校实验基地"活动。我区有15所中小学申报，已有七所获得授牌，是全省开展得最好的实验区之一。

第四，出版家庭教育著作。我的新书《爱，让孩子健康快乐成长——e时代家庭教育真谛》于2011年9月由广东人民出版社出版，在全国各地书店和网站发行。这本书由于它的理念的前瞻性和写作方法的通俗性，因此受到社会各界读者的热烈欢迎和高度评价，现在已第三次印刷。

第五，策划和主编《当今家庭教育》杂志。四年来，这本杂志越办越好，声誉越来越高。汕头市教育局黄晖阳局长每期必看，区教育局苏纯局长以"图文并茂"给予高度赞扬，中国教育学会家庭教育专业委员会理事长、北京师范大学赵忠心教授以"主流、科学、清新、朴实、实用，给家庭教育刊物树立了一个榜样,很值得同行学习"给予高度评价。

这些活动得到各级领导、各中小学校长、各幼儿园园长的大力支持和热烈响应,在此我表示衷心感谢!

家庭教育是中国教育的一块短板,这块短板制约着中国教育质量的提高,影响着孩子的健康成长。我始终相信,一个重视家庭教育的校长,其学校的办学质量、学生的综合素质、学校的升学率必定会不断提高。

我和我的同事们都是家庭教育的痴心者。在未来的日子里,我们将继续执着地研究家庭教育、推广家庭教育,让广大中小学校、幼儿园受益,让广大教师受益,让广大家长受益。

同志们、朋友们,愿在座各位的孩子,包括子女和孙辈都健康快乐成长,每个家庭的生活都美满幸福!

2013 年 1 月 17 日

①本文是作者应邀在 2013 年金平区教育系统迎春联欢会上的致词。参会者有全区中小学校长、幼儿园园长、离退休在内的全局干部,以及区政府、市教育局有关领导共 300 多人。

心　　愿

　　为建设教育强区，我捐赠图书《爱，让孩子快乐成长——e时代家庭教育真谛》给全区所有中小学、幼儿园图书馆，共1200册，价值3万元。

　　我的家庭教育专著《爱，让孩子快乐成长——e时代家庭教育真谛》（简称《爱》）由广东人民出版社出版，出版后受到国内外读者的广泛关注和高度评价，现已第三次印刷。获"影响世界华人大奖"的国际著名华人科学家、爱尔兰皇家科学院院士孙大文说："这是网络时代难得一见的父母教育孩子的工具书。"中国著名的家庭教育专家、北京师范大学教授赵忠心说："您推出这样一部好书，给求知若渴的家长提供了精美的精神食粮，我相信，一定会受到年轻父母的欢迎。"我国最具实力的家庭教育专家、东北师范大学教授赵刚评价："在互联网的时代如何选择教育子女的方法，张能治先生这部书值得一读，会引发广大家长的深刻思考。"中山大学中文系教授张国培评价："《爱，让孩子快乐成长——e时代家庭教育真谛》，这是一本从理论和实践的结合上，全面、系统、深入论述家庭教育真谛的优秀书籍。"地方民俗文化学者郑韶南撰文《出之内心的，就能进入内心》，他高度赞扬："《爱》，这是一本很有特色很给力的好书，这是一本难得一见的父母教育孩子的工具书，这是一本散发着新鲜时代气息的畅销书。"青年作家黄锋认为："书中把网络作为家庭教育的导航仪，以家庭教育为核心，网络为工具，开发出了一套全新的多方位教育方法，为我们的思考提供了一个范本。"

　　图书阅读对于一个孩子来说，越早越好。莫言获诺贝尔文学奖就得益于早期的家庭阅读。莫言的妈妈适时地培养儿子读书的兴趣和习惯，让莫言受用无穷。正是有了阅读的兴趣和执着的追求，莫言博览群书，深刻思考，以独到的眼光奋力创作，才有今天卓越的成就。可见教师和家长关注孩子小时候的阅读对孩子的成长有着至关重要的作用。

在互联网高度发达的今天仍然需要纸质的图书阅读。纸质的图书阅读与网络阅读各具特点，互为补充。纸质的图书阅读永远是需要的，不论教师、学生还是家长都一样。因此，加强图书馆的纸质图书建设就显得特别重要，这是提高学校硬实力和软实力一个着力点。

图书阅读包括家庭教育类图书。家庭教育是一门科学，需要学习与研究。教师是研究家庭教育这门学科的核心力量。谁学习谁受益，谁研究深入些，谁就受益多些。教师的学习和研究，首先受益的是教师的子女、教师本人。同时，教师将家庭教育的新理念新方法迁移到他所教的学生，迁移到所教的学生家长；家长都行动起来，认真读书，用科学的家教理念指导孩子，家庭教育才能真正成为学校教育的助力，家校结合才真正成为可能，教育的良性循环才得以真正地实现。

长期以来我致力于家庭教育的研究和推广工作，以办杂志、出版图书、演讲、家教咨询、课题研究等形式推动家庭教育的发展。由我策划和主编的杂志《当今家庭教育》创办五年来，从纸质版到今天的电子版，从本地区扩大到全省乃至更大范围。广东现代家庭文明与亲子教育学会对《当今家庭教育》的指导，给我们增添了办刊的力量；赵忠心教授的"主流、科学、清新、朴实、实用，给家庭教育刊物树立了一个榜样，很值得同行学习"的评价给我们注入了前进的底气。将《爱，让孩子快乐成长——e时代家庭教育真谛》《当今家庭教育》等家庭教育书刊陈放在各中小学校、幼儿园的图书馆（室），丰富图书阅览的内容，让家庭教育在图书馆这个领域有一席之地！

我热爱督导评估工作。从1989年开始，我便分管督导工作，20多年来评估过省内许许多多中学、小学、幼儿园。评估中，我特别注重学校图书馆的建设，注重对图书借阅情况的检查，它能有效地促进中小学和幼儿园的发展。今天，在创建教育强区中，我能参与其中，感到由衷的高兴。

愿各中小学校、幼儿园图书馆藏书更丰富，真正成为师生汲取知识的殿堂！

愿各中小学校、幼儿园家庭教育更充分发展，真正成为学校教育的助力！

愿金平区成为实力雄厚的教育强区，为实现中国梦添砖加瓦！

这就是我的心愿。

2013 年 11 月 20 日

回　　家

当汽车从潮汕公路彩塘路段新联路口转入的时候，恢宏壮观的校门，刚劲有力的"潮安第二中学"六个大字便扑入眼帘。潮安第二中学（简称"潮安二中"）校门，校友之门。它由潮安二中校友出资、设计和施工，它是潮安二中校友爱母校的范本。[①]

潮安二中——我的母校；我的母校，潮安二中，我的家。今天，我回家了！

漫步于宽敞的校道，教学大楼上"主动　和谐　求是　创新"的校训和"以优质教育开启灿烂人生"的办学理念格外醒目，运动场上学子们矫健的身影让人感受到青春的活力和奋发向上的激情。

时间倒回到31年前的1984年7月，我在特殊的时间、特殊的环境临危受命：任彩塘中学校长。说是特殊的时间，其时我受汕头地区教育处的委派，负责当年汕头地区中专、中师、普高的语文科的命题工作，驻在部队，与外界完全隔绝了三个月，直到考试结束，我才"解放"。说是特殊的环境，当时彩塘中学没有正校长，因班子不团结，教师分成两派，教育教学质量低下，高考降到最低点，零录取率；校舍狭窄、残破、分散，很不适宜办学；校群关系紧张，当地群众与师生常有冲突。

怎么办？团结所有教职员工，努力将教育质量搞上去，当年高考终于取得了重大突破；主动联系当地党政部门，做好周边群众工作；调查研究，缜密规划，完成了操场交换，开启重建校舍的巨大工程；走访潮州、汕头、广州等地及海外校友，成立潮安二中校友会；建校门、筑围墙、填池塘、修操场；新校门剪彩，成为潮安二中发展的转折点。所有这一切，离不开潮安二中所有校友的支持、鼓励和帮助。我对潮安二中校友表示深深的敬意！

我是 1987 年 12 月离开潮安二中到汕头任职的。

眷恋母校，常回家看看，这是我的潮安二中情结。我时刻关注母校的发展，关注母校师生的成就，关注母校的高考，关注母校的一切……经过几任校长的努力，潮安二中旧貌变新颜。我欣喜，我高兴！

我多次回母校与教师座谈，应许卓正校长之邀，为母校制定了校训和办学理念，至今它仍激励着母校学子奋发向上；多次给学生、教师和家长讲学；多次给母校赠送我的书：《爱，让孩子快乐成长——e 时代家庭教育真谛》《明湖秋月》《创造教育之光》和《当今家庭教育》杂志等，今天带来我主编的《家庭教育那些事儿》图书一批，赠送给母校图书馆和校友。教学大楼二楼有我送给母校的一面镜子："让读书成为生活的一种习惯！"以此激励母校师生和家长注重阅读。我以为在互联网高度发达的今天，纸质图书阅读仍然是需要的。

新一届潮安二中汕头校友会，其组成人员朝气蓬勃，我特别兴奋。这是一个校友互相促进的平台，是加强与母校联系的纽带。我愿为此付出我的智慧、力量与勇气。

我潜心研究家庭教育和青少年教育，我的新著《叩开孩子心扉的艺术》有望明年出版，愿以此献给母校建校 75 周年。

我爱潮安二中的一草一木、一砖一瓦；潮安二中的人和事，我永志不忘；潮安二中办学过程诸多矛盾的解决，让我的教育思想升华；潮安二中的骄人业绩、众多校友的出色成就，我为之骄傲！

情未了，我永远是潮安二中的孩子，潮安二中永远是我的牵挂！

2015 年 11 月 7 日

①潮安二中校门，由旅港潮安二中校友施锡洲先生出资五万港元兴建，设计是朝安二中校友陈勤忠先生，施工是潮安二中校友吴荣高先生。潮安二中校门是校友之门。

情　结[1]

　　"张能治校友事业有成，是著名的家庭教育专家。他满腹暨南情怀，十年如一日不断写作，并广泛发动校友写文章宣传暨大，精心编辑、自费或筹资印发《暨南情愫》纸质杂志，还编印出版《明湖秋月》《情满暨南》[2]两书，弘扬暨南精神，充分表现了一个暨南人的使命感。他的文章和行动感动了许多人。他不是巨富大贾，也许无力向母校捐赠财物，但他发挥自己的专长，以辛勤的笔耕回报母校，十分难能可贵。特别是，他在基层工作，却能那样长期地、执着地专注于艰苦的文墨工作，那样广泛地联系和团结校友，更值得大力表彰。"暨南大学中文系教授、华侨华人研究院研究员黄卓才如是说。

　　我是1962年考进暨南大学中文系，1968年毕业（其间休学半年）的。毕业后在中国人民解放军牛田洋生产基地锻炼两年，经历过1969年"7·28"强台风大海潮的洗礼。之后在潮州、汕头从事基础教育工作，担任过中学教师、教导主任、完中校长、区教育局副局长等职，被评为潮州市优秀教师、汕头地区优秀教育工作者、广东省优秀科技辅导员、全国优秀科技辅导员、广东省朝阳读书活动先进个人，并两次荣获广东省关心下一代先进工作者称号等。

　　我的家庭教育著作《爱，让孩子快乐成长——e时代家庭教育真谛》《家庭教育那些事儿》出版后受到广大读者的喜爱，多次重印。我应邀在全国各地作家庭教育演讲300多场。我的书、我的演讲，以观念新、信息量大、实用性强得到读者和听众的广泛好评。家长赞扬："张老师的书，精彩、实在、好用。"教师评论："张局长的演讲是丰盛的教育套餐，受用无穷。"

由于我的人格魅力和学术成就，引起媒体的高度关注，汕头电视台拍摄的《投身教育　孜孜耕耘——教育专家张能治访谈》[3]的电视专题片，2012年3月在汕头电视台播放，收到了前所未有的教育效果，科学、前沿的家庭教育教育理念得到进一步传播。

离开暨南几十年，常梦回……

我们的青春年华在这里度过。教学楼、图书馆、实验室……运动场、篮球场、足球场……宿舍、明湖、蒙古包……这里的一切一切，伴随着每个暨南人。

金陵、真如、建阳、羊城……走在校道上，一个个熟悉的名字，把你带入百年时光隧道：110年前自金陵薛家巷走来的暨南大学，1958年在广州重建；1996年进入国家"211工程"重点大学行列；2014年暨大南校区投入使用，形成广州、深圳、珠海五个校区的新格局……薪火相传，百又十年。

"根在中华，走遍万邦；德润寰宇，辉映炎黄！"寄寓家国使命的暨南大学校歌，凝结了暨南人的澎湃心声。"忠信笃敬、知行合一、自强不息、和而不同"的暨南精神，陶冶着暨南人的品格和情操。

暨南大学——暨南人的精神家园。

2006年12月我策划创办通讯《暨南情怀》，出版了16期，2008年9月出版《明湖秋月》。50多位暨南人写的100多篇诗文，汇编成一本精品（A4开本，彩色印制，240页，精装），目的在于珍藏暨南记忆，分享成果与快乐。2010年10月22日在暨大文学院中文系学术报告厅举行《明湖秋月》首发式，参加该项活动有当年的领导、老师、同学和时任暨大副校长贾益民、中文系主任赵维江以及暨大校友办、图书馆、档案馆的领导。会上，张德昌老书记说，《明湖秋月》不少照片是他第一次见到的，很珍贵；贾益民副校长说，《明湖秋月》内容很丰富很好，每篇文章都体现出学长的深情，浸透着同学们的美好情谊；张国培老师用"感触良多、非常欢喜、非常钦佩"三句话说出他的感想：《明湖秋月》是一本值得留念的书，是师生情感的里程碑，他非常钦佩同学们，尤其是张能治，一丝不苟，从无到有，非干成不可；洪柏昭老师看到《明湖秋月》后很激动，当场朗诵他创作的词；张汉卿说，期待已久的《明湖秋月》终于和大家见面了，感谢张能治出力又出钱；赖清务的妻子冼彩霞站起来，流着热泪说，她参加这个座谈会，接到两本《明湖秋月》，感到非常荣幸、非常幸福；原副校长黄旭辉说，他们年级也出过书，但就没有你们 63 级出得好，愿大家友谊长存，更多来往；中文系赵维江主任说，"明湖秋月"的字写得好，意义更好，欢迎各位校友多到中文系座谈……

岁月老去，激情不老，"明湖秋月"永远伴着我们！

2013 年 11 月，我又策划创办了通讯《暨南情愫》，独资出版了 20 期，寄给海内外暨大校友，以达到联络各地暨南人的暨南情。2015 年 6 月，我发起出版《情满暨南》一书的倡议，作为母校暨南大学 110 周年华诞的礼物。

42 万字的《情满暨南》，全书分"暨南颂歌""五十年赋""明湖之恋""恩师难忘""友谊弦歌""绮丽山河""家教智慧""诗歌天地""小说世界""少年心语""生活之乐""童年趣事""往事回眸""永远怀念"等 15 个专栏，54 位作者的 266 篇诗文，从不同侧面述说暨南人的衷情和挚爱：对暨大 110 周年的讴歌、对明湖的眷恋、对恩师的感激、对友谊和大自然的赞美、对家教智慧的阐发、对生活的艺术描绘、对往事的回眸、对逝者的怀念，更有暨南人的孙辈描述的美丽画卷，他们虽然年少，但他们将比祖辈更有作为……

"《情满暨南》，装的是满满的暨南情！这是一本用情和爱编织成的书，一本字字句句充满对生活无限热爱的书，一本对暨南大学无限崇敬的书，一本对祖国对人类无限憧憬的书……"

从《暨南情怀》到《暨南情愫》，历经十年，表达的是对暨南的衷情和挚爱。《明湖秋月》和《情满暨南》分别是《暨南情怀》和《暨南情愫》两个刊物的结集，是对暨南的衷情和挚爱的升华。

《情满暨南》出版了,我们欢呼,我们雀跃!

因为我们是自豪的暨南人!

这就是我挥之不去的暨南情结!

2016 年 4 月 14 日

①见张能治主编的通讯《暨南情愫》第 21 期。

②张能治主编:《情满暨南》,香港天马出版有限公司 2016 年版。

③见张能治著《叩开孩子心扉的艺术:谈家庭教育那些事》的附录,暨南大学出版社 2017 年版。

牵　手

> 我与她，手牵手，共同度过风和雨；我与她，心连心，共同创造美好人生……
>
> ——题记

她出生于马来西亚沙捞越诗巫坡，有六姐妹，她排行第四。她的二伯父没有子女，乖巧可爱的她被二伯父选中。

"跟我回唐山去，好不好？"

"好！"

就这样，她过继给二伯父，四岁时离开父母和姐妹，随二伯父离开马来西亚回到中国，来到她的祖籍地广东省潮安县东凤乡，与她的二伯母相依为命。

1968年8月，我在暨南大学中文系本科毕业后，到中国人民解放军牛田洋生产基地锻炼，经历了1969年"7·28"强台风大海潮的洗礼。1970年4月，我离开部队来到东凤，成为红星中学（后改名为东凤中学）一名语文教师，隔年被学校评为五好教师。其时，她在东四小学任教（后到东三联办中学任数学教师），经双方同事介绍，我们在东四小学见面。一见面，我就有非她莫属的感觉。她温柔、贤惠、勤劳、朴实，她在东山湖劳动大学那张相片特别美，我非常喜欢，真是情人眼里出西施，而真正促成我俩婚姻的是双方的人格：正直诚信、与人为善。

她的二伯母家境贫困，潮汕沦陷时她曾逃难到福建云霄，"土改"时家庭定为贫农。二伯母结婚后，二伯父便到马来西亚。她在东凤小学念小学，在潮安三中念初中，在潮州高级中学念高中。太多的生活波折，导致二伯母不幸患了精神病，那时她小学还未毕业，对她又打又骂，严重影响了她的学业。很多亲戚劝她离开二伯母，但她觉得：二伯母无依无靠，我就是她的依靠；我是二伯母带大的，二伯母就是我的牵挂，决心不离不弃。感恩，让她默默忍受痛苦的煎熬。20世纪60年代，二伯父回国，可在船上突然发病，一上岸就进入汕头专区医院治疗。当时她在汕头地区劳动大学读化学专业，本想见到二伯父向他倾诉多年的苦水，可没想到，一见面却成永别。二伯父的离世，更加重了二伯母的病情。为了二伯母，为了这个家，她不想远走高飞，她坚持着，忍受着……

我的家庭情况与她相似。我一岁多时，母亲就患病去世，主要由伯母带大。我怀念我的母亲，感恩伯母和两位姐姐等亲人。

在此之前，我们都曾谈过恋爱，但我俩的相遇，一见钟情，没谈几个月便结婚了。那是1973年3月18日，我们到东凤人民公社登记结婚，那时我31岁，她28岁，办理手续的是办事组杨阿葵同志。一张泛黄的结婚证书仍珍藏着！我们专程到汕头外马路青春摄影室照了一张结婚照，至今仍放在相册最显眼的位置。婚礼很简单，没有仪式，五一节期间分别在双方家里请亲友吃一餐饭。婚后，我们住在东四小学，铺盖是学校的床板，一个旧茶箱和两只凳子便成了茶几，这就是我们的家。每天她目送我骑着自行车，沿着镇道迎着朝霞到红星中学上班去，傍晚又骑着车披着晚霞回家……日复一日，生活充满甜蜜与幸福！

她，就是我的妻子，陈赛珠。

我们都不是善于言词的人，但我们都有一颗善良的心，都讲诚信、懂感恩，共同面对生活中诸多困难，特别是她的二伯母因身体原因带来的很多不愉快的事情。珠的二伯母喜欢到外面捡破烂，香烟盒、破衣服、烂菜、杂物……不几天家里就积了一大堆，我们经常要花力气清理。二伯母喜欢走路，整天在外面转。有一次天黑了还没回家，我们打着手电筒到处寻找。第二天还不见人，我们着急了，到汕头地区电视台刊登寻人启事，又发动亲朋好友在更大的范围内寻找。第三天，珠的外甥钿终于在与东凤镇相邻的龙湖镇田间找到二伯母。二伯母失踪的事,给我们造成极大的压力。我和珠商量后,采取了一些防范措施,幸好后来没再发生。二伯母爱抽土烟丝,珠经常买些烟丝给她抽,满足她的嗜好。二伯母喜欢养猫,珠经常买鱼给猫吃,让二伯母开心。珠对生活的要求很低,只要能照顾好二伯母,她就心满意足了。我了解她,知道她想要的是什么;满足她,让二伯母安享晚年,因为我们彼此深爱着,这是我们的共同责任。

我们有两个女儿——帆和星。大女儿出生时,珠住到澄海东里我二姐家,这是我两位姐姐的主意,因为我二姐夫在医院工作,珠高龄产育,这样安全有保障。1975年6月12日,帆出生了。当天早晨,我接到二姐夫的电话,知道女儿出生的喜讯,请假后立即骑着自行车,冒着大雨,从中学出发,先到东四告诉东凤的亲友,然后沿着护堤公路疾驰,过园头渡、洪渡、东里渡,中午时分来到她身边,见到可爱的女儿帆。女儿依偎在母亲怀里,我和她会心地笑了,幸福感油然而生!这一切都是我二姐一家的功劳,珠特别感激。两年后的1977年11月2日,小女儿星在东凤出生。11月1日半夜时分,我一手牵着她,一手提着一个旅行袋,望着满天的星星,步行到东四医疗站。拂晓时,小女儿诞生了,晓星这个名字是珠建议的。

有了两个女儿之后,我们请人帮忙买了些木料,做了一个福州睡床,一家人才搬到她二伯母"土改"时分的房子居住。那是半间"大房",约十平方米,放着一张睡床、一张书桌、一个书柜、一个衣柜。夏天天气热,一家四口就睡在水泥地板上。我们请了邻村一位老人家当保姆,她就住在门楼边一个小房。大房与小房之间有一条一米多宽的过道,放了一套两座位的木头沙发。吃饭的时候,这个地方便成了饭厅。冬天这里比较冷,因为过道与小房连接处有一个缺口,每当刮风下雨,就得拿雨伞遮风挡雨,生活有些不便。在小房与门楼边,我们用砖头围起来,有50厘米宽,这就是小便处兼洗澡间。我的侄女慧戏称细叔东凤的房子是"两房一厅"。就在这准"两房一厅"的狭小天地里,我们快乐地生活了十几年。每逢周末,东凤中学语文组的老师经常到我家聚会,还一起去东凤戏院看潮剧,其乐无穷。我澄海的家人，包括我的伯母、姐姐、哥哥，还有侄儿、侄女、外甥们等，虽然交通不便，但仍经常到东凤看望我们一家。珠的人缘好，亲戚朋友往来的人就更多。珠家里有块"自留地"，我们添置了些农具，便在地里种起蔬菜来，萝卜收成后还腌制成萝卜干，送给城里的亲戚呢！我喜欢农务，珠不怕脏不怕累，我们干得很开心。学校的事，她尽责尽力，出色完成教育教学任务；家里的事，柴米油盐酱醋茶，她日夜操劳，忙里忙外，尤其是照顾二伯母的生活，从没怨言。珠生活简朴，她的衣服大多是我买的。我外出时有一个任务——给她和两个女儿买衣服。出门之前一定要量好各人的尺寸，保证买来的衣服合身。到了春节，当她们穿上得体的新衣裳，一家人可高兴啦！

珠的外婆独自一人住在彩塘镇仙乐村，周末我和珠经常去探望她。外婆见到外孙女，特别高兴。外婆想念远在马来西亚的女儿和女婿，我们的到来无疑解了她的思念之苦。有一次，珠得知外婆生病，从汕头骑着自行车去仙乐村，由于心急，骑得太快，不慎在杏花桥跌了一跤。她强忍着疼痛，爬起来后继续往潮汕公路疾驰。其时我出差在外，帮不了忙。她说："你忙你的，照顾外婆是我的本分，我是替远在国外的爸爸妈妈尽孝啊！"外婆最大的念想是能够见到女儿。可是珠的爸爸和妈妈却走在外婆之前，直至外婆临终前才由珠告诉这一直隐瞒的消息。外婆听后打了几下床板，就闭上眼睛了，享年93岁。

我的伯父早年在泰国去世，伯母唯一的女儿也患病相继离开人间。伯母独自一人守着，和我们在一起共度难关。我从小由伯母带大，小时候常听伯母谈及她的身世，我非常同情她的遭遇。我结婚后，常和珠到我的老家澄海县莲华镇隆城乡去看望伯母。去时我们都会先到东里镇买些伯母喜欢吃的食物。到家了珠总是忙这忙那，让伯母高兴。后来，我们到汕头市区工作，立刻把我的伯母接到汕头住在一起。两个房子，我们住一间，伯母和两个女儿住一间。我们买了两个1.2米宽的睡床，伯母睡一个，两个女儿睡一个。珠知道伯母的功劳，总是嘘寒问暖，做她喜欢吃的饭菜，伯母过得很开心；两个女儿也很孝顺，总是老姆前老姆后地叫着，叫得她乐呵呵的！伯母在汕头乐享晚年，度过她最后的幸福时光，享年90岁。

我的两个女儿都知道她们妈妈的爱心和孝心，对患病的外婆格外尊敬。尽管外婆精神不好，但两个孙女的孝心，使外婆也有开心一刻！她不喜欢照相，大女儿帆就想办法，创造机会给她照。她享年84岁。现在挂在东凤老屋这张相片，外婆笑得多开心！东凤老屋破旧，去年，我和珠商量，请人将它装修一新。老屋里至今仍然保留着珠的二伯母生前用的睡床、桌子、柜子……睹物思人，感恩之心犹在。每当回东凤，我们都会到老屋去，打扫房间，春节一定给老屋贴上春联……看到帆给她外婆拍的照片，她笑对着我们，像在说："你们来啦！"我们的孙子见到太婆的照片，合着手向她老人家鞠躬："太婆，我们和爸爸妈妈、爷爷奶奶来看您啦！"一家人都笑起来，我们还在老屋里老屋外照相呢！

珠结婚了，但她没有出嫁的感觉，因为她一直没有离开她的"家"。珠的二伯母去世时，我这个女婿，不，是儿子，操办了一切，还特意将岳父的遗物——一件他在国外穿的长外套与岳母的骨灰合葬在一起。每年清明节，我们一定和女儿、女婿、孙子一道给老人家扫墓；东凤的公益事业，我们都积极参与，尤其是教育、卫生的善事，我们都乐意出钱出力……

1980年3月，我被广东省汕头地区行政公署评为汕头地区优秀教师。1984年6月，我被任命为潮州市彩塘中学校长。这是个老大难单位，很多人为我捏一把汗：学校多年没有正校长，两个副校长不和，教师分成两派，教育教学质量低下，高考降到最低点，零录取率；校舍狭窄、残破、分散，校门连小汽车都进不了……

怎么办？我和珠商量着。她略带思索，坚定地说："老张，去吧，你一定行！家里的事你放心，我会处理好的。"担任彩塘中学校长，无疑是一个挑战，任重道远。有她的支持和鼓励，我满怀信心离家前行，采取了一系列有效措施：团结所有教职员工，注重教研组和年级组建设，建立听课评课制度，教育教学质量明显提高，当年高考终于取得了重大突破；调查研究，缜密规划，完成了操场交换，开启重建校舍的巨大工程；建校门、筑围墙、填池塘、修操场；走访海内外校友，成立潮安二中校友会；果断决策，新校门启用"潮安第二中学"的校牌……

望着那闪闪发光"潮安第二中学"的校牌，它已成为彩塘中学发展的转折点，我和珠十分高兴。她感慨地说：这可是你倡导的"主动"和"创造"办学理念的结果啊！1985年和1986年，彩塘中学连续两年被评为潮州市先进单位，我也连续两年被评为潮州市先进工作者。

1987年12月，我调往汕头市区工作，先在东厦中学任副校长，不久到广东教育学院"高完中校长培训班"学习，结束后调往金砂区教育局组建督导室，后任区教育局副局长，分管中教、小教、幼教、成教、招生、督导、教育学会、青少年科技教育协会、陶行知研究会等业务工作。经历了合区的变迁，从金砂区、金园区到金平区，但教育教学的研究工作没有间断过。在这期间，我被评为全国优秀科技辅导员，两次获广东省关心下一代先进工作者称号，并获广东省朝阳读书活动先进个人、广东省优秀科技辅导员等荣誉称号。

在经常深入学校、幼儿园的教育教学实践中，在积极参加全国各地的教育科研活动中，我深切地感受到家庭教育的极端重要性。我钟情于家庭教育，珠是我的知音：我主编家教杂志《当今家庭教育》《孩子与家庭》，她是第一读者；我出版家庭教育书籍，她热情参与，找资料、提建议、协助校对；我外出演讲，事前需编印演讲提纲和制作演讲课件，她积极支持，提供方便。2018年，我因连续六年出版了三本家庭教育著作而获评"汕头市道德模范提名奖"。汕头教育系统只有我一人获此荣誉，这是社会对我从事家庭教育研究和推广工作的充分肯定和高度赞扬。这些奖项有珠的功劳！没有她，我在家庭教育方面就没有今天的成就。

研究家庭教育，推广家庭教育，让孩子们在爱和自由的空间里快乐成长，这是我的人生追求。珠支持我，陪伴我，家成了幸福的港湾！几十年过去了，我们牵了一辈子的手，收获了爱情和婚姻，收获了家庭和事业；

几十年过去了,我们收获了满满的幸福,收获了浓浓的爱。

我与她,手牵手,共同度过风和雨;我与她,心连心,共同创造美好的人生。

人生道路,选对伴侣,牵对手,不易;相濡以沫,和谐相处,牵一辈子的手,更难。我们选对了,牵对了……

2019 年 8 月 20 日初稿
2019 年 9 月 10 日修改
于汕头碧霞庄

这个冬天很"暖和"

入冬以来,冷空气接二连三造访汕头,寒冷黄色、橙色预警信号频频发布,一月份平均气温是汕头十年来同期最低的。

我怕冷,尤其是上了年纪更是如此。

一天上午,大女儿帆打电话来,约我到汕头特尼威专卖店买衣服。结果,女儿女婿帮我挑了四件:一件羊毛衣、一件夹克、一件衬衫、一条休闲裤,款是女婿鑫付的。小女儿星和女婿霞在广州给我买了一双既柔软又防滑的皮鞋。这套服装和这双皮鞋既合身又御寒,我很喜欢,今年这个冬天我经常穿着。

2010年11月底,我赴杭州参加第二届华人家庭教育高峰论坛,孩子们为我准备了足够的寒衣。帆给我织的羊毛围巾、外甥女冰和她妈妈合作给我织的羊毛裤、外甥婿川从澳大利亚买来的羊毛袜子、妻侄煌在北京买的保暖内衣都派上用场,让我的杭州之旅很暖和。

我们的被子已用了十多年,被套破了,棉胎也老化坚硬,两个女儿多次建议换新的。在她们的催促下,这个冬天终于如愿以偿,帆和我在汕头百盛商场买到了一床中意的羊毛被。消息传到广州,星立刻将羊毛被的款项打到我老伴的银行卡里。多年前,侄儿强和侄媳英给我们送来了两床电热毯,侄女华和外甥宇分别送来热宝。电热毯和热宝让睡床热乎乎的。

冬天洗澡如何防寒是个难题。几年前一个下午,外甥枫带着溪来给我的卫生间装浴霸,不到一个小时他们就把线路接通,将浴霸装上。枫经常到我家,显然他是事先观察到我家卫生间的结构,才能这样顺利地将浴霸装上。洗澡时打开浴霸的开关,卫生间里面便充满暖烘烘的热气,这时我就想到枫和溪。

晚上，坐在铺着澳大利亚羊毛皮的沙发上看电视时，我就想起远在悉尼的侄女慧。慧和川送的澳大利亚护肤品让我的肌肤在寒冬得到有效的保护。

"爸爸，外出可要穿够衣服，别着凉啊！"平时，儿女声声嘱托和问候，让我顿生暖意。

……

时间过得真快，女儿和侄儿侄女、外甥辈都有了自己的家庭和孩子，但他们都不忘长辈，经常给长辈送来温暖，送来祝福。

这个冬天是寒冷的，但这个冬天却很"暖和"。儿女的孝心、家族晚辈的爱心，温暖着我的身心！

幸福的家庭，和谐的家族，其乐融融！

2011 年 2 月 24 日

急需的就是最好的

早上太太告诉我电饭锅坏了，我打电话给大女儿帆，她即到东厦北路的红心家电店准备购买，但没有找到家里原来那个松下牌子。她又跑到苏宁电器店，发现一款新型的松下电饭锅，不过价钱要比原来那一款贵得多，她又到沃尔玛超市看，更贵。她告诉女婿鑫，两人便寻找着，结果买到一款既新型价格又合理的电饭锅。售货员很快将货送到家里，中午便用起来，很满意。

急需的就是最好的。暑假期间，小女儿的儿子晖晖从广州到汕头度假，我们两口子要带这4岁小男孩，够忙的。加上我还有些公务要办，天气又炎热，年纪大了，出门购物就有些厌烦。这台电饭锅及时买到，我们的心情特别愉快。

急需的就是最好的。人老了，最大的安慰就是得到儿女孝敬的爱心。我们追求的不是最好的，而是最急需的。前阶段，我因腰扭伤住进医院，鑫、帆和两位外甥枫、宇及时送我到医院检查治疗。我住在区人民医院骨伤科康复病房，女儿女婿忙前忙后。最让我高兴的是剪脚指甲，我躺在病床上，大女儿帆轻柔小心的动作，像护士般，我享受到亲情的温暖和体贴。"爸爸，腰好些吗？""爸爸，今天怎么样？"电话里外地的小女儿、女婿的声声问候，真令我高兴。

急需的就是最好的。前一段时间我的电脑经常出故障，主机的零件已换得差不多了。我打电话告诉借调在北京工作的熟悉电脑的小女婿霞，他不假思索，和小女儿星商量，两人在网上寻找配置了一台适合我使用的新电脑——联想扬天电脑，网购后很快就寄到汕头家中，解决了我写作、编辑、收发电子邮件的困难。这台新电脑很多功能我不会使用，不懂时就问问鑫和帆，经他们点拨就懂了。能跟上网络时代的新发展，我有一种满足感，这都是女儿女婿促进的。

急需的就是最好的。人老了，对物质的要求不是很高，但对精神的需求、情感的需求则相对高了。一声声"爸爸妈妈"的呼叫、一句句深情的问候、一次次温馨的聊天、一场场单位情况和社会新闻的交流，让上了年纪的人不感到孤单，不感到寂寞，不感到远离原单位、远离社会。在奔小康的进程中，精神上的需求、情感上的需求是我们的第一需求，这种需求远远超出物质上的需求，是一切物质所不能代替的。

孔子说："父母之年，不可不知也。一则以喜，一则以惧。"一方面为父母年高而高兴，一方面为他们年高而担忧。当今的家庭教育中，如果年轻的父母注意孝敬自己的父母，那将会给自己的子女树立一个良好榜样，这是当今中国国情所需要的，也是文明世界所需要的，因为我们同住地球村，你和我心连心，一家人和谐地在一起，孩子健康快乐地成长，这才是幸福所在。

急需的就是最好的。愿所有的年轻人都爱自己的父母，敬自己的父母，尤其是年老体弱多病的父母，急父母所需，做父母的贴心儿女！愿天下所有的孩子在模范父母影响下都成为有责任感、有爱心的孩子！

带来温暖的人

2016年8月的一天,一架波音737客机徐徐降落在上海浦东机场,两个中年男子分别扶着两位老人——88岁高龄的母亲和67岁的堂叔,慢慢地步出机场。

母亲没有坐过飞机,他就利用周末和弟弟专程带着母亲和堂叔一起到上海游玩。三天的上海之行,母亲经历着太多的第一次:第一次坐飞机,第一次坐磁悬浮列车,第一次坐上海地铁,第一次坐游轮游浦江……

母亲生日,他一定积极筹备,热情邀请各方亲朋好友,一二百人热烈庆祝。这是母亲最开心快乐的时刻,因为她又见到久未见面的亲人朋友。

他是谁?他就是我的外甥,我大姐的长子林枫。

林枫,一位尊老爱幼、热心助人、常给他人带来温暖的人。

1977年,枫高中毕业,因"文革"无缘高考,只好回乡务农。1981年,澄海县人民银行招干,考语文、数学、政治、珠算,名额5人,符合报考条件的25人。他积极准备,以高出录取分数线167分,排名第二的优秀成绩被录取,进入澄海县人民银行(1984年年底分拆成立工商银行)工作。他好学上进,敬业爱岗,成为金融行业一名出色的员工。读电大首届经济类金融专业时,他带着他撰写的有关改革银行结算方式的论文,专程到潮安东凤请教我。研究论文时,他敢于亮出自己的想法,又虚心求教,我甚为感动。后来,他获大专学历、经济师职称。他熟悉银行会计业务,从记账员、会计主管、办事处副主任、主任、总会计,后升任支行副行长,一步一个脚印,为金融行业作出突出贡献,获优秀共产党员光荣称号。

林枫敬老爱老。每周星期六,他一定和妻子驱车到溪南镇南砂乡照顾90岁高龄的岳母,经常带着同样是90岁的母亲游览附近的山山水水,泡温泉。枫有了孙子，四代人同住一屋，家里的房间显得拥挤些，枫夫妇选择了最小的房间，睡着小床，让年迈的母亲住套间，宽敞些、舒适些。

枫挂念村里的老邻居和老亲人。逢年过节，他都会回到他的家乡澄海县溪南镇梅洲村，给老人送钱送物送祝福。

枫和妻子和睦相处，爱家顾家。他经常利用休息时间，在家里做家务，擦洗门窗、拖地板……

枫关心他人。谁有困难，他总是主动出手相助。他的表舅平患间歇性精神病，枫多次送他到汕头精神卫生中心和溪南卫生院就医。他不厌其烦，给表舅财办理低保社保。表弟敏、表姐华患心脏病，枫亲自联系医生和医院，亲自开车载着病人到广州就医，手术全程陪护，无微不至地照顾他们。

枫为人热情谦虚。不论我在何处工作，不论在东凤还是彩塘，不论住在汕头南墩、龙眼还是碧霞，他经常上门探望，送来温暖。我住在龙眼路时，一天下午，枫突然到来，从澄海莲下给我送来一套联邦沙发，替换原来的旧沙发。冬天洗澡我怕冷，枫知道了，给我买来浴霸，和溪两人一起，替我安装好，非常实用。冬天洗澡，每当开着浴霸，浴室里暖烘烘的，我就想起枫，想着他急人所急的为人……

枫注重同学情。同学聚会，他是积极的倡导者、组织者、参与者；同学有困难，他一定主动出手相助；同学生病，他上门慰问。为纪念高中毕业40周年，他策划、编辑、出版了《记忆·溪中：澄海县溪南中学七七届高一（2）班毕业40周年纪念》册，表达了对母校、对老师、对同学的情和爱。他尊师重道，多次到丰顺隰隍拜访当年的班主任魏老师，给他送去学子的衷心祝福。在《忆溪中》一文中，他深情地说，"师恩如山，做人做事，受益终生"，"感恩溪中，教我识文，祝愿母校，学教双优"，表达了浓浓的感恩情怀。

枫注重朋友情。他撰写的《新寮米面赋》，以赋的形式，赞颂他的朋友蔡德雄创办的新寮米面制品厂和广州雄迪食品厂30年艰辛的发展历程："以厂为家，亲力亲为""专心致志，精心管理""沪学技术，鲁购设备"

"智能电脑，自动操控""立足潮汕，发展闽浙，挺进中原，辐射全国"。全赋22节，88句，368字，表达了对朋友深情的敬意。

枫关注家庭教育。我写的家庭教育文章，他总是认真阅读，给予积极的评价；我出版的家庭教育杂志和家庭教育书籍，他很是喜欢，看了并珍藏起来；每次新书出版时，他总会多要几本，送给周围有需要的人，让大家受益。

枫注重家庭建设。在儿子结婚的婚宴上，他热情致词："结婚是人生的一大喜事，更是生活的新起点，我希望二位新人在今后的生活和工作中，和睦相处、不忘初心、同舟共济、尊老爱幼、懂得感恩、孝德为先。"他积极创造机会，2018年春节，枫夫妇与儿子儿媳一家四口，专程到美国阿拉斯加州费尔班克思市看北极光，在飞往美国的空中度过一个温馨难忘的春节，其乐融融。守候两夜他们才观赏到神奇的北极光，也巧遇大雪，开心极了，尤其是新婚的儿子和儿媳。在美国十几天时间，飞遍东西南北，行程16000多公里，游览了闻名世界的旧金山金门大桥、西雅图、洛杉矶好来坞影城、拉斯维加斯赌城等，参观了休斯敦大学、斯坦福大学……大大开阔了眼界，感受到美国的地大物博，科技领先，人文发达。可贵的是他不妄自菲薄，看到别人的长处，更感到我们必须急起直追。他感慨："我们有优越的社会主义制度，有勤劳智慧的人民，我敬爱我们的祖国，敬爱伟大的中国共产党！我们的祖国一定会建设得更美丽！"他还把对祖国的爱倾注到爱孙子爱家庭的行动中。

我们一家谈到枫时无不交口称赞。他的表姐华说枫是最无私的人，亲友也都说他最有爱心。

是的，林枫助人为乐的举动、爱家爱国的情怀，温暖着周围的人，也温暖着新生的一代！

2019年9月20日初稿
2020年1月26日修改

作者附记：

2020年10月16日，60岁的枫与他的同学带着92岁高龄的母亲和71岁的堂叔四人飞到北京旅游。五天的行程将游览首都的天安门、故宫、颐和园、长城、天坛、北海、鸟巢等，20日飞回汕头。枫的举动，彰显他爱老、尊老、敬老、永远感恩的家国情怀。

2020年10月16日

难以忘怀的共产主义长征队[1]

> 从江西的赣州到遂川,"24小时走100多公里,这是对人生极限的一大挑战,多么了不起啊!"我们充满自信与自豪。
>
> ——题记

"文化大革命"徒步大串联期间,我们中文系63级同学组成了一支"暨南大学共产主义长征队",共有17人,他们是潘庆洪、卢定强、苏广镇、苏广赞(苏广镇弟弟)、程汉斌、林凤西、杨清福、罗华生、张能治、陈坤炎、张汉基、黄捷生、刘耀明、夏汉松、夏太生(夏汉松外甥)、叶心玲、伍凤萍。我们从广州出发,途经增城、博罗、惠州、海丰、陆丰、普宁、汕头、潮安、丰顺、平远,江西的寻乌、会昌、瑞金,福建的长汀,江西的于都、赣州、遂川、井冈山等地,行程几千公里,历时二个多月,人生经受了一场难得的磨炼,留下很多难以忘却的故事。

出发前,我们每个人都准备了一床棉被及日常生活用品,长征队还配备了一套文艺宣传器具,我则自制一台幻灯机和银幕,大家都打着背包行军,每到一处还为当地群众作宣传。我们从暨大出发,第一站是增城,27公里路程走了一天,个个都脚酸腿痛,不少人脚上还磨出血泡。当晚即开会,商讨对策:"一定要用温水泡脚,这是不可少的环节。"经过几天的锻炼,大家渐渐适应行军的生活,越走越轻松,每天走的路程也越来越多。

最难忘的是一天走100多公里路。从江西的赣州到遂川这段路程,公路里程97公里,加上两头城里部分,100公里有余。原计划走两天,结果一天走完,这是人生第一次。当天一早出发,一路欢声笑语,不知是谁提出,这段路我们能不能一天将它走完,这个意见引起大家的热烈讨论,结果一致同意。我记得特别清楚,那一天我们一共吃了五餐(包括干粮)。晚上突然下起雪,大家又困又累。12时许在路边停下来吃干粮,刚坐下,干粮还没吃完,有的同学已睡了。"不行,吃完干粮就应立即赶路,否则会被冻坏。"这是大家的共识。很快我们又往遂川的方向行进。走到一处,是一条拦腰开辟出来的公路,朦胧中看到,一边是高山,一边是深谷,流水咚咚响,林凤西差点跌下深坑,程汉斌眼疾手快,一把拉住了他,好险啊!大家太疲劳了,生怕不慎跌倒发生意外,结果二三人手臂捞着手臂,半睡半醒并肩前进,总算度过这难关。夏汉松的收音机是长征队里唯一一个,夜里行军很是寂寞,大家就听着收音机的新闻、音乐前进。到了下半夜,电台停止播放,我们只好说着笑话前行。走啊走啊,突然依稀看到远处有灯光,接着收音机又响起来。"是遂川,遂川!"大家高兴得跳起来,我们找到了遂川接待站,顾不上吃饭,倒头便睡,一觉醒来已是下午三点多。"24小时走100多公里,这是对人生极限的一大挑战,多么了不起啊!"我们充满自信与自豪。

最难忘的是背患病的小女孩下山寻医那一幕。我们的队伍到达平远,遇上广州第二中学初中一年级的女生,有12人,她们人小志坚,独自出来徒步串联,目标跟我们一样——上井冈山。由于路线一致,两支队伍就一起走,并决定从小路上井冈山。一天下午,广州二中一位女生突然生病,又是头痛又是呕吐,大家都很紧张。这时天快黑,前没村后没店,怎么办?往远处望去,山顶似乎有一户人家,只好上山。好不容易到了山顶,一对中年夫妇接待我们。当知道我们中有一人患病,很是紧张,因为当时井冈山正闹脑膜炎,他们有个女儿,怕被感染。我们只好下山,男同学想背着生病的女生下山,但她始终不让背。我们商量着,兵分三路下山,每路两人,一路寻找公社卫生院,一路寻找宿营地,一路寻找担架和火把,其他人在山上等待。我们摸黑下山,高高低低,乱踩一通。我和另一位队员终于找到一户人家,老表("老乡"的意思)愿意给我们提供宿营地,我们便把两个背包放在老表家里,然后返回山顶。其他两路同学也先后回来。卫生院没有找到，只借到一张竹做的躺椅和几根火把。我们将躺椅做成担架，让生病的女生坐上担架，两个男生抬着，几人在旁边扶着，在微弱的火把映照下，队伍"浩浩荡荡"地下山。往哪个方向走，根本无法辨认，只好朝远处有灯光的地方走。好不容易找到村庄，但我们两个背包不见了。怎么回事？我们说了刚才下山找村庄的经过，老表告诉我们，背包应该放在邻村，等明天过去拿，不会有问题。听老表这么说，我们也就放心了。老表帮我们安排好生病女生的住宿，让她吃了点便药之后，便拿出年宵品招待我们。交谈中了解到他们是新中国成立前从广东的平远逃难到江西的，知道我们是从广东来的，对我们特别热情。那天夜里下着大雪，但我们睡得热乎乎的。次日天一亮我们便起床，看到周围的田野、山路和村落，想到昨夜所走的路，感觉特别可笑。"这哪里是路啊，简直乱走了一通！"我们吃完早餐，很快到邻村拿回两个背包，然后继续赶路。终于找到公社卫生院，经医生检查，该女生患的是哮喘，并不是脑膜炎，我们这才松了一口气。作为大哥哥大姐姐，我们还是放心不下，决定派人送她回家。队伍继续往井冈山进发⋯⋯

最难忘的是在海陆丰做农村调查，编辑出版《长征报》。最难忘的是每到一处就放幻灯片和文艺表演。我们自编自演，除了歌舞，还有当时最流行的三句半。最难忘的是到了汕头后要往哪里走，队伍中有几位福建籍的同学，他们提出，不从汕头直接进入福建，而从丰顺、平远进入江西，为的是不让队伍分散，潮汕籍的同学也坚持过家门而不入。多好的同学，多好的团队啊！最难忘的是有公路不走，而走小路，为的是可以更深入群众，更多体验到各地的风土人情。最难忘的是走小路时，要派两人先出发探路，然后做标记，队伍按标记前进，有时队伍找不到标记，怎么办？那时可没有任何通信工具啊，该往哪里走，要商量好一阵子。最难忘的是我们始终坚持擎着队旗，背着背包，排成队伍前进⋯⋯

40多年过去了，但长征路上的人和事还历历在目。长征，它锻炼了我们的意志和毅力，培育了感情和友谊。两年前暨大100周年校庆时，我们在番禺宝墨园照了一张共产主义长征队成员的相片,共七人,后来发现漏了旗手张汉基;我们七人和张汉基到了野生动物园再照一张,共八人。在毕业40周年入学45周年聚会时,参加共产主义长征队的我们又在暨大和花都拍了几个镜头,人数增加到十人。

多么令人怀念的团队啊,暨南大学共产主义长征队!

2008年10月3日
于汕头碧霞庄

①在"相约2008年的聚会"中,苏广镇多次提到,如果有人写长征回忆录,那该多好啊。我也觉得很有意思,便写下这篇短文。由于时间久远,文中一些人和事如有错漏,请知情者补充更正。(见2008年10月12日《暨南情怀》第9期)

第四章 感恩之歌

我的情和爱[1]

暨南大学，我的母校；中文系，我的家，今天我回家了！

在中文系成立90周年之际，我将刚刚出版的家庭教育专著《叩开孩子心扉的艺术：谈家庭教育那些事》400本献给中文系90寿诞，献给中文系老师和校友。

我的老师、学兄黄卓才教授说："张能治校友事业有成，是著名的家庭教育专家。他满腹暨南情怀，十年如一日不断写作，并广泛发动校友写文章宣传暨大，精心编辑、自费或筹资印发《暨南情怀》《暨南情愫》纸质杂志，还编印出版《明湖秋月》《情满暨南》两书，弘扬暨南精神，充分表现了一个暨南人的使命感。他的文章和行动感动了许多人。他不是巨富大贾，也许无力向母校捐赠财物，但他发挥自己的专长，以辛勤的笔耕回报母校，十分难能可贵。特别是，他在基层工作，却能那样长期地、执着地专注于艰苦的文墨工作，那样广泛地联系和团结校友，更值得大力表彰。"这是黄教授在我申报评选"出色暨南校友"时写的推荐语。感谢中文系老师！感谢中文系同学！

近六年，我出版了四本书，其中三本是有关家庭教育的作品，而42万字的《情满暨南》是谈中文系的，连同十年前出版的《明湖秋月》也是谈中文系的。我永远忘不了中文系的老师和同学，忘不了在中文系读书的情和景。

最近，我的新书《叩开孩子心扉的艺术：谈家庭教育那些事》在汕头市图书馆学术报告厅隆重举行首发式，获得极大成功，我由衷地高兴。没有中文系的培育，我就不可能有这样的成就。在首发式上，我作了题为《教育的艺术：解读〈叩开孩子心扉的艺术：谈家庭教育那些事〉的结构与主题》的发言，我认为："家庭教育是一门科学，更是一门艺术。家长如何指导幼儿生活——游戏，家长如何和孩子沟通——倾听，家长如何指导孩子学习——读写，家长如何让孩子成为一个充满正能量的人——感恩，家长如何让孩子更精彩——创造。""家长培养孩子的目标是什么？孩子要成为什么样的人？《叩开孩子心扉的艺术：谈家庭教育那些事》这本书告诉你，应该让孩子成为有责任感、有独立性、有耐挫力、有创造力、懂感恩、善交友、能宽容、讲诚信的人。"

任何人，在任何时候都需要教育，更需要家庭教育。

感恩是教育的真谛，更是家庭教育的真谛。

我永远感恩暨南大学，感恩中文系！

我爱暨南大学，我爱中文系！

2017 年 11 月 11 日凌晨
于汕头碧霞庄

①此文为作者给暨南大学中文系建系 90 周年的贺信。

师恩难忘

最近,暨南大学原党委书记张德昌同志应编者之请,为《明湖秋月》一书题写了书名。张书记的题词给《明湖秋月》添色增辉。

张书记在给我的信中说:"时间过得真快,一转眼你们毕业已经40年了,我也奔向人生旅途的最后旅程。我有时会想起我们一起到高要搞'四清'的日子,往事如烟,淡淡地浮现出你们一群生龙活虎的形象。"张书记为人谦逊,领导有方,总是惦记着他的学生,给我们留下了难忘的印象。

谢谢您敬爱的张德昌书记!谢谢您,对《明湖秋月》的厚爱与支持!

张国培老师和李文初老师读了《暨南情怀》学友们的文稿后,甚为感动,他们都给编者发来信函,表达了一种爱生的情怀。本期[①]刊登张国培老师给全级同学的信及诗文《明湖记忆》《走出国门》和李文初老师的《七绝三首》,以飨读者。两位老教授的诗文充分表达了他们对暨南大学的怀念和对祖国河山热爱之情,表现了学术研究的严谨作风,读了令人敬佩。他们都以实际行动支持《明湖秋月》的出版,我们深表谢意。

我们的班主任——敬爱的洪柏昭老师2008年12月1日给我一封信。洪老师在来信中说:"遵嘱寄去照片两张,词两首,请查收。《明湖秋月》的创意很好,盼望能尽快出书。我现任广东中华诗词学会副会长,工作较忙,恕复信简慢。"看着洪老师神采奕奕的照片,读着他的信和两首词,洪老师爱生、爱校、爱事业的崇高品德,令我们钦佩敬仰。我们遥祝洪老师健康长寿,家庭和谐幸福!

2008年12月19日,李文初老师给我来信。他收到《暨南情怀》,甚为高兴。"读后殊觉快意,多谢你费心费力了!""记得暨大百年校庆时在贵班举行的庆祝会上,我曾写了一副对联,后来被蔡锦桂的报道文章(见《暨南情怀》第1期）引用了，当时因过于仓促，粗疏在所难免。若拟将蔡文编入《明湖秋月》，我想作某些修改较为恰当。"

似水流年，最逗人间伤心事。明湖垂柳，总关学子不了情。

"明湖垂柳"改为"临湖垂柳"，"不了情"改为"恋旧情"。

李老师说："骈俪对偶乃古人属文的一种修辞方法，今人为之，多是一种好尚；要真正做到'工对'实属不易，以上修改，也只能说是'宽对'而已。"

李文初老师在北京大学研究生毕业后分配至暨大中文系任教，曾和我们年级同学一起到肇庆参加"四清"运动，与我们建立了深厚的感情，凡我们年级的大型活动，他都参加。李老师为人热情，教学认真，做学问一丝不苟，值得我们学习。

我们热切期盼，敬请老师们继续抒写"暨南情怀"，给《明湖秋月》增添光彩；敬请老师们为《明湖秋月》题词、赐稿、惠寄新老相片，以解学子们思念之情。

师恩难忘，祝愿老师们健康长寿，家庭和谐吉祥！

2008年11月20日
于汕头碧霞庄

①见2008年11月20日出版的《暨南情怀》第11期第2页，2010年9月出版的《明湖秋月》第108页。

姐弟情深

我有两个姐姐，大姐82岁，二姐80岁。

2010年4月21日，我应邀到我初中就读的母校——汕头市澄海苏北中学讲学。二姐刚好从广州来樟林小住，我就约她一同前往。她特别高兴，因为苏北中学也是二姐的母校。讲学是在下午，上午我们先参观位于樟林观一村的秦牧故居，领略散文大师的风采，接着参观苏北中学校园，并在校门口和王鼎新老校长塑像前照了几张相。二姐离开母校已60年，说起二姐的读书经历，还有一段令我感慨的故事。

我于1941年农历七月十一日出生于澄海县隆城乡。1941年农历六月十三日，家乡正闹水灾。那时我的母亲已怀有八九个月身孕，她和家人涉水逃避日本鬼子，由于惊慌，感受风寒而影响身体健康。我出生后不久，母亲便患上肚痛病。在那缺医少药的年代，加上战乱，母亲的病终成不治，于1942年农历九月十七日去世。那时我只有一岁多，是祖母、伯母和大姐、二姐、大哥、二哥等将我带大的。二姐为了带弟弟，读小学三年级时还休学了一年。后来我知道此事，甚为感激。

大姐记忆力很强，我儿时的事她都记得很清楚。母亲患病期间，特别叮嘱两个女儿要照顾好弟弟。母亲说得最多的一句话就是每次不能让弟弟吃得太饱，这是后来大姐告诉我的。我特别喜欢听大姐讲我儿时的故事，每次都让我沉浸在对母亲的无限怀念、对两位姐姐无限感激之中！大姐善于缝制衣服，十三四岁便会补衣做衣裳。我5岁时，父亲带我到东里买了一块浅灰色条纹布，据说是我自己挑的颜色，大姐手工给我缝了一套冬装，上衣还贴了两个小口袋，像中山装似的，很精致。我特别爱它，常常穿着不肯换。大姐很爱我的女儿，我两个女儿小时候的衣服大都是她缝制的。

我和妻子属于晚婚晚育的，大龄产育，为了安全，根据大姐、二姐的建议，我妻子生大女儿时特别住到东里二姐家，是二姐和她的家人全力照顾我的妻子和女儿的。我在潮安东凤工作，往返交通不那么方便，而大姐、二姐和伯母等还多次到东凤看望我们一家，让离家的人儿感到特别亲切。大姐、二姐很爱我的两个小孙子，经常给他们买穿的、玩的、吃的……

二姐会织毛衣，她多次给我织开胸的羊毛衫、羊毛背心、羊毛裤。她织的羊毛织品很合身，尤其是羊毛裤，我已穿了十多年，裤底都破了。2010年11月底，我应邀赴杭州参加第二届华人家庭教育高峰论坛，二姐和她的大女儿合作给我织了一条新的羊毛裤，让我的杭州之旅很暖和。

以前大姐、二姐都住在澄海，少在汕头中心城区住，言谈中我知道她们希望能到汕头国际大酒店23层璇宫看看。终于在去年的一天，我了解到23层璇宫的开放情况后，特地在国际大酒店订了一席适合老人吃的饭菜，饭前先带她们到23层璇宫参观，领略汕头的风貌和汕头新八景之一——"璇宫邀月"的风采，满足了大姐、二姐的心愿。餐桌上，女儿、女婿忙着给姑妈夹菜，小孙子旸旸也跑前跑后喊着老姑吃菜，叫得老人家乐滋滋的。

大姐有两儿一女，二姐有一儿两女。现在大姐经常来往于澄海和汕头之间，二姐则来往于广州和汕头之间。不论大姐、二姐住在哪里，我经常带着家人去看望她们，经常打电话给她们，与她们聊天，排解老人的寂寞。节假日则带着水果、饼食、茶叶等去探望，老人生日一定去祝寿。妻子知道大姐、二姐的功劳，感恩之心常常溢于言表，与大姐、二姐聊起来，令她们特别开心。现在二姐住在广州，我在广州工作的小女儿也经常去看望她，她特别高兴。

人总是要变老的，老了更不要忘感恩。

我自幼失母，姐姐的爱让我拾回母爱。

姐弟情深！我感恩的心随着年龄增长而越发强烈，它将在子女中延续，在孙辈中升华！

2011年5月15日

自信的人生

　　回忆是人生经验的总结。回忆过去，是为了未来。老人的未来是什么？是子孙后代。正如《我的回忆》作者张圭玛所说，这本回忆录主要是给子孙后代看的。

　　张圭玛是我的二哥。我以欣喜之情读了他的自传体回忆录，获益良多。

　　二哥有一大特点——自信。自信是极为可贵的心理品质。自信带来的是人的独立，他初中刚毕业便走上社会，投入潮汕的土地改革运动中，那时他只是一个十六七岁的少年。二哥的自信给我积极的影响，如果说我在教育岗位上有点成就的话，他的功劳不小。"土改"后二哥先后在汕头中国银行、汕头市总工会、汕头市委办公室、汕头国际信托投资公司等单位任职。社会实践锻炼了他的能力，磨炼了他的意志。几十年来，他认认真真，兢兢业业，奋斗在金融、工会、政策研究、经贸战线上，20世纪90年代初从汕头国际信托投资公司领导岗位上退下来。

　　二哥有写日记的习惯，至今已积累了几十本。这是一种良好的生活习惯，一种奋发的人生态度。如果没有对生活、对事业、对人生积极的态度，是不可能如此执着坚持的。我佩服他的毅力、他的意志。这些日记，给他今天写回忆录提供了极为有力的材料支持；这些日记，也给子孙后代留下丰厚的精神财富。正如他旅居澳大利亚的大女儿所说，她别的都不要，就是要爸爸的日记。随着时间的推移，这些日记将会越来越显示出它的价值。

　　二哥非常重视学习。由于条件的限制，二哥没机会读全日制大学，但他坚持上业余大学，坚持看书读报，今天看来，他的学历、他的能力，何止是大学毕业！他把学到的知识很好地应用到工作实践中，把知识转变为智慧，因此，他工作很出色，常常得到大家的啧啧称赞。在市委政策研究室工作时，经过调查研究，经过深思熟虑，在当时中国社会还普遍不知道股票是何物之时，他借鉴发达国家的经验，写出有关发行股票的论文——《解决振兴汕头经济所需资金的途径》，给人以启迪。时代变化，几十年的人生中，他的职业有几次大的变动，也受到一些冲击，但他终于挺过来了，干一行爱一行，而且越干越有建树。

这本回忆录是写实的，没有修饰，实事求是地记录了二哥的人生轨迹。读着回忆录，如见其人，如见其事。爱情、亲情、友情是贯穿全文的主线。这本回忆录基本是按时间顺序写的，而呵护病妻则放在开头部分，足见他对妻子的爱。二哥的妻子伍春娥，我尊敬的嫂嫂是广州人，广东银行学校毕业后就进入汕头中国银行工作直至退休。二嫂工作认真负责，肯于钻研，担任过几个部门的科长，得到多项奖励，深受同事好评；她积极追求进步，为人热情大方，乐于助人，尤其是青年人；她热爱专业学习，工作之余还进修文学，与我讨论过心理学。她退休后不久便患病不起。11 年来，二哥忍受着常人难以忍受的痛苦，和子女一起，照顾、护理、体贴、关怀，让二嫂安然度过晚年。二哥的爱，牵动子女的情，二嫂的晚年是不幸的，也是有幸的。二哥有一儿两女。二哥的自信，给儿女带来能力——独立的能力。二哥的儿子、儿媳、女儿、女婿都很优秀，他们中有大学教授、企业家、银行家等，孙辈将更有出息，这是二哥幸福晚年所在。二哥很注重亲情。亲戚中谁有困难，他总会想办法帮助解决。一个人的力量是有限的，他还经常联络其他人帮助他们度过难关，也在互相帮助中促进家族的和谐。

二哥非常敬重他的老师，经常向我提起他初中老师的名字，经常拜访老师。他非常注重友情。回忆录中有相当的篇幅是写与同窗和同事的友谊，这种友谊，给他力量、勇气和前进的方向。人生得一知己足矣！二哥何止一个知己。知己和友谊，让他晚年的生活过得有滋有味。

人无完人，谁都有缺点错误。回忆录中，作者提到一生中没有抓住的三次机会，这种总结是很有意义的，对后来者很有借鉴作用。如果"自信"

加上"倾听",那人生会更加完美、更加和谐!

　　自信是可贵的。张圭玙的人生是自信的人生!

　　遵作者之嘱,我写了上述文字,是为序。

2010 年 7 月 9 日

严谨的学者　成功的父亲[①]

骆风，广州大学教育学院研究员，广东现代家庭文明与亲子教育学会会长。他从1986年女儿还未出生就开始涉足家庭教育，至今已30周年。这是极为艰辛的30年，也是硕果累累的30年。

骆风教授是一位善于运用现代教育学、心理学、伦理学、社会学、管理学等多学科理论和方法研究家庭教育与家庭伦理问题的专家，20世纪90年代以来，他主持完成教育部、广东省、广州市家庭教育领域的课题十余项，近年他跳出教育研究教育，主持或参与家庭社会学、家庭伦理学等专题的国家社会科学基金课题、广东省哲学社会科学课题、广州市哲学社会科学课题十多项。

他先后在《北京大学学报》《教育研究》《比较教育研究》《学术研究》《中国青年研究》《澳门研究》《光明日报》《中国教育报》等报刊发表家庭教育、家庭伦理、家庭社会学、家庭教育社会工作、教育基本理论、青少年心理健康等方面的研究论文、报告200篇，其中70余篇被转载。

至今他已出版了多部家庭教育专著。1993年出版了《现代儿童家庭教育艺术》，首创我国现代儿童家庭教育艺术体系。2000年出版了《新世纪家庭教育指南》。而2002年出版的《成才与家教：北京大学学生家庭教育探索》、2003年出版的《造就卓越人才：北京大学博士生学生家庭教育探析》、2007年出版的《幸福两代人：北京大学硕士生学生家庭教育探秘》这三本专著中，作者运用质的研究方法，对本科生、硕士生、博士生的家庭教育进行探索、探秘、探析，形成了对北京大学三个学历层次的家庭教育研究系列，为优秀学子的家庭教育研究提供了一个可供借鉴的范本，为希望了解北大本科生、硕士生、博士生家庭教育经验的读者提供多方面的借鉴、启发和思路。

他是深入研究台湾、香港、澳门地区家庭教育问题的突出学者,有多篇研究报告在著名的期刊发表,在家庭教育学术会议上发言,得到同行的高度评价。

近年,他先后参加东西方家庭伦理国际学术会议、海峡两岸家庭教育学术研讨会、当代家庭问题国际研讨会、信息时代的青少年教育与家庭教育等国际学术会议,主持美国伊利诺斯大学《进步教育国际学刊》的年度特刊《中国和汉语国家的家庭教育问题与趋势》(每年一个专刊)。在北京大学、北京师范大学、哈佛大学、韩国中央研究院等高端会议上作当代中国家庭教育经验和理论的专题发言,受到美国、加拿大、英国、印度、韩国、泰国等多国学者的关注。

骆风会长的这些成就部分来源于他的家庭教育实践,他婚后不久就添了一个女儿,在骆风夫妇的精心培育下,他们的女儿中小学时品学兼优,擅长唱歌,2004年考入武汉大学英文学院,毕业时拿到非常难的英语专业八级和新闻学的第二学士学位。从2008年8月开始,女儿在美国留学,2014年5月博士毕业,在不到六年的时间里先后获得了硕士和博士学位,并凭着自己的优异成绩竞聘到美国弗吉尼亚州一所公立大学任职。工作后,她在教学、科研中不断取得好成绩,是同一批进入美国弗吉尼亚州大学中最早担任博士生导师的青年教师。2017年她31岁时,就已经带出了第一位博士。骆风教授不愧是一位出色的家庭教育实践者。

30年,漫漫长路30年。骆风收获学术上的累累硕果,收获甜蜜幸福的家庭。

骆风会长为推进我省我国家庭教育事业现代化作出突出的贡献。20世纪80年代后期,他就关注独生子女的教育问题,参加当地的家庭教育讨论,后来参加河南省的家庭教育工作。1995年来广州师范学院任职后,他把现代家庭教育作为主要研究方向,把家庭教育工作作为主要的社会工作,为多个市、县、区的教育局、妇联、关工委及其学校、街道的家教工作出谋献策。他先后担任《人才》《大众健康》《中国工人》《家庭教育》《中国人才》等报刊的家庭教育专栏作者，撰写了数百篇家教科普文章；他先后在洛阳、北京、广州、深圳、珠海、中山、东莞、温州、杭州、厦门等地参加由教育行政、妇联、中小学等组织的家庭教育现场咨询活动，对家长作跟踪指导和系列服务，举办家庭教育报告会，参加家庭教育电视讨论活动。骆风会长曾参加《未成年人保护法》草案的研讨工作，后来作为专家参加《全国家庭教育指导纲要》的起草工作。骆风会长在家庭教育工作中最为突出的贡献就是给党中央国务院领导写改进家庭教育工作的信，得到时任总理温家宝的亲笔批复，有力地推动了全国家庭教育工作的新发展。

骆风会长作为"广东现代家庭文明与亲子教育学会"主要创始人和法人代表，为学会的建立和发展倾注了他的心血。我们学会筹备是在2010年，那时国家对社会组织的管理比较严格，成立学会是件很难的事情，后来又出现部分人员流动，工作担子更重，但他坚韧不拔，迎难而上，把大量时间与精力奉献给学会的建设，奉献给家庭教育事业。

我和骆风教授认识始于海峡两岸家庭教育学术研讨会，后来他发起成立"广东现代家庭文明与亲子教育学会"，我参与了学会的筹备与创建工作，是学会的始创会员和第一届理事会成员。从学会理事到常务理事，从一般接触到学术交往，他的敬业精神和爱心让我深受感动。2013年起，该学会成为我策划主编的《当今家庭教育》杂志的指导单位，他从办刊方针、选稿内容和编辑方式等方面都给予指导。他撰写的《领导干部要把家庭打造成反腐倡廉的坚固堡垒》《推进广东家庭文明建设与家庭教育工作倡议书》等文章在《当今家庭教育》发表，收到良好的社会效果，为提高刊物的质量作出积极的贡献。我在参与学会和惠州市教育局联合开展的"惠州市家庭教育现代化暨家校合作机制创新工程"中，在协助学会对广东、河南、甘肃三省初中生及其父母亲、祖辈老人的家庭伦理问题的问卷设计和对汕头地区的初中生问卷调查中，深深感受到骆风会长的高尚人格和智慧风范。他有一颗仁爱之心，有一种坚韧不拔的毅力。

骆风，一位严谨的学者，成功的父亲，仁爱坚韧的会长！

2016年8月22日于汕头碧霞庄

2020年1月28日修改于碧霞庄

① 此文写在骆风教授从事家庭教育工作30周年之际。

从《东凤高级小学校歌》到史诗《甘工鸟》①

> 东方太阳渐升了,
> 江涛向我们高歌:
> 少年,少年!
> 当风华正茂,
> 趁晨光曦微,
> 随我奋勇奔驰。
> ——杜桐《东凤高级小学校歌》

> 万年黎山红花开,
> 春光春水年年来,
> 一对比翼的鸟儿呀,
> 又飞又唱好自在!
> ——杜桐《甘工鸟》

杜桐,著名诗人,坚强的文化战士、教育改革家。

杜桐,一个熟悉而响亮的名字,他像泡桐树一样,营造固沙的防风林,保护着他的学生健康成长。

杜桐,暨南大学中文系党总支书记、负责中文系全面工作的副主任,一位和蔼可亲的长者。在他诞辰 100 周年的日子里,我们更加怀念他。

一

杜桐（1912年12月至1967年3月），原名杜其安，又名杜敬亭、杜柏深、杜海人，广东省普宁县西陇乡人。

1933年，杜桐任潮安县东凤高级小学校长。1934年夏，考进北平中国学院攻读社会科学，他的求知欲望在那里得到了最大的满足。在北平，他因积极参加学生爱国运动，被捕入狱。1936年6月，他加入中国共产党。出狱后，杜桐参加了"中华民族解放先锋队"，深入北平外围农村进行抗日救亡宣传活动。1936年暑假，杜桐回到家乡潮汕，任汕头市立中学教员、《天声晚报》副刊及《海岸线》主编。抗日战争全面爆发后，成为汕头青年救亡同志会领导人、《抗敌导报》编辑。1940年春，杜桐和王勉来到重庆，在"八路军驻重庆办事处"工作，杜桐任南方局青年工作委员会干事、《新华日报》副刊《青年生活》编辑。1946年夏，杜桐夫妇辞别了美丽的巴山蜀水，奔向香港，杜桐任中共中央香港分局书记方方的秘书、《正报》周刊负责人，在香港开展方言文学运动。1949年6月，任新华社华南分社副总编辑。杜桐积极提倡拉丁化新文字运动和大众文艺，为抗日救亡运动和民主革命斗争大声疾呼。

中华人民共和国成立后，杜桐任中共潮汕地委秘书长、粤东行署文教处副处长。1954年，杜桐由粤东行署调省，1956年任中共广东省委宣传部、文教部高等教育处副处长、处长。1958年任海南黎族苗族自治州文教局局长、海南文联副主席。

1959年冬，杜桐任中共暨南大学党委委员、常委，中文系党总支书记、负责中文系全面工作的副主任。"杜桐先后和中文系的主任老作家、评论家萧殷同志和何家槐同志都合作得比较好，共同想方设法搞好中文系的工作。他很重视著名的翻译家、散文作家丽尼以及其他教授教师的作用，始终和他们密切合作。""杜桐认为暨大中文系教师中作家较多，应在这方面形成自己的特色,鼓励学生写作,他自己常写诗,也为学生修改作品,并介绍到《羊城晚报》发表。"②杜桐为高等教育事业和社会主义文艺鞠躬尽瘁。

二

我 1962 年考入暨南大学中文系,曾聆听过杜桐主任的教诲,他是我们尊敬的领导。2009 年 10 月,由我策划、主编的《明湖秋月》③一书在暨南大学中文系学术报告厅举行首发式。会前,我特邀杜桐主任的小女儿王小棉(广东教育学院教授)参加。当天她有课,她特意调课后赶来。会上,她热情洋溢的发言让大家为之感动。她问我能不能给她五本《明湖秋月》,可送给她们四姐妹(杜桐华、杜桐英、杜桐宁、王小棉)和姨母,我说可以啊!王小棉的要求,足见她们对这本书的热爱与期待。

《明湖秋月》,这是暨南大学中文系 63 级④毕业 40 周年、入学 45 周年的纪念专辑。我在编辑此书时,特意安排了"永远怀念"这个栏目,占两个版面,一个版面刊登杜桐五幅珍贵的相片。杜桐专版这五幅相片是我从王小棉发送来的相片中精心挑选出来的,力图反映出我们敬爱的杜主任的精神风貌:《1965 年暨大书房》这一幅,让我们看到杜桐在高等教育战线上辛勤耕耘的影子;《1959 年 10 月写长诗〈甘工鸟〉赴北京参加少数民族文化汇演途经武汉长江大桥留影》这一幅,展示出一个著名诗人的睿智;《50 年代全家福》,让人们看到杜桐温馨的家庭;《1949 年香港》和《50 年代后期的杜桐》这两幅,让我们看到杜桐和他的夫人王勉的风采。"永远怀念"另一个版面则刊登暨南大学中文系不同时期三位杰出领导者的活动相片:新中国成立前的郑振铎、"文革"前的杜桐和"文革"后暨南大学复办时的秦牧。其中,《杜桐和南风文学社》这一幅是当年杜桐的学生、南风文学社的成员、后担任了暨南大学副校长的黄旭辉提供的,它是杜桐领导下的暨南大学中文系学生文学活动的缩影。⑤

每当我翻开《明湖秋月》,看到杜桐的相片,我便陷入深深的沉思。多么有才华的诗人啊！若不是因为"四人帮"的迫害而英年早逝，他会创作出更多更好的作品来。

三

请看他的反映海南黎族民间传说长篇叙事诗《甘工鸟》！

《甘工鸟》描写了一对黎族青年男女为争取婚姻自由和幸福生活，同封建峒主进行不屈不挠斗争的故事，讴歌了劳动人民纯真、坚贞的爱情和追求幸福生活的理想，揭露了封建峒主的丑恶与凶残，具有浓郁的生活气息和浪漫主义色彩。

那时杜桐任海南黎族苗族自治州文教局局长、海南文联副主席。在繁忙的政务之余，他深入黎族同胞中调查采访，仅用一年多的时间，便创作出这部长诗，足以反映他的才智和品德。诗人在保亭县听到了"甘工鸟"的故事，该县的七指岭是传说的中心，也是故事发生的地点。经过反复调查，"甘工鸟"的故事流传的确很广，但唱词却很简单，只有20多句，内容是反对封建的包办婚姻，一对青年男女化鸟飞入山林的神话故事。诗人经过深思熟虑，决心在传说的基础上进行创作：把原故事的压迫者后母改为罪大恶极的峒主，而娲甘的父母是善良的爹娘；塑造了娲甘和劳海这两个有血有肉的人物形象，他们在劳动中相爱，在反封建斗争中产生了真挚的爱情；把同情娲甘和劳海的人们扩大到广大的村民、峒民和远在海边的渔民，而不仅仅只有娲甘哥嫂和妹妹；赋予劳动人民在反抗中的伟大力量；等等。所有这些处理，使故事的主题思想更积极，更具人民性，使人物更丰满，情节更动人，全诗更具感染力、鼓动力。

在语言的运用上，作者独具匠心。在写《甘工鸟》之前，经过深入的调查访问，诗人已积累了大量古典黎歌，使《甘工鸟》的语言更加黎族化。例如，描写娲甘时用的"小娲甘的脸儿呀，像糯米粉白银银，小娲甘的牙齿呀，像椰子肉和芭蕉心"，描写劳海时用的"榕树叶子般的脸，黑溜溜的一对凤眼"等。诗人善于运用夸张等修辞手法来表现主题,善于吸取汉族民歌和古典诗词的有益素养,合理地糅合到《甘工鸟》的语言创作中,使黎歌的格律获得更新。

《甘工鸟》是一部黎族史诗。诗人在黎族苗族自治州工作时,"较多时间下乡,因此,对黎族人民的生产和生活有较广泛的接触,在同他们一道劳动和生活中,从他们身上发现许多像是古老又很新鲜可爱的东西,并且为他们的勤劳、纯朴、豪放和热情的性格所感动,从而对他们在解放前长期遭受的苦难,也就有着更强烈的同情⑥。"这部1600多行的史诗的诞生,是诗人深入生活的结果,是诗人高超艺术的结晶,更是诗人人生道路上一次成功的攀登。

《甘工鸟》1960年2月由广东人民出版社出版,在诗人逝世12年后的1979年4月再版,足见《甘工鸟》这部史诗在黎族人民、在广大读者中的影响。次年,即1980年,在迎接中华人民共和国成立31周年的时候,由海南黎族苗族自治州歌舞团改编的同名神话舞剧《甘工鸟》上京参加全国少数民族文艺会演,广东电视台在国庆之夜转播了《甘工鸟》全剧演出实况,受到广大观众的热烈欢迎和称赞。该剧的音乐创作陈光洲在《谈舞剧〈甘工鸟〉音乐创作的粗浅体会》一文中说:"提起《甘工鸟》,人们自然会想起著名诗人杜桐同志,以及他在我州工作期间写下的长叙事诗《甘工鸟》……我曾反复阅读过杜诗,尤其是原作的后记更深深地吸引了我……原长诗对我产生的艺术作用实在太大了。"⑦可见杜桐的《甘工鸟》的艺术感染力。

四

为纪念杜桐诞辰100周年,2012年10月7日(星期天)在暨南大学明湖楼西湖厅举行了一次小型座谈会,参加座谈的有杜桐当年的同事后任暨大党委书记张德昌,暨大原副校长黄旭辉,暨大中文系教授、作家黄卓才,广东省社会科学院教授、散文家张振金，广州美术学院教师李耀华和我（我们五人都是杜桐的学生），还有杜桐女儿杜桐华、王小棉共八人。座谈会由黄卓才牵头，我事先与他及王小棉联系，商定了一个合适的时间。10月5日，我从北京回到广州，应约参加7日的座谈会。

82岁高龄的张德昌书记第一个发言，他动情地介绍了杜桐的生平、业绩和他的为人。张书记的发言凸显了杜桐高风亮节的形象和与人为善的品德。座谈会上，大家从不同侧面回忆了杜桐主任的方方面面，并纷纷表示要联系更多的同学，搜集更多的资料，写好纪念文章，为出版纪念册尽力。饭后，我们在西湖厅和明湖旁照相留念。

2012年12月1日下午，我应邀到杜桐的小女儿王小棉家，杜桐的大女儿杜桐华也应约前来。我们一起座谈，研究编辑出版杜桐纪念册事情。在此之前杜桐华又给我发来她们搜集到的大量关于她们父亲的材料，特别让我惊喜的是，杜桐在1933年创作的《东凤高级小学校歌》。这首校歌由校长杜敬亭（即杜桐）作词，音乐教员卢如茂作曲。校歌写道：

东方太阳渐升了，
江涛向我们高歌：
少年，少年！
当风华正茂，
趁晨光曦微，
随我奋勇奔驰。

杜桐为了激励少年的志气，培育中华英才，创作了这首校歌。"这是东凤小学创办20年唯一一首校歌，也是当时全县、全省以至全国从未有过的小学校歌。"⑧东凤地处潮州与汕头之间，距潮州城19公里，东临浩瀚的韩江，西接广袤的潮汕平原。站在韩江堤岸上，远处传来少年的歌声，它唱出韩江奔腾澎湃的气势，唱出少年勇敢向前的丰姿，多好的歌词，多激昂的曲调！

1970年4月，我有幸到东凤中学工作，一干就15年，我的太太陈赛珠是地道的东凤乡人，少年时也在东凤小学念书。2012 年 12 月 15 日，我和太太专程到东凤，在晚辈——现任东四小学校长林佩君和现在东一小学任教的陈慕云陪同下到东凤高级小学的旧址东凤大宗祠参观，并照相留念。"东凤家声远，颍川世泽长"⑨，这"家声""世泽"有杜校长智慧汗水的滋润；"东皋凤鸣"⑩，站在东凤大宗祠这文化高地，聆听凤凰的鸣叫，"少年，少年！当风华正茂，趁晨光曦微，随我奋勇奔驰"的歌声，重温杜校长这首校歌，感到格外亲切。我在汕头打电话告诉杜桐的女儿——杜桐华、王小棉，我会将这首校歌连同他们的父亲——杜桐校长的伟绩带回东凤，带到东一小学、东二小学、东三小学、东四小学四所小学⑪，让东凤小学校歌继续在东凤、在潮安、在更广的范围传唱，让杜校长的先进办学理念发扬光大，让杜校长的优秀品德在学子中传扬。

五

杜桐学生时代勤奋好学，是学生运动的优秀带头人；新中国成立前，杜桐在对敌斗争的智慧和勇敢，为后人树立了榜样；杜桐是潮剧的改革者，他在潮汕任职期间写出了一批具有真知灼见的论述潮剧改革的文章；杜桐更是教育改革者，他在主持暨大中文系时，特别注重教学改革，尤其是写作教学和学生文学创作，使学生受益匪浅；杜桐为人忠厚老实，说话诙谐幽默，是一位厚道可亲的领导者……

可惜啊，若不是因为"四人帮"迫害而英年早逝，他的才华将会焕发出更多异彩。

"少年，少年！当风华正茂，趁晨光曦微，随我奋勇奔驰。"在纪念杜桐诞辰 100 周年之际，我们更加怀念他创作的《东凤高级小学校歌》！

"万年黎山红花开，春光春水年年来，一对比翼的鸟儿呀，又飞又唱好自在！"在纪念杜桐诞辰 100 周年之际，我们更加怀念他创作的黎族史诗《甘工鸟》！

在纪念杜桐诞辰 100 周年之际，我们更加怀念他在暨南大学播下的文学种子，更加怀念他在全国各地撒下的革命火种！

杜桐——坚强的文化战士，我们永远怀念您！

2012 年 10 月 1 日深夜写于北京外交部街 38 号四合院
2012 年 12 月 2 日修改于广州石井
2012 年 12 月 16 日补充于汕头碧霞庄

①此文为作者纪念坚强的文化战士杜桐诞辰 100 周年而作。

②刘庆英著：《杜桐传略》。

③见张能治主编《明湖秋月》，2008 年 7 月出版。该书由暨南大学原党委书记张德昌题写书名，现藏于暨南大学图书馆。

④我因病休学半年，复学后为中文系 63 级。

⑤见张能治主编《明湖秋月》第 82—83 页。

⑥杜桐著：《甘工鸟》，广东人民出版社 1960 年版，第 103 页。

⑦见《五指山》1980 年总第 9 期，第 25 页。

⑧陈觅：《七十年前一首不平凡的小学校歌》，载《东方文化》2005 年第 75－76 期。陈觅原名陈友卓，潮安东凤乡人。

⑨"东凤家声远，颍川世泽长"，是潮安东凤大宗祠对联。

⑩"东皋凤鸣"，是东凤大宗祠牌匾。

⑪随着行政体制的变化，东凤乡现分为东一村、东二村、东三村、东四村四个行政村，东凤小学也分为东一小学、东二小学、东三小学、东四小学四所小学。

第五章 自信之歌

"真了不起!"

内容新鲜,观念前沿;
图文并茂,对比强烈;
重点突出,适合演讲。

——评审组委会专家组对张能治课件的评价

一天下午,

广州月亮湾酒店,

广东省家庭教育多媒体课件评比颁奖典礼在这里举行。

广东省妇联儿童部莫部长宣布,张能治等11人获广东省家庭教育多媒体课件评比一等奖,顿时全场响起热烈的掌声。

当我第一个步上主席台,从省妇联杨副主席接过奖状时,我脑子里闪过这样的念头:我行!居然还获一等奖,而且排第一。

消息传来,我的家人都特别高兴,女儿竖起拇指说,爸爸从不会电脑到会电脑,现在不仅能用电脑写作,还能给《当今家庭教育》杂志编辑排版;从不会制作多媒体课件到现在能制作课件,并获全省第一,"真了不起!"

汕头市妇联领导欢欣鼓舞,奔走相告,因为这个第一,还是广东三大特区的唯一,汕头妇联也获优秀组织奖。我作为汕头市家庭教育讲师团一员,能为汕头经济特区争得荣誉,感到特别自豪。

事情回到2009年9月,我接到市妇联转来的省妇联和省家庭教育研究会关于在全省开展制作"家庭教育多媒体课件竞赛"的通知。这个通知来得突然，因为制作多媒体课件对我来说不是一件容易的事；这个通知来得正是时候，它是一个挑战，是一个学习的极好机会。

接到任务之后，我首先考虑的是课题的内容。我想，当今的时代是网络时代，当今的家庭教育是网络环境下的家庭教育；孩子出现网瘾，很大程度是由于我们的父母跟不上网络时代的步伐，与孩子无法沟通所致。基于这样的认识，《更新教育理念，做 e 时代的合格父母》的题目就确定下来。我先拟出演讲提纲，写好演讲全文，然后进入第三步——将内容制作成多媒体课件。我主动向女儿女婿请教，经过半个月的努力，多媒体课件制作出来了，按时寄到省组委会。一个月后，经专家评审，我的课件初选入围，需根据专家组的建议再做些修改。我特地跑到潮州市我工作过的彩塘中学（潮安第二中学）请教电脑老师。一个星期后，我将修改后的课件再次寄到广州，终于如愿以偿获得大奖。

"内容新鲜，观念前沿；图文并茂，对比强烈；重点突出，适合演讲。"这些是专家组对我课件的评价，也是我的课件能够获奖的主要原因。

获奖归来，教育系统在聿怀中学举行了一个推介会，让我做获奖课件的演示并发表获奖感言。我说："家庭教育无止境，教育者的学习无止境。紧跟网络时代的步伐，不停地学习，积极地实践，不断提高家教课件的技术含量，不断提高家庭教育的效果，使更多的家长受益，有效促进孩子健康快乐成长，这就是我的心愿。"为了这个心愿，我努力着，奋斗着！

2010 年 5 月，汕头市关工委在金平区召开家庭教育现场会，张第高主任特别要我在大会作《更新教育理念，做 e 时代的合格父母》的演讲，推广网络时代家庭教育的新理念。后来，省组委会将 11 个获一等奖多媒体课件制作成光盘，发给全省各地，使新理念得到更广泛的推广。

"孩子要天天向上，大人应好好学习！"这是我的感悟，这是 21 世纪孩子的成长法则。

2011 年 8 月 16 日

朝阳读书，人生朝阳

> "朝阳读书，人生朝阳，不论学生、教师、家长还是关工委同志都如此。"这是我的获奖感言。
>
> ——题记

近日，广东省"朝阳读书"活动经验交流暨表彰大会在广州市广东大厦国际会议厅隆重举行，广东省关工委主任张帼英、副主任陈坚、副省长宋海出席表彰大会。我市聿怀中学、龙眼小学等四个单位获先进单位称号，张能治、庄思明等四人获先进个人称号，金琦、黄妍妮、赖东东等五人获优秀学生称号。

会上，广东省教育厅厅长罗伟其作了"朝阳读书"活动工作总结，有五个先进单位和个人做了经验交流，张帼英主任、陈坚副主任作重要讲话，张帼英主任还为"朝阳读书"活动捐赠奖品的企业颁发牌匾和荣誉证书，省教育厅副厅长魏中林主持大会。

我作为汕头市获奖单位和个人唯一代表，上台接受宋海副省长颁发的荣誉证书，深受鼓舞。"朝阳读书，人生朝阳，不论学生、教师、家长还是关工委同志都如此。"这是我的获奖感言。

会前，我将我的新作——最近由广东人民出版社出版的家庭教育专著《爱，让孩子快乐成长——e时代家庭教育真谛》一书赠送给与会领导。这本书是我多年认真读书、深入研究的学术成果，是"朝阳读书"活动的丰硕结晶。

朝阳读书，人生必定朝阳；人生朝阳，必定朝阳读书。

2011 年 11 月 28 日

创新与坚持

2018年7月6日下午,汕头市精神文明建设委员会在潮南举行"榜样的力量:汕头市道德模范发布会"。在这隆重的颁奖典礼上,我荣获汕头市道德模范提名奖。当我佩着绶带上台接受获奖证书、捧着鲜花时,心想:这证书是对我长期从事家庭教育工作成果的充分肯定,使科学的家庭教育理念得到更广泛的传播;这证书引领我面对未来,思考未来我们该做些什么。我乐了!

衷心感谢所有关心、支持我参加道德模范评选的社会各界朋友们!感恩金平教育局,感恩金平关工委!

长期以来,我以家庭教育为载体,从事关心青少年健康成长这一朝阳事业。近六年,我出版了《爱,让孩子快乐成长——e时代家庭教育真谛》《家庭教育那些事儿》《叩开孩子心扉的艺术:谈家庭教育那些事》三本书;策划并主编了《当今家庭教育》《孩子与家庭》两本杂志;应邀在全国各地举行了300多场家庭教育演讲……为未成年人的健康成长而呐喊。

家庭教育,人类崇高的事业。每个孩子的成长都离不开家庭教育;有担当的孩子离不开科学的家庭教育。家庭教育,一项永恒的事业。古今中外,任何时代、任何人都需要家庭教育。今天,在改革开放的大潮中,在实现中国梦的伟大壮举里,无疑更不能没有科学的家庭教育。因为科学的家庭教育将造就千千万万有为的青少年,而中国梦正靠他们去拼搏、去奋斗、去实现。

在未来的日子里,我将不忘初心,为孩子们的健康成长,为家庭教育,特别是年轻的父母们普遍关注的热点而尽力!我将以习近平新时代中国特色社会主义思想为指导,继续出版《孩子与家庭》2017年合订本,让关注家庭教育的人们受益，让它充实到各校图书馆、政府图书馆和社区书院；积极筹划编辑出版《孩子与家庭纵横谈》一书；继续编著完善《中外家庭教育智慧》一书；继续举行家庭教育演讲，让科学的家庭教育思想不断传播；拟成立孩子与家庭工作室，探索网络环境下家庭教育的新模式……

研究家庭教育、传播家庭教育，需要创新；研究家庭教育、传播家庭教育，需要坚持。研究与传播家庭教育，这是金平教育、金平关工委的一大特色；研究与传播家庭教育，这是汕头教育、汕头关工委的一大特色。家庭教育的创新与坚持，有效促进未成年人健康快乐成长；家庭教育的创新与坚持，可以成就一番伟业，因为家庭教育是一项伟大的事业啊！

我愿做家庭教育的创新者与坚持者！

2018 年 7 月 7 日

积极开展科技教育，
努力提高中小学生的科技素质[①]

中共中央和国务院颁发的《关于加强科学技术普及工作的若干意见》指出，普及科学技术知识，是"国家基础建设和基础教育的重要组成部分，是一项意义深远的宏大社会工程"。积极开展科技教育，努力提高中小学生科技素质，是实施这一宏大社会工程的重要部分。我区青少年科技教育协会多年来，坚持不懈开展科技教育活动，有效地促进中小学生科技素质的提高，在实施从"应试教育"向素质教育转轨中发挥重要作用，1998年汕头市金园区青少年科技教育协会被全国青少年教育领导小组评为全国科技教育先进集体。今年4月我以区青少年科技教育协会理事长身份出席中国青少年科技辅导员协会在天津召开的"全国基层青少年科技辅导员协会工作研讨会"，并在会上介绍本会的经验，受到大家的一致好评。

一、健全机构、培训教师

青少年科技教育协会是群众性的科普学术团体，协会的理事都是兼职，来自不同的单位，因此，加强协会的组织机构建设显得特别重要。多年来，我们注意及时地调整、充实协会人员，使协会机构健全，有人理事。协会按章程，按期召开年会，开展各种活动。注意基层活动小组的建设，目前，全区55所中小学，共有55个团体会员和112名个人会员。各中小学都有一名行政领导抓青少年科技教育工作，每学期我们都要召开分管科技教育工作的领导会议，布置工作。协会秘书处则每学期要召开二三次会议，在理事长的指导下研究部署工作，真正使科技教育有人抓，有人管。我区的飞厦中学和东厦小学，校长亲抓，一位副校长专管，领导重视，科技教育很落实。

  培训一支强大的科技辅导员队伍是实施科技教育的重要保证。学习、参观、考察、实践，这是培训科技辅导员的主要途径。我们经常组织科技辅导员听各种科技知识讲座，如著名的科学家王梓坤教授、杨名甲教授的讲座等。科学家们充满哲理的论述、生动活泼的科技例子，使广大教师深受启发。参观科技展览，领略现代科学技术发展的新趋势，这是学习的一种重要形式。1995年，汕头市青少年科技教育考察团赴香港参观，我们派协会秘书长前往，与香港青少年科技教育团体和学校进行友好交流。1998年8月，全国第九届青少年发明创造比赛和科学讨论会在香港举行，我们派副秘书长和一部分辅导员老师参加。1998年，广东省青少年科技作品、科学小论文评选展出在广州举行，我们组织了11位老师和13名学生参加，通过参观，明确了方向，启迪了智慧。组织科技辅导员老师到外地考察，这是开阔视野、增长知识的重要一环。近几年我们先后组织会员到福建省的泉州和武夷山、贵州省的黄果树、广西的桂林以及本省的南澳岛、莱芜岛、东山湖温泉等地进行地形地貌考察，采集标本，收集资料，大大增长老师们的才干。参观考察一系列实践活动，大大密切了会员之间的关系，大家互相学习、互相帮助，有效地调动科技辅导员的积极性。由于我们区有一支业务精、事业心强的科技辅导员队伍，因而使全区的青少年科技教育工作面越来越广，水平越来越高。

二、点面结合、形式多样

  协会要求各校在开展科技活动中，一定要根据本校实际，以点带面，成立科技活动小组。我们继续推行办好"四、三、二、一"活动小组方案。即条件较好的中学，首先办好四个科技活动小组，像飞厦中学、第四中学等就不只办好四个科技活动小组；条件较好的小学办好三个活动小组，像东厦小学等,他们成立了十多个科技小组;条件一般的中学和城区小学以及条件较好的农村小学办好两个小组;乡村小学及新办小学办好一个活动小组。现在,我区各中小学全部成立科技活动小组,全区共有125个科技活动小组。

有计划、有目标、有步骤,这是开展经常性的科技活动的重要一环。各科技活动小组均能根据协会的要求,健全"六落实"制度。即辅导老师、活动人员(学生)、活动时间、活动地点、活动内容、活动经费落实。我们的要求是,单年份准备科技创造发明小作品、小论文,为下年参赛做准备;双年份准备生物百项竞赛作品,为单年份参赛做准备。

每年,我们都进行一次全区性科技作品参展评奖活动,并发动学校先进行全校性的评比和展出。许多中小学都为此举行一年一度的科技日、科技周、科技月或科技节,并从中挑选出参加全区性的科技作品和科学论文。汕头四中、金园职业学校、金龙小学等中小学,今年的创造节搞得特别红火。同学们在立志发明创造,勇攀科学高峰的思想指导下,展开想象的翅膀,积极开展科技创作活动,有效地激发学生的创造潜能,培养学生的创造素质,促进学生德、智、体、美、劳全面发展。教师积极参与科技活动是汕头四中创造节的特点,全校有20多位教师,制作了包括10个学科的25个多媒体课件,与学生一道参加创造节的比赛。教师的现代科技意识和科技行为,让学生耳濡目染,点燃创造的火花。

我们先后组织了"金龙杯""建国杯""海力杯""北京杯"等科技作品竞赛活动,以此推动全区科技活动的发展。例如,1997年年末举行全区性科技作品评奖展览活动,评出了参加1998年市赛和省赛的作品。结果我区有两件作品获得1998年广东省科技作品一等奖,有三件作品获省二等奖,有三件作品获省三等奖,为我区争光,也为汕头市争光。今年,我们又布置了生物和环境保护科学探索活动,从中挑选参加市、省竞赛的作品。通过区级评奖展览活动,组织学生参观、学习,全面提高了中小学生的科技意识,启迪了中小学生发明、创造的智慧。

几年来，协会积极组织作品、论文参加省、市青少年创造发明竞赛暨科学讨论会和生物百项竞赛，取得突出成绩，近三年，共有科技作品、小论文43件（篇）获省、市奖励，成绩列汕头市各区（县、市）之首。

三、校内校外、互相渗透

要切实提高中小学生的素质，就必须校内校外结合，课内课外结合，理论与实践结合，开展科技活动。为此，中共汕头市委、市政府把青少年科技教育列入"汕头市青少年十大教育网络"之一，动员教育、科委、科协、共青团、妇联、工会、图书馆、博物馆等有关部门关心青少年科技教育，创造一个人人关注科技教育的良好氛围，给学校开展科技教育以强大的推动力。

学校教育是开展青少年科技教育的主阵地，扎实的学科教学，特别是自然科学课程，如物理、化学、生物、计算机、自然、地理课，是中小学生科技教育的主要课堂。对科技教育的课程，我们要求各中小学都要开齐、开足、开好。要加强实验教学，上好演示实验和分组实验课，通过实验课培养学生的动手能力、观察能力、分析能力和解决问题的能力。飞厦中学是我区科技教育的先进单位，浓厚的科技意识促进学生科技素质的提高。该校今年参加全国初中物理竞赛有两人获省一等奖，两人获省二等奖，一人获市一等奖，成绩突出，名列全市各校之首。我们组织部分中小学幼儿园参加广东省教育厅立项的"中学、小学、幼儿园现代科技教育"的课题实验。市教育局在我区的东厦小学、桃园幼儿园开展的现代科技教育的探索活动，深受同行好评，促进了我区现代科技教育的深入发展。课内学习要与课外活动结合起来，组建各种兴趣小组，这是开展课外科技活动的好形式。各校的兴趣小组包括天文、地理、地质、海洋、生物、环保、电脑、航模、车模、无线电等。学生根据自身特长，自由选择，自愿参加，充分发挥自己的聪明才智，发挥自己的创造力。我们要求将兴趣小组编入活动课程，使广大学生都参与，并适时调换活动小组，使中小学生多侧面发挥自己的特长，培养求知探索的精神。

一定的科普活动基地给中小学生的科技教育带来无限生机。我们组织中学生参加汕头市农业科学研究所举办的中学生生物夏令营，参观设在汕头青云岩的广东省气象科普教育基地、汕头地震台、北回归线标志塔等。地学活动小组在南粤优秀地理教师陈大石的带领下，活跃在潮汕地区城乡各个角落，他们先后确立了达濠岛的礐石海角石林的海蚀柱石地貌，澳头升旗山、礐石的香炉山、桑浦山的鸡笼山死火山地貌，梅林湖的古海蚀蘑菇石群和古海积地貌等为科技活动点。经常组织师生到上述活动点参观考察，进行爱国爱家、保护环境的教育，切实把课内的地理知识与课外的地理考察有机结合起来，深受师生欢迎。我们与区科技局、环保局、科协等部门紧密合作，开展经常性的科技教育活动。6月5日是世界环境日，十多年来，我们积极与环保部门协作，在中小学中开展环保宣传活动，运用出墙报、听讲座、征文等形式，对中小学生进行环保宣传，有效地提高他们的环保意识，我们先后被市和省评为环保教育先进单位。6月是广东省科技进步活动月，我们协会组织多项活动参与其中，并取得好成绩。在金园区首次评选各行业科技新秀中，区青少年科技教育协会有两位学员（学生）因成绩突出，被评为科技十佳新秀。

科技教育活动重在参与，贵在坚持。多年来，我们区科技教育协会不懈努力，使全区科技辅导员在学校教育中全面实施素质教育，勇于开拓，勤奋敬业。他们组织广大中小学生学习科学知识、科学思想、科学方法，辅导青少年学生从事科学实验、科技作品制作、科技小论文撰写，使我区青少年科技教育活动蓬勃发展。1991年9月，我会被广东省青少年科技活动领导小组评为广东省先进单位；1992年8月，我会被汕头市科协、汕头市教育局评为汕头市青少年科技活动先进单位；1997年4月，我会被汕头市科协、汕头市妇联、汕头市科辅协联合评为先进集体；同年8月，我会被汕头市科协、汕头市教育局评为汕头市青少年科技活动先进单位；我会还多次被区委、区政府授予"科技先进单位"称号。今年6月9日，区青少年科技教育协会召开了全区青少年科技教育工作会议，总结交流经验，提出新的任务，在全区开展"北京杯"的科技制作竞赛活动，为迎接明年全国第十届青少年科技创造发明比赛作准备，以此纪念邓小平同志的题词——"青少年是祖国的未来，科学的希望"发表20周年。

知识经济已初见端倪，区青少年科技教育协会紧跟世界科技高速发展的形势，带领广大科技教育工作者，带领全体教师，面向现代化，面向世界，面向未来，积极开展科技教育，努力培养青少年一代的创新意识和创新能力，以完成历史赋予的光荣使命。

1999 年 10 月 12 日

①本文是作者以广东省汕头市金园区青少年科技教育协会理事长的身份，为参加1999年在杭州召开的中国青少年科技辅导员协会首届学术年会撰写的论文。2000年9月，作者获全国优秀科技辅导员荣誉称号。

一本极具特色的家教读物[1]

当前，家庭教育有两个突出的问题：一是孩子阅读少、旅行少、实验少、体验少；二是父母与孩子沟通少、办法少。由华夏出版社出版的《孩子与家庭纵横谈》这本书，一半是孩子的作品，一半是大人的作品。125篇孩子的作品，从小学二年级到初中、高中各个年级，从课内到课外，从校内到校外，记录着他们丰富多彩的生活，没有雷同，各具特点。孩子每篇作品文末都有"爸爸妈妈的话"，他们根据孩子的年龄特点和作品的内容加以恰如其分的评价，给孩子以鼓舞和力量。

《孩子与家庭纵横谈》这本书是写给孩子们看的。不论你是高中生、初中生还是小学生，都可以从里面找到同龄人的作品；不论生活在北京、上海、广州、深圳、海口、长沙等大城市，还是生活在中小城市或乡村，都可以找到精彩的作品；不论喜欢文学还是喜欢科学或其他学科，不论喜欢安静的阅读还是喜欢活跃的旅游，都可以找到相应的作品。刊登这些优秀孩子的作品有什么作用呢？"要学习好语文除了多阅读名家范文外，浏览同辈人的优秀作品也是很重要的。这会使自己倍感亲切，受到激励和启迪，从而发奋用功。"[2]散文大师秦牧如是说。孩子的生活是丰富多彩的，孩子的作品也是多彩多姿的。读了它，自己也会成为一个生活丰富的人。

《孩子与家庭纵横谈》这本书是写给年轻的父母看的。每篇孩子作品后面爸爸妈妈点评的话语，对自己的孩子是肯定与鞭策，对广大读者，尤其是年轻的父母，是榜样与激励。试想一下，作为家长，假如你自己来点评，该怎么思考、怎么表述，才能有针对性地帮助孩子？例如，中国人民大学附属中学实验小学三年级三个小学生的《关于骑行头部护具增加安全性的方案》一文（第71—75页），其父母的点评是这样写的："孩子，小学时光,是一个人塑造良好品质、形成良好习惯的重要时期。考试第一并不重要,重要的是你能养成良好的习惯,善于开动脑筋,在科技方面、足球方面能有优秀表现。愿你成为一个具有旺盛的求知欲、德才兼备的好孩子!"这样的点评为孩子指明了努力的方向;对读者,不论是学生还是家长,启迪是多方面的,完全没有说教的痕迹。

《孩子与家庭纵横谈》这本书是写给老师们看的。教师要教好学生,首先要了解学生。这些学生作品,反映的是学生的生活,教师多看,就会更了解他们。大人的作品包括父母点评的话以及专家学者和各行各业的作品,其中教师的作品占有相当的篇幅。教师黄春馥写的《愧怍——读杨绛的〈老王〉》一文,开头介绍:"杨绛的《老王》是一篇为平凡小人物立传的文章,写自己一家跟孤苦无依、身有残疾的老王交往的过程。"文章结尾写作者的感受:"做人作文多看看《老王》,都不自觉地会'愧怍'。"这样的读后感对学生是一个示范,既让学生学习了写作的方法,又揭示了阅读的意义。

《孩子与家庭纵横谈》这本书意在倡导阅读与写作。著名作家曹文轩说得好,"阅读是弓,写作是箭,一支箭要射出去必须有弓的力量。"谈论阅读与写作的作品占全书很大的篇幅,不论教师还是学生,都有对应的阅读作品;不论家长还是孩子都适合看,因为很多作品是跨越年龄界限的。特级教师姚佩琅的《让名著的书香溢满校园》一文,介绍了东厦中学长期坚持读书节名著阅读活动的情况,有力地推动了学生更多地阅读名著,有效地促进了学生综合素质的发展。愿广大家长跟着时代的节奏,在家庭营造一个浓浓的阅读氛围,做阅读名著的有心人。

《孩子与家庭纵横谈》这本书意在倡导父母与子女的有效沟通。父母点评孩子的作品,这是父母与孩子沟通一种有益的尝试,已收到满意的效果。父母点评的话语,是大人对孩子作品的肯定、希望与期待,有效地促进了父母与子女的沟通,这是孩子成长的沃土。父母点评的话语放在孩子作品之后,并署上父母的姓名,不分职业与地位,让孩子与父母处于平等状态,

第五章　自信之歌

这对培养孩子的独立人格很有作用，这是父母与成长中的孩子沟通的一剂良方。亲子心灵的碰撞，必将促进孩子健康快乐地成长，而父母也将在与孩子的沟通中跟着成长，这是21世纪家庭教育的法则。就自己孩子的作品，父母与孩子一起讨论一个共同的话题，充分体现了本书的个性特征。

《孩子与家庭纵横谈》这本书，意在倡导培育良好家风，第五章"大人与孩子谈家风"中，《黄卓才教授上央视讲侨批谈家风》《寻常百姓的传家宝》和广州市初中一年级陈业曦同学的《一本不同寻常的英语手抄书》等九篇文章，从各自的家庭出发，揭示了优良家风的巨大作用。

《孩子与家庭纵横谈》这本书，意在倡导开放的家教视野，东北师范大学赵刚教授的以《更宽广的视野和胸怀研究家庭教育》、中山大学张国培教授的《让爱成为孩子快乐成长的乐园》、北京师范大学赵忠心教授的《当孩子初露才华时》、金园实验中学陈利彬校长的《慢慢来，不要急》等作品传达出一种崭新的家庭教育理念。

《孩子与家庭纵横谈》这本书，意在倡导感恩情结，黄健桢的《我的父亲》、郑韶南的《一年之师》、陈俊乾的《我的老师张能治》等表达了浓浓的感恩情怀。

《孩子与家庭纵横谈》这本书，意在倡导科学的幼儿教育，赵忠心的《这巴掌该打在谁的身上？》、郭霓裳的《让玩具真正成为孩子成长路上的好伙伴》、李爱民的《我与妻子的四个约定》等体现了孩子早期教育的极端重要性。幼儿教育这一章开篇语引用了德国卡尔·H.G.威特在《卡尔·威特的教育》书中一段话，说明他的儿子小卡尔·威特成功出众的原因，那是因为，"他所了解的的事物都是正确无误的，不偏不倚。这就要求我们，作为他的父母必须首先对该事物有正确的认识。如果我们达不到要求，还缺乏足够准确的信息，那我们就必须向那些知识渊博的人请教。"可见，父母的学习是多么的重要。

《孩子与家庭纵横谈》这本书，意在倡导科学的家教艺术，林俊强的《都来拟一份"父母年度任务清单"》、陈丹虹的《帮助孩子建立一个良好的朋友圈》等作品体现了教育艺术的重要性。

《孩子与家庭纵横谈》这本书,还通过"家教书评""家教情怀"等篇章,纵论了家庭教育的方方面面。

《孩子与家庭纵横谈》的个性特征给人以多角度的启迪……

2019 年 7 月 18 日初稿

2020 年 6 月 2 日修改

于广东省汕头市碧霞庄

①张能治主编:《孩子与家庭纵横谈》,华夏出版社 2020 年版。

②秦牧为"澄海中学秦牧文学社"的题词,参见《澄海中学建校 90 周年纪念画册》第 96—97 页。

第六章 生命之歌

"扫地"的现代教育意义

一帚常在傍，有暇即扫地。
既省课童奴，亦以平血气。
按摩与导引，虽善却多事。
不如扫地去，延年直差易。
——陆游《扫地诗》

陆游是我国著名诗人，他创作这首《扫地诗》，对后人产生了巨大的影响。

陆游认为扫地可活动筋骨，"平血气"，方便易做，较之"按摩""导引"之类，既省事又有效，每天常动扫帚，是健身的法宝，这是很有见识的。现代医学认为，经常扫地，双手握紧扫把，既动手，又动腿、动头颈，全身活动，能有效促进大脑血液循环，的确具有保健作用。

清朝著名学者朱用纯的《朱柏庐治家格言》，脍炙人口，家喻户晓。《朱柏庐治家格言》全文506字，第一句："黎明即起，洒扫庭除，要内外整洁。"朱用纯也主张扫地，并把它作为一天工作之首，可见，扫地的重要性。

对现代人来说，扫地也是减压的有效方法。现代人的生活节奏快，压力大。如何减压，是我们应该高度重视的事。在繁忙的工作中，适当放慢工作节奏，一天用上十几分钟的时间打扫庭院，一张一弛，劳逸结合，有益身心健康。

扫地更是家庭一项最基本的家务活动，年轻的父母如果都养成扫地的习惯，对子女是最好的行为教育。父母是未成年子女的权威，父母的一举一动，孩子看在眼里，记在心里。常见幼儿园的孩子，父母拿起扫把扫地，他会抢着或另拿一把，模仿父母扫地。尽管扫得不干净，但孩子的行动是可嘉的。这时候，大人应肯定他的行为，指导他的动作；如果阻止他，孩子会觉得此事与己无关，高高挂起。

孩子进了小学，每天老师都会在放学或早晨安排学生扫地或捡树叶，这是极为重要的活动，它能有效培养孩子的动手能力、合作意识和集体荣誉感。作为孩子的父母要特别注意了解孩子在校扫地的表现：地面是不是扫干净，课桌椅是不是摆放整齐，能不能与其他小朋友合作，整个班集体扫地成绩怎样，等等。

孩子放学回家，扫地应成为孩子家务劳动一个重要的方面加以培养。父母要根据孩子的年龄大小和家庭的实际，跟孩子一起商量，定出一个孩子参加家务劳动适当的时间和项目，其中特别要培养孩子扫地的习惯。孩子扫地，父母要参与其中，在扫地活动中密切父母与子女之间的关系，培养亲情。周末或节日有较多空闲的时间，父母要适时安排一些大扫除活动，扫地、拖地板、擦洗门窗，一家人分工合作，大家动手、动脚、动脑，其乐融融。孩子快乐，父母高兴，幸福感油然而生。

同平中学操场有这样一条标语："垃圾不落地，校园更漂亮！"我到该校讲学，加以引申："垃圾不落地，家庭更幸福！""垃圾不落地，城市更文明！"扫地，将家庭教育、学校教育、社会教育联结起来，一个爱劳动、有责任感的社会公民就从扫地这件小事逐步培养起来。

我的家在二楼，户外有一个公用平台。每天晨练后，我便去扫地，既扫"门前雪"，又延展开去，打扫公用地带，包括公众花圃，里里外外，干干净净。我制作了一块牌子——"爱护花圃，清洁花圃，营造宜居家园"，挂在花圃中间，赏心悦目。扫地乐，乐扫地……

大家都来诵读陆游的《扫地诗》，并用于家庭生活、社会实践中。

扫地吧！它是生活的需要，健身的需要，更是家庭教育的需要！

2012 年 12 月 17 日

做生命的强者[①]

生命宝贵,生命只有一次;爱惜生命,保护生命;生命不能再来,做生命的强者。

一、生命至上,生命不能再来

(一)研究生命,保护生命

● 巴甫洛夫:"巴甫洛夫很忙……巴甫洛夫正在死亡"

巴甫洛夫·伊凡·彼德罗维奇(1849—1936),俄国生理学家、心理学家、医师、高级神经活动学说的创始人,高级神经活动生理学的奠基人,诺贝尔生物学及医学奖获得者。

巴甫洛夫从小学习勤奋,兴趣广泛。他向妻子承诺,不饮酒、不打牌、不应酬。70岁以后,巴甫洛夫每天仍乘电车上班,在生命的最后时刻,他仍在学习研究。他是在病中挣扎起床穿衣时,因体力不支倒在床上逝世的,享年87岁。

"巴甫洛夫很忙……巴甫洛夫正在死亡",这话不是别人说的,是巴甫洛夫对别人说的,是巴甫洛夫在生命的最后一刻说的。在生命的最后一刻,他谢绝人们的看望慰问,请助手记录他生命最后时刻生理和心理的变化。巴甫洛夫一直密切注视着生命衰变的各种感觉,他要为一生挚爱的科学事业留下更多的感性材料。

巴甫洛夫在生与死的较量中表现出来的勤奋、豁达、超然、镇定、无私、无畏,令我们深深折服。对一切生命有机体来说,生与死是一对矛盾,有生便有死，有死便有生。在巴甫洛夫的眼里，死不是生命的终结，而是生命的升华。一句"巴甫洛夫很忙……巴甫洛夫正在死亡"，不是诗篇，胜似诗篇。

（二）不珍惜生命的种种表现

当前，青少年学生不珍惜生命的种种表现令人触目惊心。

● **飙车是马路杀手**

随着摩托车的盛行，摩托车飙车的问题相当突出。它会导致交通事故，危害他人和自身的安全，是可怕的"马路杀手"。

飙车影响青少年的健康成长，引发犯罪。近年来，由飙车引发了许多刑事案件，如杭州飙车案、成都宝马案，不仅对群众的生命财产安全造成了重大损失，在社会上也产生了诸多不良影响。

中学生飙车时有发生，表现形式多样：骑车兜风，高速行驶；成群结队，曲线竞驶；搭伙喝酒，酒后狂飙；驾车逞能，追逐汽车……

飙车的成因：炫耀、好奇等心理因素的影响；受影视传媒、网络游戏等影响；飙车成为青少年宣泄烦恼的途径。

在飙车问题上，学校管理有漏洞。一些学校片面追求升学率，忽视对学生交通安全的教育，导致法制观念和交通安全意识淡薄。很多飙车的人认为这是一种娱乐，并没有违反交通规则，或者认为自己可以侥幸逃过交警的监控。家长监护不力。有些父母平时只顾忙于工作，对子女的生活与心理缺乏关注，让处在成长中的青少年没有家庭的归属感，容易迷失自我，因此，他们只能在同龄人中寻求认同与归属，一旦认同与归属的同辈团体是"飙车族"，他们自然也就成了其中的一员。

飙车是对生命的无知。飙车入刑，彰显对生命的尊重。马路如果变成飙车场，必将严重危害公共秩序和公共安全，必须予以严厉打击。为了自己和他人的生命安全，家长要负起监管责任，否则后悔莫及。

● 抽烟是孩子生命的慢性自杀

升入中学以后，有的同学觉得自己长大了，希望别人不再把自己看成不懂事的小毛孩子，需要得到成人的尊重。于是，模仿成人抽烟，似乎就显示了"成人"气概。还有一部分同学是由于影视剧的误导，认为吸烟能表现自己思想的成熟。

全世界每年因吸烟死亡达250万人之多，香烟是人类第一杀手。科学和事实证明，香烟中的尼古丁是"隐性杀手"。一支香烟中含尼古丁6～8微克，20支香烟中的尼古丁就能毒死一头牛，如果给人一次注射60微克尼古丁，马上就会引起呼吸麻痹，危及生命。尼古丁等有毒物质会破坏脑细胞的正常功能，使人头痛、失眠，记忆力下降；会使血管痉挛，血压升高，血管壁硬化，诱发高血压、冠心病、脑溢血；会使咽喉、气管、食管、肠胃产生慢性炎症，逐步发展成溃疡；它还是致癌、促癌的主要元凶。香烟中的一氧化碳还大量夺取与血红蛋白结合的氧气，使人体处于缺氧状态，从而影响整个机体的健康。研究表明，吸烟会引起视力下降，甚至失明。至于"读书累了吸烟可以提神"的说法是根本没有科学依据的。所谓"提神"，只是脑神经细胞受刺激引起的暂时兴奋状态，几分钟后就麻痹了。长此以往，大脑会变得更麻木、更迟钝。吸烟不仅危及自己，烟雾中的有毒物质还殃及周围的人，使他们被动吸烟，毒素在肺部蓄积，造成肺部的损坏或癌变。

一个人的风度、气质，是在长期的生活、学习、交往中形成的内在思想品质、修养的综合体现，与抽烟之类的嗜好无关。自觉养成不吸烟的个人卫生习惯，不仅有益于健康，而且也是一种高尚公共卫生道德的体现。为了孩子的健康成长，教师与家长都要戒烟，养成良好的公共卫生道德，学校和家庭都应杜绝吸烟。

● 溺水是对生命的无知

据不完全统计，仅仅在2014年夏天，媒体报道的儿童溺水事件就有数百起。他们多半是没有家长有效看护，河边或者湖边缺乏安全防护，自己和小朋友玩耍时候不慎落水。有一半事件是因为儿童好奇游泳，不知道水的深浅，在游泳时溺水身亡的。

他们多是因为缺乏安全常识，没有生命意识、危险意识和自我防护意识。学校和家庭疏于对孩子进行必要的教育引导，造成这些儿童不必要的伤害。

中国教育新闻网曾统计，中小学儿童在意外死亡事件中，因溺水死亡的人数占46%，而事件发生的多发区域就是农村。

二、向生活学习，做生命的强者

● **最美教师——张丽莉**

2012年5月8日，黑龙江省佳木斯市。面对失控冲向学生的大客车，28岁的女教师张丽莉奋力推开身边的学生，自己却被卷入车轮下，造成全身多处骨折，双腿高位截肢。

那一瞬，张丽莉柔弱的身躯如同一道铜墙铁壁挡在生死之间，挽救了两名学生。

张丽莉是一个没有正式编制、月收入不足千元的普通教师，可她却长期资助班上一名贫困学生；她担心路远的学生来不及吃早饭，就自己掏钱给他们买面包和饼干；在她被送往医院抢救时，她挂念的依然是"先救学生"……

● **最美司机——吴 斌**

2012年5月29日，江苏省的锡宜高速公路上。忍受着腹部被突然飞来的制动毂碎片击中的剧痛，48岁的杭州司机吴斌用76秒的时间，完成了靠边停车、拉手刹、打开双闪灯等一整套保障安全动作，及时疏散车上24名乘客，自己却因伤势过重，于6月1日凌晨在医院去世。

这76秒，这个铁骨铮铮的汉子，承受了难以想象的生命极限。

吴斌2003年进入杭州长运客运二公司，九年间驾驶客车安全行驶100

多万公里，相当于绕地球近 30 圈，从来没有发生过一起交通事故和旅客投诉。他在安全疏散乘客后说的最后一句话是，"别乱跑，注意安全"。

当天客车上的乘客韩维春说："我们 24 个人永远不会忘记吴师傅的恩情，我们也将以同样的敬业回报社会。"网友评论："在生命的最后时刻，吴斌没有把宝贵的第一时间留给自己，而是留给了车上的 24 名乘客。如果不是有深入骨髓的责任感和职业精神，他不可能在完全没有时间思考的情况下做出这样的举动。"

"以他的生命换来了 24 个家庭甚至更多家庭的快乐和幸福，我们觉得他平凡的一生在最后的时刻做出了最伟大的事，我们家庭以他为骄傲。"吴斌的姐姐吴冰心说。

● **最美路人——周　冲**

2012 年 6 月 3 日上午，周冲和女朋友小英带着侄子准备去广州市天河区东圃某公司面试，当他们走到怡东苑路段时，看到道路两边围了不少人——原来是一个 3 岁女孩琪琪头部卡在 4 楼阳台花架上，双脚悬空，情势危急！见女童有危险，穿着黄色 T 恤的周冲立刻翻越护栏走进了怡东苑小区。此时，有街坊在楼下拉着被单准备接人，而周冲便和一些街坊居民跑上楼，3 楼的屋主开门让他们进去，还打开了防盗网的小窗。在没有任何防护的情况下，周冲毅然从 3 楼阳台爬出，抓住防盗网，爬到了防盗窗第三格的位置，用力将琪琪往上顶，直到对方能踩到他的手。周冲边托着琪琪，边安慰她不要哭。托举了 15 分钟后，警察破门进屋，切开花架抱出琪琪。而英勇救人的"黄衣哥"没有留下姓名，悄然离开。经过媒体和市民的全城搜寻，冒险救人不留名的"黄衣青年"6 月 9 日终于现身广州市天河区珠村。

共青团广东省委授予周冲"广东青年五四奖章"。团省委之所以给周冲这一荣誉，是因为他的善举"对社会有重大、广泛的影响"。对此，周冲表示："感谢当时在场的群众一起帮助，如果没有他们，那时候我可能也会失败。"广州市精神文明建设委员会办公室发出倡议书，号召羊城市民学习周冲的"凡人善举"。经过央视连续两天的报道，中央文明委对这个事情高度重视，周冲获邀赴京参加中央文明委召开的道德楷模座谈会，他以"举手之劳"的举动，感动了整个中国。

周冲认为，见义勇为就是看到别人身处危急时及时出手相助，"其实当时救人，我只是举手之劳，没想到大家那么关心我"。

● **最美妈妈——吴菊萍**

2011年7月2日下午1点半，杭州滨江区白金海岸小区，2岁女童妞妞乘奶奶不注意翻出阳台，在10楼高空悬挂了一会儿后突然坠落。刚好路过这里的吴菊萍看到这一幕，立即甩掉高跟鞋，奋不顾身地冲过去，伸出双臂接住了孩子。之后两人均倒地陷入昏迷。10天后，妞妞奇迹般苏醒，呼吸、血压、脉搏等生命体征基本平稳，能叫"爸爸妈妈"了。女孩稚嫩的生命得救了，但吴菊萍的手臂瞬间被巨大的冲击力撞成粉碎性骨折。

31岁的吴菊萍，浙江嘉兴人，是一个7个月大尚在哺乳的孩子的妈妈，阿里巴巴公司员工。事情发生后，当地授予她"见义勇为积极分子""三八红旗手"等称号，网友们则称她为"托举生命的最美妈妈"。2011年9月20日，在第三届全国道德模范评选中，吴菊萍荣获全国见义勇为模范称号。

吴菊萍的惊人一接，接出了伟大的母爱，接出了人间的大爱。吴菊萍有一双最柔弱，但也最有力的臂膀。她用这双臂膀托起了生命的奇迹，唤醒了普罗大众对传统美德的自觉。

"这是本能，是一个母亲应该做的事情。"躺在病床上，吴菊萍一脸平静。荣誉铺天盖地，吴菊萍保持了清醒的认识，"我只是普通人，问心无愧就好"。公司奖励了20万元，她留作自用。"我需要好好生活，好好工作，才有能力去帮助身边的人。"赡养父母、培养孩子、还房贷……任何普通人，都无法对这些现实问题视而不见。

三、提高生命质量，做智慧的青少年

● 女中学生安吉拉·张与抗癌新疗法

正在美国加利福尼亚州库珀蒂诺市蒙塔维斯塔中学读书的华裔女中学生安吉拉·张虽然只有17岁，却已经是一名成绩非凡的"癌症研究专家"！安吉拉·张在实验中发现，在化疗药物中加入一种物质，可以有效地直接杀死癌细胞，而不伤害健康细胞。这一研究成果使得安吉拉·张一举夺得了当年的"西门子数学和科技竞赛"个人奖桂冠，并赢得了10万美元的高额奖学金。

从15岁开始，安吉拉·张就利用课后和周末时间，在美国斯坦福大学医学院的实验室进行癌症研究。在过去两年中，安吉拉总共投入了1000个小时进行抗癌方法研究。最后，安吉拉·张在实验中发现，通过在化疗药物中加入一种金铁氧化物——"纳米粒子"，就可以有效地直接杀死致癌干细胞，而不伤害健康的细胞。在实验中，安吉拉·张拿小白鼠做试验，她先将肿瘤细胞注入小白鼠体内，再注射承载了治疗药物的"纳米粒子"，然后通过红外激光跟踪"纳米粒子"，看它们是否能够专门针对癌细胞释放抗癌药物。安吉拉·张设计的"纳米粒子"可以大大改善现在的癌症治疗方法，因为它们可以将抗癌药物直接导向癌细胞，而不会影响周围的健康细胞。

亲人患癌去世是她研究癌症治疗方法的原动力之一，她的曾祖父患肝癌，她的祖父患肺癌去世，所以，她从小就立下了攻克癌症的志向。安吉拉·张对记者说："我不断问自己，为什么癌症会引起死亡？我们可以做些什么来补救，我可以提供哪些帮助？"

安吉拉·张对科学的浓厚兴趣来源于父亲张艺风的启发。每到周末晚上，父亲带她外出散步时，总会向她提出一些问题：为什么下水道的井盖是圆的；为什么酒店水龙头马上能流出热水，而家中的水龙头则要等一段时间才能流出热水；等等。父母的引导让女儿兴趣浓厚，喜欢研究探索。

安吉拉·张的生活丰富多彩。据她的母亲詹姆·吴介绍：她和丈夫并没有像"虎妈""虎爸"一样压迫女儿成为神童，她经常告诉女儿要快乐生活；女儿对科学研究的热情完全来自她自己的喜好；她喜欢俄国文学和法国文学，还喜欢打高尔夫球、弹钢琴和划皮艇。安吉拉·张承认，过去两年，她为自己的抗癌方法研究，"牺牲了不少看电视的时间"。

安吉拉·张即将进入大学就读，她希望自己能在大学继续攻读化学工程、生物工程或物理学等课程，并在将来成为一名专门从事科学研究工作的大学教授，造福于人类。虽然安吉拉·张研究的抗癌方法与人体临床试验还有很大距离，但具有极大的科研前景。她相信，她发明的抗癌方法从临床试验到真正应用到成千上万癌症患者的身上，大概需要25年时间。

从安吉拉·张的科研精神和执着的科研态度，我们有理由相信她，我们期待着！

● **药学家屠呦呦与青蒿素**

85岁的中国著名女药学家屠呦呦发明治疗疟疾新药青蒿素，挽救了数百万人的生命，终于在44年后获得2015年诺贝尔生理学或医学奖。

屠呦呦1955年毕业于北京医学院药学系，毕生从事中医药的研究工作。屠呦呦发现青蒿提取物对鼠疟原虫有抑制作用，但是后来的实验抑制率一直上不去。她的190次实验都遭遇失败，终于在1971年的第191次实验中获得成功，青蒿提取物对鼠疟原虫抑制率达100%。她又把青蒿提取物分为中性和酸性两大部分，并发现中性部分抗疟效价高而毒副作用小，酸性部分无效而毒性大。在确证中性部分为青蒿抗疟有效部分后，又进行猴疟实验，同样取得满意的效果。1972年，她又分离出新型结构的抗疟有效成分青蒿素。2011年9月，她获得拉斯克临床医学奖，获奖理由是"因为发现青蒿素——一种用于治疗疟疾的药物，挽救了全球特别是发展中国家的数百万人的生命"。

屠呦呦出生于浙江宁波，高中毕业于宁波中学。中学时成绩中上水平，但她喜欢生物，喜欢研究，考上药学院，让她的兴趣得到有效激活。在中医研究院的工作，给她提供了研究的绝好机会。研究、失败、再研究、再失败，再研究、再失败，最后获得成功，这是一条经典公式。屠呦呦耐得住寂寞，经得起失败，终于从无数次的失败中了解到失败的原因，最终成功了。

屠呦呦用毕生精力，致力于抗疟的研究，提高人的生命质量，拯救了几百万人的生命。屠呦呦是青少年学习的榜样！

● 掌握游泳本领，提高溺水自救能力

游泳能够有效地改善心血管系统、呼吸系统、肌肉系统的功能。经常游泳不但能够改善体质，预防疾病，而且能够磨炼意志，塑造健美的体形，促进身心健康和心智发展。

游泳还是一种生存技能，人们很难避免与遍布的江河湖海接触，因此，掌握了游泳技能就等于在意外发生时多了一分生存的机会。

2015年暑假，在广州读小学一年级的外孙晖晖回到汕头度假，女儿、女婿和我们商量，暑假让晖晖学游泳，这正中我们下怀。我们找到一间正规的培训学校——汕头市东方小学游泳培训基地。事先我们带晖晖与教练见面，了解学游泳应注意的事项，便开始训练。经过一期的练习，晖晖已基本掌握了游泳的要领，开学后在广州又继续学一段时间，巩固提高，现在算是会游泳了。这是今年暑假我们为孩子做的一件最得意、最高兴的事。

游泳是中小学体育课一项重要内容，但因为场地问题，很多学校还不能开设游泳课。为了孩子的生命成长，学校应想办法开设游泳课程，而家长则应毫不含糊地想方设法地让孩子学游泳，因为游泳不仅是锻炼健体的需要，更是生存的需要。掌握了游泳本领，提高溺水自救能力，等于在意外发生时多了一分生存的机会，何乐而不为？

● 防溺水，做到"五不游泳"

安全教育是学校的重要工作，学生要有安全常识、生命意识、安全防护意识和素质。作为家长，肩负着比学校更重要的教育责任，家长要全方位教育孩子成长中的安全知识和必要的素质。令人遗憾的是，我国很多学校仍然没有把"安全教育和预防教育"列为学生辅助课程加以重视，仅仅是在德育工作中泛泛谈谈而已。著名教育专家熊丙奇曾说："现在学校应该将生命教育和安全教育常态化，作为一门辅助课程长期对孩子进行教育引导，让学生知道什么是安全的，什么是危险的，明白生命的可贵与崇高。"

防溺水，做到"五不游泳"：

（1）不在无家长或老师的带领的情况下私自到海、江、河、湖、溪、塘、水库等地方游泳。

（2）不擅自与同学结伴游泳、戏水。

（3）不到无安全设施、无救护人员、无安全保障的水域游泳。

（4）不到不熟悉的水域游泳。

（5）发现同伴溺水时，应立即呼喊大人去救援，不要盲目下水营救，避免发生更多伤亡。

家庭教育对儿童一生影响深远，然而，家长的知识结构、素质水平不同，在对儿童生命教育、安全教育等方面的教育效果也不尽相同。在杜绝和预防儿童溺水悲剧事件上，学校和家庭都要高度重视，让安全的知识积淀成儿童的素质和习惯，为他们的健康成长和幸福人生负责。

生命至上，生命不能再来；向生活学习，做生命的强者；提高生命质量，做智慧的青少年。

珍惜生命，做生命的强者！

2012年6月18日初稿

2015年11月14日修改

①此文是作者2012年6月应时任鲘浦中学校长黄树群的邀请为该校全体师生进行的"防溺水安全教育"而作的。

陆游《食粥》诗的现代意义

> 世人个个学长年，
> 不悟长年在目前。
> 我得宛丘平易法，
> 只将食粥致神仙。
>
> ——陆游《食粥》

陆游中年时曾患胃疾，久治不愈，后受张文潜食疗的启发，每天坚持食粥；一年多后，竟然奇迹般恢复如初。陆游74岁时写了一首《食粥》诗："世人个个学长年，不悟长年在目前。我得宛丘平易法，只将食粥致神仙。"陆游认为食粥可以养生。"长年"，长寿之意；"宛丘"，指北宋张耒的《宛丘集》，"平易"，指该文集行文平易。陆游的《食粥》以明白如话的语言肯定食粥是一种长寿之道，这颇有见地。

陆游是我国历史上一位杰出的诗人，他一生坎坷，却能享85岁高寿，被后人称为"长寿爱国诗人"，他深得饮食之精髓，与爱食粥有关。陆游一生视食粥为养生之妙品，认为食粥可以延年益寿。他的《食粥》诗更是脍炙人口。陆游的《食粥》被收入《陆放翁全集·剑南诗稿》。

陆游为《宛丘集》写了题解："张文潜有《食粥说》，谓食粥可以延年，予窃爱之。"文潜名耒，北宋诗人，"苏门四学士之一"。曾作《粥记·赠邠老》，劝人食粥自养，收于《宛丘集》。文中说："今劝人每日食粥，以为养生之要，必大笑。大抵养生命、求安乐，亦尤深远难知之事，正在寝食之间耳。"由此可见，陆游、张耒均以吃粥为乐。

清代大医家王孟英在《随息居饮食谱》中说:"粥乃世间第一补人之物,……病人、产妇,粥养为宜。"

关于食粥的故事,古籍多有记述。据说,唐代白居易在翰林院时,皇上赐队风粥,喝了一碗,口香七日。清代郑板桥在给其弟的信中就活灵活现地陈述食粥之乐:"暇日咽碎米饼,煮糊涂粥,双手捧碗,缩颈而啜之。霜晨雪早,得此周身俱暖。"

吃粥可治病养生,所以古往今来,天南地北,不论贫穷富贵,国人爱粥者比比皆是。黑龙江科学技术出版社出版的《大众粥谱》,称粥是"中国人最喜欢的三餐主食之一"。这该是比较客观公允的说法。

广东人,特别是潮汕人喜欢食粥。食粥是潮汕饮食文化的优点。为了弘扬食粥的饮食文化,让大家了解一些粥食文化历史知识,包括《食粥》诗,很有必要。

享受生活每一天

"生命在于运动,生命在于静养,生命在于适当动脑",一位朋友如是说。运动、静养、动脑,体现了生命的辩证法。

以动养身,以静养心,动静结合,心态平和,家庭和谐,才能延年益寿。

生命在于运动,动才能养身。怎样运动?关键在于掌握运动的"度"。对于老年人,散步、打太极拳等是最合适的运动。养花种草、唱歌跳舞、远足旅游,也可算是运动的另一种形式。一点不动不好,过于剧烈的活动也不好。各人一定要根据自己的体质,把握好动的分寸,只要能动起来就可以。

生命在于静养,静才能养心。赵朴初的《宽心谣》就是对静养的最好诠释,他说:"日出东海落西山,愁也一天,喜也一天。遇事不钻牛角尖,人也舒坦,心也舒坦。每日领取养老钱,多也喜欢,少也喜欢。少荤多素日三餐,粗也香甜,细也香甜。新旧衣服不挑拣,好也御寒,赖也御寒。常与知己聊聊天,古也谈谈,今也谈谈。内孙外孙同样看,儿也心欢,女也心欢。全家老少互慰勉,贫也相安,富也相安。早晚操劳勤锻炼,忙也乐观,闲也乐观。心宽体健乐天年,不是神仙,胜似神仙。"

看书读报是静养中不可缺少的一环。如果退休了,一点都不动脑筋,脑子会很快退化。适度的学习,既可以了解社会和原来所从事工作领域的一般情况,跟上时代的步伐,又可让脑子处于正常运转的状态,何乐而不为,加上适度的运动,动静结合,一张一弛,人会更加轻松愉快。

心态平和,这是快乐的基础。凡事要想得开,不要老钻牛角尖,老与别人过不去;善于看到别人的长处,吸收别人的长处,你的生活就会开心快乐。当然，不快乐的事时时都可能发生，这就需要及时去化解它，从痛苦中解脱出来，让心情又逐渐快乐起来。对待生活，要看主流，看发展，看美好的事物，看美丽的风景，并善于去欣赏这些美景，自然会有心旷神怡的感受。相反，你老是去找社会的黑暗面，老是去看那些肮脏的东西，你会越看心情越坏，越糟糕。自己与自己过不去，那又何苦呢！

家庭和谐，这是快乐的保证。和谐家庭需要经营与维护，其最常用的方法就是"爱"。要用爱心去欣赏、去尊重、去包容。祖辈与儿女、孙辈要互相欣赏，在生活中及时发现美和欣赏美，那是爱的温馨；在生活中互相尊重，那是爱的和谐；在生活中互相包容，那是爱的延伸。儿女和孙辈健康成长，家庭和谐，这是祖辈开心快乐的根基。作为有文化的祖辈，一定要紧跟时代，更新家庭教育观念，配合子女教育好孙辈。因此，适当学习一些现代家庭教育的知识是非常必要的，切不可违背家庭教育的原则去对待孙辈。当前最危险的是溺爱，使孙辈从小养成不良的生活习惯，形成不良的道德品质。溺爱是无知的行为，不是真爱的表现。作为祖辈，切不可与子女的正确培养唱反调，成为孙辈不良行为的保护伞。祖辈与子女一定要统一认识，步调一致，才能教育好孙辈。只有孙辈健康成长，才会有真正的弄孙之乐。

老年人切不要逞强，做那些不可能实现的事。要认真安排好每一天的生活，吃、喝、玩、乐，都是为了强身健体。身体健康是最大的收获，也是给儿女最大的帮助、最大的支持。当然，生老病死，这是自然规律，我们抗拒不了。病了就得正确面对，积极干预，积极治疗，争取最好的治疗效果。我们学会科学地生活，快乐地生活，让疾病慢来、少来或不来，这不也是在做贡献，不也是在享受生活么？

知足常乐，对于老年人来说，这是一句充满哲理的警句。到了晚年，不要老是想到当年为什么官没有升，为什么钱没有赚那么多，为什么不生活在那富裕的地方，等等。到了晚年，不要老是回忆过去那些不愉快的事，凡事多往好的方面想，开心一笑，你就天天可以见到阳光，快乐就会天天陪伴你。

享受生活每一天，你可根据自己的爱好和条件，选择一些适合自己活动的项目，让你老有所为，老有所乐。我编辑出版通讯《暨南情怀》，虽付出很多时间和精力，但每当我从邮局寄出它，我便有一种愉悦感，因为我又为大家做了一件有益的事。为了《暨南情怀》，为了《明湖秋月》，为了《暨南大学中文系63级名录》，我几乎与所有能联系到的同学和老师联系上了，电话、短信、信函、电子邮件、专访、聚会……我从中享受到友情的温暖、芳香和美丽。我给家长、给学生、给教师做演讲，我从他们渴望和满足的眼神中享受到甜蜜、信心和力量。

动静结合过生活，心态平和对世事。学会生活，享受生活，这是老年人的一门必修课，愿大家都来学好这门课。

开心快乐永相随，享受生活每一天！

2008年11月29日

于汕头碧霞庄

人生有"伴"欢乐多

人生应有"伴",与可爱的人儿为伴,与均衡营养为伴,与休息、健身为伴,与愉悦心情为伴,与阅读为伴,与旅游为伴……这是开心快乐的基础。

我们为生活、为人类拼搏了几十年,如今都到了耳顺之年。当前最要紧的是健康。健康靠什么?靠良好的心态、和谐的家庭、合理的饮食、坚持的锻炼、一定的兴趣和适当的药物。

与可爱的人儿为伴。"老了不要逞强,要常跟老伴在一起。"一位朋友这样说,也这样做。他说得对,做得好。夕阳无限好,好在有更多可自由支配的时间,好在可以较自由地安排自己的生活、工作和学习,好在可以做自己想做的事情。而这一切都应该与老伴商量,取得比较一致的意见,一起探亲访友,一起锻炼健身,一起休闲娱乐,一起游览观光,一起学习讨论,尤其是晚间更应多在一起,这样有事时可以互相照应。在家时又可各自安排,满足各自的爱好,让生活充满乐趣,充满和谐。我们经常看到,一对对伉俪那么亲密、那么和谐,"夫唱妇随""妇唱夫随",谁都离不开谁,真让人羡慕。

爱伴除老伴之外,还有儿孙辈。不论是和儿孙住在一起的,还是分开住的,儿孙经常陪伴祖辈,祖辈经常与儿孙做伴,共享天伦之乐,家庭和睦,才会开心快乐。如何与孙辈相处,教育好孙辈,这是一个不容忽视的问题。爱孙子是祖辈们的共性,关键是如何爱。由于推行一孩化,很多家庭出现"4、2、1"的教育模式,往往是孙辈有求必应,凡事包办代替,过度奢华,过度满足,让孙辈在4+2的宠爱中成长,那是很危险的。4+2如果步调不一致,孩子便无所适从,就达不到正确教育的目的,那是很可怕的。有的祖辈看到儿女忙于事业，或者昔日对儿女的照顾不够，就想代替儿女养育孙辈以此作为补偿，这种做法是不可取的。有一个经典案例与大家分享。比尔·加尔斯顿是美国克林顿总统的高级经济顾问，他工作很出色，但很忙，经常见不到儿子。他儿子要求父亲能多一点时间陪伴他。为此，比尔·加尔斯顿向总统提出辞职，克林顿总统再三挽留他，比尔·加尔斯顿说："您可以找人代替我，可我的儿子不能。"此事轰动全美国。是啊，别的事可以找人代替，而父母亲的角色却是别人代替不了的。作为祖辈应积极协助，而不是代替儿女管孙辈。如果代替了，将会给儿孙辈带来诸多负面影响，这是我们不愿意看到的。要协助儿女管好孙辈，这就需要学习，学习儿童心理学知识，学习教育学知识，学习营养学知识……我们应该与时俱进，绝不能凭几十年前的经验来教育21世纪的孩子。如果我们的孙辈活泼、专注、勇敢、自信、诚实、有独立性、有好奇心、有责任感，健康成长，这样的孙辈将会成为有所作为的人。

　　爱伴还包含你的亲戚、同学、同事、邻居等。几位亲朋好友，每隔一段时间，就找个茶楼，一起聊天，天南地北，海阔天空，有说有笑，不亦乐乎。有外地的朋友来访，更是热情招待，那多有情趣。现在通信很发达，平时打个电话，发个短信、微信、微博、电邮，互通信息，互致问候，那也是很实在很有意思的事。不要长期生活在老年人的群体中，要避免心态的老化、观念的落后，要多与青少年接触，向青少年学习，尊重他们，积极听取他们的意见和建议。我经常到大中小学校、幼儿园中去，经常和青少年、婴幼儿以及他们的老师、家长接触，了解他们所想、所思、所需。只有这样，才能与他们进行有效沟通，自己的心态也会变得年轻，更好地融入当今社会中。

　　与均衡营养为伴。合理的饮食是健康的重要保证。人为什么会生病？人类绝大多数疾病是由于免疫力下降所致。如何提高人的免疫力？靠均衡的营养，靠良好的情绪，靠适当的休息和运动。美籍华人免疫学家陈昭妃博士创立了一门新兴科学——"营养免疫学"，她因此在1997年获得全美十大杰出青年称号。她提出营养的三大要素——植物营养素、抗氧化剂、多糖体。植物营养素、抗氧化剂这两种营养素只能从植物中得到，多糖体主要存在于植物中，部分动物也存在。人要得到充足的营养、均衡的营养，就得多吃植物类食物，多吃蔬菜、水果，少吃动物类食物，不吃垃圾食品。大鱼大肉，暴饮暴食，这是饮食一大误区，它正困扰着富裕了的中国人。我们应从吃的误区中走出来，与蔬菜为伴，与水果为伴，与植物为伴，这是健康的基石。

与休息、健身为伴，这是任何药物不能代替的。老年人一切活动都要量力而行，不要熬夜，不要过于劳累，要注意适当休息。悠闲自在度晚年，欣赏无限好的夕阳。步行是老年人最好的运动，健身操、太极拳是最好的健身项目。我每天早晚与太太一起，到草地各进行40分钟的健身活动——步行、做操、做健身器械活动，这是我的生活规律。

与愉悦心情为伴。人要懂得爱生活、爱自然、爱社会，以平和心态对待人与事，对待生活。有一位朋友大学毕业分配受到不公正的待遇，生活遭到诸多磨难，但他勇敢地面对，坚强地挺过来。他感慨地说："能够走到今天，和大家坐在一起，很不容易，我感到很快慰。"他不仅没有被生活压倒，反而成为生活的强者。你看，他的书法那么有力，他的身体又是那么结实，每年经常获得社区的健康奖。生活中谁都会碰到些挫折，遭遇些不公，疾病也会折磨人，随时都可能遭遇不幸，遭遇灾难。这一切都需要我们去正视，去面对。生老病死，这是自然规律。病了就得就医，与医生、药物为伴。既来之，则安之，认真对待，对症下药，让身体慢慢产生抵抗力，这才是科学的态度。凡事不要钻牛角尖，乐于倾听，笑口常开，让身心都得到有效放松。种花养鱼，唱歌跳舞，打牌下棋，忘记恩怨，忘记不愉快的事，忘记痛苦，拥抱今天，拥抱生活，拥抱未来，为着一个美好的目标而努力，"心宽体健乐天年，不是神仙，胜似神仙"。

与学习为伴。活到老，学到老，这是21世纪的生活规律、学习规律。退休后，有的人到老干部大学读书，选择感兴趣的学科学习，如书法、绘画、声乐、舞蹈、文学、外语、电脑、摄影等,生活很充实;有的人仍找工作做,继续从事以前的事业,或参加一些力所能及的社会活动;更多的人则坚持看书读报,听广播看电视,不断充实自己,从各种媒体中吸取力量。适当的学习,必将使大脑更加灵活,否则会很快退化,这是大脑的生命规律。我这个暨南大学中文系毕业生,30多岁学习生物学,居然教了五年高中生物;40多岁学习教育学、心理学,以此管理学校;50多岁读研究生,学习经济学,寻求教育与经济的结合点;退居二线前后学习家庭教育学、演讲学和电脑操作,以演讲的形式为教师、学生、家长服务。一位幼儿家长在听了我的《更新育儿观念　培养孩子良好品格》演讲后,给我发了电子邮件谈感受:"先生的讲座短短两小时,系统有章,教例丰富而准确到位。谈到尊重他人时,举了一位教育局长在瑞典问路的故事;如谈到应积极认真回答孩子问题时,举了鲁迅先生回答儿子周海婴的提问;等等。先生的讲座如雾海航灯,照亮了我们培养孩子品格的方向,促使我们思考在日常教育中的不足和错误。我和爱人当下讨论了一些问题,马上把塑造孩子应有的品格,如勇气等以大字报的方式贴在墙上,有目地培养孩子。"听者的鼓励,给我信心和力量;听者的提问,让我思索和努力,开阔研究的视野。我现在能够用电脑进行写作、编辑文稿、制作课件(演示文稿),这都是学习的结果。"人应该有广泛的兴趣,生活才充实。"此话真的不假,我深有体会。

　　与旅游为伴,这是现代人生活不可缺少的。常到附近的山山水水走走,投入大自然的怀抱中,蓝天、白云、流水、绿树、小草、花香,驱散一切烦恼,怡然自得,那是多么惬意的事。如果经济许可,到全国各地旅游,欣赏祖国的大好河山,壮丽风光;再远一点,跨出国门,到世界各地,领略异国风情,那是神仙的生活。一家大大小小一起游览,扶老携幼,互相帮助,增进亲情,促进家庭的和谐。同学、好友一起游览,或者几个家庭结伴同行,增进了解,加强友谊,欢声笑语,其乐无穷。

　　……

有"伴"才开心快乐,开心快乐才健康。

健康无价,健康是财富,健康是目标。

朋友们,来吧,为健康而努力,为健康而喝彩!

2007 年 8 月

第七章 公益之歌

公益，让社会更加和谐[①]

我们是一群志愿者，一群家庭教育志愿者。

家庭教育是一项利己、利他、利社会的事业。我们热爱这一事业，愿意为它付出我们的热情和智慧。

汕头市公益基金会是一个很有个性很有特色的公益组织，多年来，我们的工作得到汕头市公益基金会的大力支持和鼓励。如果说我们在家庭教育这一事业上有点成就、有点作为，那么，汕头市公益基金会功不可没。从《当今家庭教育》办刊七年到《孩子与家庭》创办一年，从《家庭教育那些事儿》的策划出版到该书的首发式，汕头市公益基金会始终给予极大的关注与支持。

汕头市公益基金会在张泽华会长的领导下，提出和践行"大公益"的活动，受到社会各界的高度关注和好评。关注青少年健康成长，着力打造"关爱困境儿童的'汕头模式'"和"汕头百名小发明家培养计划"两大公益活动，是汕头市公益基金会两大特色品牌。汕头市公益基金会举办的寻找"汕头最美的人"活动和三次举办中国著名作家到汕头采风活动都体现出传播文化公益的正能量；汕头市公益基金会开展的扶贫助学、助孤济残、重病救援、情暖夕阳这些涵盖教育公益、卫生公益、社会公益等"八大公益行动"，极大地提升了城市的文明水平。

张泽华会长是一位充满创造精神的领导者，也是一位出色的作家。由张泽华制片、郑俊钦策划的《潮英荟萃》系列口述纪录片，把社会各界精英，如麦贤得、姚璇秋、杨方笙等名人用现代媒体展示出来，传递了社会正能量。"未来发展在科技，未来发展在创新，未来发展在青少年。"张泽华会长的公益观念温暖着青少年的心。

过去一年，《孩子与家庭》按计划出版了五期，刊发了几十篇家长的文稿。稿件来自北京、上海、广州、深圳、海口、汕头、潮州、揭阳等全国各地，还有海外的华人以及大学生、留学生等，内容涉及家庭教育方方面面。大量孩子的作品，从小学二年级到初中、高中各个年级，从课内到课外，从校内到校外，全方位展示了孩子的生活和风采。孩子作品末尾"爸爸妈妈的话"，有效促进了父母与子女的沟通和亲情的培育，对孩子的成长、家庭的和谐起着潜移默化的作用。为了孩子的一件作品，父母与子女互相切磋、互相学习，这是网络时代新型的亲子关系，它必将给成长中的孩子产生重大而深远的影响。

新的一年，我们满怀激情，积极筹划，进一步办好刊物：拟将《孩子与家庭》办成双月刊，并扩大容量，扩大发行量；调整充实编辑部力量，更好调动各方面的积极性；努力扩大稿源，聘请特约记者，每期拟设置两个专辑；加强与汕头市公益基金会、汕头市家庭教育协会等有关方面的联系、合作；出版《孩子与家庭》2016年合订本……

我们相信，在汕头市公益基金会大力支持下，经过全体编委的努力，《孩子与家庭》这一公益刊物必将办得更有个性、有特色，必将让更多的孩子受益，让更多的家长受益！

公益，让孩子更美丽，社会更和谐！

2017 年 1 月 17 日

①本文为作者带领《孩子与家庭》全体编委访问汕头市公益基金会之际而作。

成长心连心

2004年8月29日,彩塘镇政府二楼宽敞的大厅。

大厅里挂满五颜六色的气球和彩带,让人感到温馨、快乐……

"成长心连心,关爱情与情""伸出你的手,献出你的爱,世界将精彩无限""关爱无界限,真情满人间"等巨幅标语不时映入眼帘……

300人手拉手围成一个大圆,随着优美的旋律,踏着欢快的舞步,尽情地跳着、玩着、谈着……

这是一场由广州越界服饰有限公司董事长陈培藩领头、由来自全国各地几十名企业家所组成的团队开展的奉献于家庭教育的公益活动。整个活动由陈培藩策划,经与校方多场座谈后,志愿者们直接联系到每个学生和学生的家长。

参加活动的有来自陈培藩的母校——潮州市彩塘中学的100名高中学生、100名与学生对应的家长、60名学生的老师和40名志愿者,共计300人。他们分别穿着用不同颜色以区别不同身份的统一上衣,胸卡上写着各自的姓名,大家不分彼此,欢快地参加各项体验式的活动。

活动的目的是增强学生、家长、老师之间的沟通、互信和关怀,促进三者关系的和谐。参与者通过一系列不同形式的活动,在体验中学习优质的沟通、信任、支持和欣赏。参加者在不知不觉中提升了自我素质,为未来优质的生活开创美好前景,为培育新一代开创一个更有效、更实在的成长环境。

活动从上午9时开始,至下午5时结束。我作为特邀嘉宾——当年的校长,参加这一活动,特别兴奋。我置身于轻松愉悦的环境里,有一种特别自信、特别快乐的感觉。参加活动的每一位学生、每一位家长、每一位教师、每一位志愿者都有类似的感觉。一整天的活动结束了，我仍沉浸在愉悦兴奋之中。是什么力量使每个学生都争着上台说话，说出内心最深处从来未对父母、对老师说过的话？是什么力量使家长乐此不疲地参加这场活动？是什么力量使老师放弃休息时间为学生而付出？是什么力量使这些年轻的企业家从全国各地汇聚在一起，愿意花钱花时间为孩子、为教育而辛劳呢？是爱心，是心与心的沟通、心灵与心灵的碰撞；是环境，充满温馨、快乐的环境；是形式，不分彼此，大家都平等相待的形式。

我的心灵受到震撼：我们的学校教育该怎样改革？我们的家庭教育该怎么进行？无疑，从"成长心连心"的活动中得到的启迪是深刻的具体的。

陈培藩告诉我，他参加了一个企业家高层培训，培训结束后，主办方要求学员以此种形式回报社会。他是通过演讲才在众多的竞争者中争到这个主办权的。笔者在广州访问了陈培藩，并参观了他的企业——位于广州市天河区黄埔大道西陶育路72-78号暨南花园2栋4楼的广州越界服饰有限公司。几年过去了，他的企业发生了突飞猛进的变化，现在已拥有四家公司，有一支颇引人注目的开发、设计、营销、管理的团队和一流的生产线；广州越界服饰有限公司"KONZEN自由空间"品牌于2009年度荣获"中国休闲最具影响力品牌奖"。谈话中问及他的孩子的情况，他可来劲啦！他滔滔不绝地谈到德国著名教育家卡尔·H.G.威特的教育，谈到我国早教之父、武汉大学冯德全教授的教育。这两位教育家都是我比较熟悉的，谈起来特别投机。当他接过我们办的杂志《当今家庭教育》时，他的高兴溢于言表。我说演讲是免费的，《当今家庭教育》杂志是免费赠阅的，他连连称赞我们的爱心。当知道我们缺乏资金时，他立即表示愿意赞助，并很快将款项汇到指定的账户上。

两个小时的座谈很快就过去，陈培藩说第二天要带一位早教教师到杭州去指导他的朋友，并要求我们的《当今家庭教育》出版后给他100本。我说没问题，要多少给多少。从和陈培藩的谈话中，我深深感受到年轻父母对现代家庭教育的渴望。

  成长心连心，关爱情与情。

  衷心祝愿陈培藩的孩子健康成长，祝愿他的事业蒸蒸日上！愿100本《当今家庭教育》产生出1000本、10000本乃至更大的效应，让更多的家长、更多的家庭、更多的企业受益！

2010 年 8 月 29 日

第七章 公益之歌

把爱带给孩子的人

一个秋日下午，我应约走进广东中民元亨科技有限公司董事长蔡淡妆女士的办公室。今年8月，中民元亨科技有限公司获得国家高新技术企业的认证，成为央企中国诚通的一员，她在"诚信、务实、开放、创新"的企业文化上书写着"母亲、创业者、投资者"的多姿多彩人生。

蔡淡妆1987年于暨南大学计算机应用专业本科毕业，1993年暨南大学特区经济管理研究生毕业。大学毕业后，进入汕头超声印制板公司，后创立杰思公司、广东中民福彩有限公司、汕头中海房地产有限公司……

"对一个新的行业，应有快速的学习能力。"蔡淡妆就具有这样的学习能力，因此，她的事业不断创新，日新月异。她是汕头市科技带头人，三次获汕头市科技进步成果奖，2017年获都市魅力女性第一名，专题片《遇见她》记录了她的人生感悟。作为魅力女性，她和丈夫约定："不要把工作的烦恼带到家里，家是孩子成长的摇篮。"

蔡淡妆言传身教，为女儿邱齐蓝的成长营造了一个"最温暖最甜蜜"的家。在父母的熏陶下，女儿茁壮成长：品学兼优，任班长、英语科代表及学生会副主席；成绩优秀，名列前茅；兴趣广泛，曾获得校内外现场书画比赛多个奖项；钢琴通过英皇八级；曾多次在《孩子与家庭》杂志上发表文章；在第14届中小学生IEEA广东省级展评中荣获个人单项二等奖及最佳主持人奖；获奥地利2018年"国际青少年艺术节"钢琴总决赛三等奖；获2019法国莱克莱多国际音乐大赛中国区决赛钢琴银奖。

女儿爱好诵读诗歌、写作诗歌，这是诗人爸爸熏陶的结果；女儿在学习中坚韧不拔，不断挑战自我，在班级管理中，敢于管理，善于管理，敢作敢为，从这些品德和能力，依稀可以看到企业家妈妈的影子。"海阔天空，任你翱翔"，这是蔡淡妆给女儿的寄语。我们相信，蔡淡妆把科学的爱带给女儿，女儿正遵循着她信仰的"坚持就是最好的阶梯"的座右铭，一步一步攀登，一定会到达胜利的彼岸。

"心念学子，情系母校"，这是蔡淡妆当年就读的母校潮州市彩塘中学（潮安二中）送给她的牌匾。从2015年开始，连续四年，她给母校高一级品学兼优的学生和经济困难的学生出资助学，每年5万元，资助30位学生。每次助学，不论工作多忙，她都亲临现场，给孩子们送去祝福。2017年有一个女孩因双腿残疾不能上台领取助学金，蔡淡妆便亲自走到她座位边，将助学金发给她，女孩激动得流下热泪。蔡淡妆的行动温暖着她的心，温暖着无数学子的心……蔡淡妆爱孩子的义举影响着母校师生：教师精心教学，学生专心学习。2018年，蔡淡妆资助的第一届学生参加高考，受资助的30名学生个个取得优秀的成绩，全校高考获得重大突破。

四年来，蔡淡妆一人助学，影响了很多人。在她的带动下，2019年潮安二中汕头校友共有133人捐资助学，形成良好的助学公益循环。我参加了今年的助学活动，深切感受到蔡淡妆播下爱的种子对社会的强烈影响。拳拳校友心，殷殷护航情。蔡淡妆的壮举滋润着潮安二中校友们的心，滋润着母校师生的心！

蔡淡妆深知从小培养孩子的科学素养的重要性。她闻知汕头市公益基金会发起的邀请中科院老科学家走进汕头校园的活动，便积极参与其中，每次赞助15万元，两次共30万元。每次开幕式她都参加，以自身的科技成就感染孩子们。她还积极参加汕头培养"百名小科学家"活动，为科技幼苗的成长而出钱出力……

蔡淡妆全力赞助我的著作《叩开孩子心扉的艺术：谈家庭教育那些事》的出版，积极参加在汕头市图书馆举行的该书首发式，并发表了热情洋溢的讲话，表达她对家庭教育的深厚情怀。她还出席了由潮安二中汕头校友会主持的、我在汕头金海湾大酒店举行的家庭教育公益讲座，在大会上她以自己的亲身体会谈感受，感恩我的演讲，感恩我为她女儿邱齐蓝小学作

文集《少女花语》作序，号召大家为家庭教育、为孩子的健康快乐成长而努力。

走进广东中民元亨科技有限公司的会议室，"上善若水"的横幅迎着四方来客。"上善若水"，这是蔡淡妆的座右铭。她的性格像水，柔软随和，滋润着她的员工，滋润着无数孩子的心田！

2019 年 10 月

心系公益的"格林教育"

2020年1月2日下午,我在汕头家里和太太接待了一群来自不同国家不同地区不同专业的清华大学"格林教育"团队同学①。上午他们访问了汕头华侨经济文化试验区,主题是了解如何吸纳和培养创新型人才,而访问我则是专门探讨家庭教育问题。他们告诉我们一个好消息:"格林教育"在2019年"昆山杯"清华大学创业大赛中荣获"公益创业组"金奖②。这是一个了不起的奖项,我为他们的团结协作、开拓创新、勇于奉献的精神所感动。

广东"格林教育"成立于2017年③。"格林教育"的宗旨是:激发孩子对世界探索的好奇心,启迪积极良善的心灵,促进孩子全面发展。格林教育认为,所有儿童都应受到优质、创新、与时俱进的教育。

"格林教育"组织海内外高校优秀学生,通过寒暑假线下夏令营、亲子营和长期线上教育,推广STEM教育④和自然教育⑤,重点培养城乡二至五年级小学生。他们通过形式多样的活动来提高孩子们的学习能力、创新能力、沟通能力、团队合作能力、独立性思维能力等,促进城乡儿童的成长。与此同时,"格林教育"通过不断的实验实践,促使自我造血,助力中国乡镇STEM教育发展,成为具有代表性的中国青年教育公益组织。

目前,"格林教育"的团队均为兼职人员,分为国内团队和海外团队,设有四个部门,通过线上协作,每个月有一至两次全体会议,每个部门根据实际情况,自行安排活动的时间和内容。核心统筹部门均在中国,海外主要负责海外品牌宣传和创新课程研发。

2019年5月初,"格林教育"走进清华大学x-lab(清华大学创意创新创业教育平台);6月初,参加清华大学第21届创业大赛/公益创业组,初赛评级 A；7月，走进汕头图书馆、金平区图书馆、饶平县图书馆、潮安区图书馆等，完成对潮汕儿童阅读能力、阅读水平和阅读习惯的社会学调查，同时，为 2020 年暑期夏令营的课程规划做准备；8月，与清华大学学生教育扶贫公益协会和清华大学基础工业训练中心合作完成首期全 STEAM© 科技夏令营，服务 350 位福建当地小学生，线上线下共有来自海内外 28 位志愿者参加；9月，参与 9·9 腾讯公益平台，为 2020 年项目完成公众筹款共 21000 元；12月，寒假实践组走入当地，与基金会、福利院及爱心企业面对面谈话，深入了解当地爱心企业、公共福利政策落实到弱势群体的情况。

"格林教育"的发起人和组织者是美国东北大学华人学生洪曼婷，她作为交流生在清华大学学习的是社会教育学等课程。2012 年，洪曼婷在广州初中毕业，在父母的支持下，独自一人勇敢地闯到美国读高中，其时她 14 岁。在美国没有任何亲戚朋友帮助的情况下，她克服了语言、饮食、作息、气候、礼仪以及环境变化带来的诸多困难，很快便适应了那里的生活，融入了新的学习环境。洪曼婷是一个勇敢的女孩，一个迫切渴求知识的女孩。目前她就读于美国东北大学商学院四年级（2016—2021）双学位社会创新和信息系统管理，辅修心理学。在校期间学过全球社会企业、数据挖掘、国际商业与全球社会责任、人格心理学、社会心理学、教育社会学、认知心理学、发展心理学、数据可视化等课程。

洪曼婷敢想敢干，勇于实践。大一交换到加拿大麦吉尔大学（McGill University）商学院，学习宏观经济学、商业统计学，主要研究英法裔社会融洽度、蒙特利尔多元文化历史及对其社会影响力等。大二暑期交换到本·古里安大学（Ben-Gurion University of the Negev），学习以色列创新精神及企业家精神、国际创新与创新咨询等。大三上学期实习于波士顿咨询公司（Boston Consulting Group）人力资源部门做员工培训工作，主要协助完善新员工入职培训计划、慕尼黑领导力培训峰会、研究及评估线上培训系统内容质量和评估方式等。大三下学期交换到中国清华大学经管学院，学习社会教育学、人格心理学、创业管理、非营利组织管理、生产经营管理。

在校期间，参与清华大学教育扶贫公益协会、清华大学创客空间、斯里兰卡孤儿图书馆设计与建造实践。

洪曼婷学习非常认真、非常刻苦、非常优秀，创新精神尤为突出。2018年获院长荣誉榜学生（Dean's List）。2018年4月底，"格林教育"案例写入美国东北大学基础市场营销课教材，这是对"格林教育"公益活动极大的肯定与褒扬。2019年获美国东北大学总统奖学金（Northeastern Presidential Scholarship）。2019年年末获清华大学创新创业大赛"公益创业组"金奖。

学习之余，洪曼婷非常关注公益，其原因和动力来自她的父亲。洪曼婷到美国前后曾三次跟随父亲到清远参加扶贫助学活动。她目睹中国乡村还有那么多贫困的孩子，尤其是那些孤儿和单亲家庭的孩子，生活环境那么差，他们多么需要人们的关心，于是萌发了做公益助学的念头。

从2014年开始，洪曼婷还在美国读高中的时候，便与好友郑张敏一同创立格林学堂，开始关注中国乡村教育发展议题。一群不到18岁的热血少年，抱着"为中华之崛起"的冲劲，在美国高中学校进行宣传发动，招募同伴。他们通过线上线下请教老师教育的技巧，历经两个半月，调查研究、设计方案、对话乡村小学。7月终于在浙江省杭州市富阳市举行了三期暑期夏令营，让孩子们度过了一个快乐且有意义的暑假。自此，格林学堂到"格林教育"，每年暑假都不断举行夏令营，至2019年7月，在福建省邵武市举办了第16期暑期夏令营。这一期夏令营的主题是"科技时代下我与社会"。课后，他们收到了一封来自一个四年级女孩的信，信里面是一幅美丽而又令人心碎的图画：画的上方题了一行秀美的字——"爸爸妈妈多陪陪我吧"，画面中有三个人，中间坐着一位表情呆滞的小女孩，两侧坐着聚精会神看着手机的爸爸妈妈。看着这幅《爸爸妈妈多陪陪我吧》的画，志愿者们有说不出的心疼。女孩的父母则深表歉意，决心要切实改善亲子关系。

六年间，"格林教育"在中国的浙江、广东、河南、福建四省的七所小学举行了16期夏令营，受益的小学生1867人次，参与的志愿者182人次。有的小学去了多次，像万事镇中心小学去了四次，东凤镇龙甲小学、邵武市实验小学去了三次。六年,不寻常的六年!格林人的足迹遍布祖国大江南北,城市与乡村,成为中国城乡教育改革一个亮点,让当地教师学到全新的教育思想和教育模式,给孩子们带来无限的快乐,有效促进了他们的健康成长。

与此同时,"格林教育"团队也不断发展。2017年1月,在美国东北大学成立分部,负责校级合作、公益品牌推广、公益活动宣传等;10月,在波士顿大学及密西根大学进行推广活动;12月,入驻东北大学创业加速器,关注海外品牌宣传。2018年2月,在波士顿大学成立分部,负责校级合作、公益品牌推广、活动宣传等;4月,在密歇根大学成立分部,负责学术研发和IT平台搭建……

六年的学习实践,个人身份的角色转换,洪曼婷仿佛一下子从学生被推到了领导者、管理者的位置,她疑惑、踌躇、担心:作为孩子们眼中的哥哥姐姐,我们是否做得够好?孩子们面临的校园霸凌、家庭的问题、成长的困惑,我们能帮助多少?就组织内部而言,怎样筹款才能让有爱心的小伙伴们能前往上万公里外的乡村开展公益活动?怎样让更多志同道合的同学加入我们的队伍,共筑美好未来?团队每个人学业压力与公益行动之间如何平衡?由于团队成员分散,每个转折点都需要组织者一个一个去解决,所有这些,恰恰锻炼了洪曼婷的组织能力、协调能力和克服困难的信心和毅力。她感觉:"这六年,已经分不清是格林带动了我的学业,还是学业促进了格林。从稚嫩的高中生到大学生一路走来,'格林'这两个字,已成了一种精神和文化烙印在我心中。"

洪曼婷善于学习,善于变革,在以色列为期半个月的教育考察中,她深深认识到,以色列非常神奇的教育生态系统培养出了世界一流的科技开发人才,成为目前最强的科技创新大国,其原因是从小就注重培养自主独立思维,勇于挑战权威和忠于真理。洪曼婷表示,未来将在继续做好乡土课程的同时,号召更多的高校青年携手品牌企业共筑公益事业,"格林教育"必将成为中国海外青年公益教育品牌。

当我连线采访距我一万公里外位于美国东北大学的洪曼婷,她正忙着备考研究生,专攻教育政策或早期儿童教育方向,同时,她又念念不忘"格林教育"。我们相信,具有国际视野、多学科背景的洪曼婷,将秉承广东"格林教育"的宗旨,借鉴以色列人的创新思维,以新的姿态、新的步伐,开创"格林教育"的新局面。

我们相信,心系公益的"格林教育"团队,必将为祖国、为世界的创新教育、为人类壮丽的公益事业作出自己更大的独特的贡献!

①清华大学"格林教育"团队由六位来自不同国家不同地区不同专业学生组成,他们是:美国东北大学交流生洪曼婷、英国曼彻斯特大学、台湾大兴大学的交流生和三位分别来自北京、武汉、揭阳的清华学生组成。

②在共青团清华大学委员会、清华大学学生创业协会举办的2019年"昆山杯"清华大学创业大赛中,清华大学"格林教育"团队获"公益创业组"金奖,12月13日获颁荣誉证书。

③广东"格林教育"成立于2017年,而2014年7月创立的格林学堂便开始从事支教的公益活动,至2019年"格林教育"志愿者到过中国四个省,举行了16期夏令营,具体见下表:

"格林教育"团队支教一览表

年份	所在省市	期数	学校名称	学生人数	志愿者人数
2014	浙江省杭州市	第1期	万事镇中心小学	48	20
		第2期	洞桥镇中心小学		
		第3期	白鸟镇中心小学	88	
2015	浙江省杭州市	第4期	万事镇中心小学	120	26
		第5期	洞桥镇中心小学	40	
	广东省潮州市	第6期	东凤镇龙甲小学	136	9

续表

年份	所在省市	期数	学校名称	学生人数	志愿者人数
2016	浙江省杭州市	第7～8期	万事镇中心小学	120	11
	广东省潮州市	第9期	东凤镇龙甲小学	110	27
		第10期	意溪镇小学	166	
2017	福建省南平市	第11期	邵武市实验小学	150	12
	浙江省杭州市	第12期	万事镇中心小学	59	12
	广东省潮州市	第13期	东凤镇龙甲小学	110	10
	河南省洛阳市	第14期	石庙镇中心小学	120	10
2018	福建省南平市	第15期	邵武市实验小学	250	17
2019	福建省南平市	第16期	邵武市实验小学	350	28

④STEM是科学（science）、技术（technology）、工程（engineering）、数学（mathematics）四门学科英文首字母的缩写。其中，科学在于认识世界、解释自然界的客观规律；技术和工程是在尊重自然规律的基础上改造世界、实现与自然界的和谐共处、解决社会发展过程中遇到的难题，数学则作为技术与工程学科的基础工具。STEM教育是以科学、技术、工程、数学的综合类型的教育，结合孩子在这个阶段中对自然探索的好奇心和创造力，以项目制学习让孩子提高跨学科学习能力、沟通能力、解决问题能力、团队合作能力等。

⑤自然教育是以自然环境为背景，利用科学有效的方法，使儿童融入大自然，通过系统的手段，实现儿童对自然信息的有效采集、整理、编织的教育过程。从教育形式上说，自然教育是以自然为师的教育形式，实现儿童与自然的有效联结，从而维护儿童智慧成长、身心健康发展。

⑥STEAM是science、technology、engineering、arts以及mathematics五个单词的首字母缩写，意在提倡用跨学科的方法教授科学、技术、工程、艺术和数学方面的知识，引导学生适应不断更新的专业知识和快速变化的社会生活。STEAM教育的理念可以概括为：以数学为基础，通过工程和艺术来解读科学和技术。STEAM教育支持学生以学科整合的方式认识世界，以综合创新的形式改造世界，培养他们解决问题的创新能力。

STEAM 教育就是在原有的 STEM 教育的基础上，加上"艺术"，包含较广泛的人文艺术科目，涵盖社会研究（social studies）、语言（language）、形体（physical）、音乐（musical）、美学（fine arts）和表演（performing）等。

2020 年 2 月 8 日元宵节初稿
2020 年 2 月 16 日第二稿
2020 年 3 月 1 日第三稿
于广东汕头碧霞庄

第七章 公益之歌

一个有梦想的创业者

蔡植龙，一个汕头网民耳熟能详的名字，e京网（汕头第一网）的创始人，汕头市易讯网络有限公司总经理。

在一次团市委召开的座谈会上我认识了青年企业家蔡植龙。双方交换了名片后便聊起来，聊网络，聊家庭教育……

今年5月26日，我们在汕头电信大厦重逢，当时我们都作为嘉宾应邀参加汕头龅牙兔情商乐园举办的一次大型心理学活动。我俩坐在前排中间位置。会前，我赠送最近两期《当今家庭教育》杂志给他，很自然地切磋起家庭教育的事情，他再次提到关于《当今家庭教育》的电子版问题。蔡植龙的热情和主动，让我感慨。随后，我应邀到位于汕头市高新区科技东路超声科技大厦易讯网络有限公司总部访问了他。

汕头市易讯网络有限公司成立于2000年，是潮汕地区龙头互联网公司。十多年来一直致力于互联网信息技术开发与运营，旨在推动互联网信息交流与共享，提升企业对互联网的应用，促进电子商务的发展。

本着"全力创造客户价值"的理念，以"让生活更美好"为使命，易讯网络所创建的e京网作为粤东最大的互联网门户网站，为众多网络用户提供资讯、社区、商务、公益等综合应用，不断引领全新的网络化生活。作为粤东地区最具实力的网络解决方案提供商和服务运营商之一，易讯网络凭借优秀的人才队伍、显著的技术优势、先进规范的管理模式、诚挚执着的服务理念，为企业与个人提供全方位优质的互联网服务。目前，易讯已拥有超过2500家客户，遍及政府机关、电信运营商、金融、房地产、教育、电力、供水、旅游、工商贸等众多领域与产业；拥有接近100万注册会员，月访问量接近8000万人次，每月均有来自全球超过150个国家及地区的用户访问e京网，成为海内外潮人了解潮汕的最重要窗口。e京网的成功运营，彰显了易讯网络强大的技术开发能力以及超群的策划运营能力。

蔡植龙就读于南京邮电学院（今南京邮电大学）图像传输与处理专业，毕业后到汕头电信局工作。在他工作十分出色的时候，他做了一个艰难的选择——辞去有着令人羡慕的高薪、稳定的职业和可预期的发展空间的工作，全力打造e京网。

蔡植龙是一个热心公益的人，他说，现在依托于e京网的义工和慈善组织，有"蓝天义工""韩水人家""澄海爱心义工社"等。e京网很乐意能够为这些民间慈善组织提供平台及其他协助。与此同时，他们也直接参与慈善活动，2005年，"e京网携手助学基金"正式设立，并举办了一次现场义卖活动，目前，继续通过募集商品进行慈善拍卖的形式筹集善款，并与各中小学的团支部合作，帮助一些贫困的中小学生，至今已经帮助了300多个孩子。

他说："目前我们所处的社会还有一些不太理想的地方，有很多人需要帮助，如果我们每个人在做好自己事情的同时，也能从整个社会的角度考虑，担负起一点点责任，有余力的时候做一些对社会有益的事情，那么，这个社会的发展就会更好。对于我个人来说，从大学到参加工作到创办e京网，一直以来我都乐意做一点好事，为公益事业出一份力。"

公益事业涵盖很多方面，传播家庭教育先进理念，让孩子受益，这是对人最大的帮助，是对幸福家庭最好的解读。基于这样的认识，蔡植龙决定无偿给《当今家庭教育》提供网络支持，让《当今家庭教育》这本优秀期刊在更大范围内传播，共创网络信息时代的美好明天！

2013年5月28日

热心家庭教育的 G

四年前，2006 年 4 月，我正在编辑一本关于家庭教育方面的书，经常拿材料到 G 的公司录入，渐渐地，我认识了 G 夫妇。

他们有一对阳光的女儿，现在分别就读于飞厦中学和金园实验中学。去年暑假，G 在繁忙的工作中，专门挤出时间带女儿到位于南宾路的汕头市游泳馆学游泳，今年暑假又带女儿到上海看世博会。打从女儿读小学起，他们就经常陪伴女儿逛书店，到市图书馆阅览、借书。午餐两个女儿在公司吃，早晚两餐在家吃。不论在家里还是在公司，女儿都有良好的作息习惯，阅读、复习、作业、文体活动安排得恰到好处。孝敬老人、尊敬父母、做家务活是女儿的职责。

2008 年年底我们成立了家庭教育讲师团，拟出版家庭教育刊物，G 知道我们缺乏经费，便无偿支持印刷家庭教育的封面，用 A4 纸两种颜色印制，可供一年出版之用。我们为节约开支，也为了赶时间，第一期是在别处用速印的办法印制的，只有 30 页，印了 600 份，装订也比较简单。大家见到第一期都很高兴，因为凡事开头难，有了第一期，就会有第二期、第三期……G 看后也很高兴，并对我说，第二期就到他们公司复印吧，结果第二期增加到 40 页，印了 900 份，并加了勒口，比起第一期精美得多。G 的公司还为我们免费录入文稿，随到随录，提供各种方便。为了将刊物办得更好，在 G 的建议下，从第三期开始改在印刷厂印刷，封面封底用 A3 铜版纸彩色印制，正文增加到 48 页，印了 1000 份。第四期印了 1200 份，现在已出版到第六期。

《当今家庭教育》越办越好，深受读者欢迎。区民政局一位老局长家里有不少杂志，她说，唯有《当今家庭教育》杂志最有看头，每期必详细阅读。《当今家庭教育》能够发展到今天，离不开G夫妇的支持。在《当今家庭教育》第二期上，刊登了G的妻子Z女士撰写的《一份耕耘，一份收获》一文，介绍他们的家庭教育经验。G现在到上海发展，Z则继续在汕头经营他们的中港文具公司。G经常从上海打来电话，询问《当今家庭教育》的出版情况，并敦促业务人员要认真协助我们将刊物办好。

G为何如此热心家庭教育、热心公益事业？在他的人生经历中，他曾得了一场病，是一位热心的老医师给予精心的治疗，为此，他非常敬重老辈，敬重有学识、品德高尚的人。他说，为社会做点力所能及的好事，是他的本分。他曾应邀参加了《当今家庭教育》第三期出版座谈会。与会者拿着印刷精美、图文并茂的刊物，爱不释手，充分表露出对G、对所有支持者的敬意。欣然莅会的G则以朴实的语言表达了对家庭教育的关心和支持。

G为人总是那么热情，那么谦逊！他说，他经营的是一个小企业，今后如有发展，他会给予家庭教育以更大的支持。

我们祝愿G的女儿茁壮成长，祝愿他的家庭和谐吉祥，事业兴旺发达！

2010年7月7日

第八章 刊物之歌

积极探索网络环境下的家庭教育[①]

《当今家庭教育》[①]在广大群众喜迎 2009 年元旦的日子里与读者见面了。《当今家庭教育》是一个由汕头市金平区关心下一代家庭教育讲师团、汕头市金平区教育局关心下一代工作委员会联合创办的刊物,接受金平区关心下一代工作委员会、金平区教育局、金平区妇女联合会和共青团金平区委员会的指导。

家庭教育是学校教育和社会教育的基础,正如我国著名的家庭教育专家陈鹤琴所说,"知识之丰富与否,思想之发展与否,良好习惯之养成与否,家庭教育实应负完全的责任"。《当今家庭教育》旨在交流各学校、幼儿园、社区开展家庭教育的做法和经验,互帮互学,努力提高教育的效益;旨在促进学校与家长、社区的联系,促进学校教育与家庭教育、社区教育的更加紧密结合;旨在传播先进的家庭教育思想,使广大家长掌握教育子女的正确方法,促进未成年人的健康成长、社会的稳定和谐。

当今的时代是网络时代。当今的家庭教育是网络时代的家庭教育。互联网的出现使传统的家庭教育受到有史以来最大的冲击,为现代的家庭教育提出了一系列新的极具挑战性的问题。《当今家庭教育》将通过广大家庭教育工作者、广大老师和家长的共同努力,积极探索新时期家庭教育的新做法、新路子,并与传统的经验有机结合,成为学校教育的帮手,成为社区教育的助手,成为广大学生家长的良师益友。

办好家长学校,这是各类学校、幼儿园责无旁贷的任务。《当今家庭教育》将成为各学校、幼儿园交流家长学校办学的一个阵地。欢迎各学校、幼儿园踊跃来稿,交流经验,切实将家长学校办好、办活、办出更大的效益。希望子女成为社会有用之才,这是广大学生家长的共同心愿。欢迎广大学生家长投稿，交流教子育儿的经验，让为人父母者从中分享育人成果，促进自己孩子健康成长。

《当今家庭教育》暂不定期出版，欢迎热心单位协作，欢迎有识之士当责任编辑。

《当今家庭教育》是一棵幼苗，我们热切希望得到广大学生家长、中小学校、幼儿园的领导和老师、社会各界的积极扶持和热情帮助，使它茁壮成长，成为一棵参天大树。

2008 年 12 月 25 日

①此文是作者为2009年创刊的《当今家庭教育》杂志写的创刊词。其时，作者任汕头市金平区关心下一代家庭教育讲师团团长、汕头市金平区教育局关心下一代工作委员会执行主任、该刊主编。创刊时刊名叫《家庭教育》，从 2010 年总第 5 期开始改为《当今家庭教育》。

教育始于家庭

——《当今家庭教育》走过七年的路

关注家庭教育，研究家庭教育，推广家庭教育，利己，利他，利社会！

在中国，关注家庭教育的人很多，研究家庭教育的人很少，推广家庭教育的工作很难。七年前，我被任命为金平区关心下一代家庭教育讲师团团长。当时我想，单纯讲学还不够，如果有一个刊物，加以书面宣传，效果会更好。于是，由我策划、主编的《当今家庭教育》杂志诞生了！《当今家庭教育》的编辑团队是一群家庭教育的关注者、研究者、推广者，凭着一种责任、一腔热情、一股韧劲，在缺乏经费、缺乏经验，没有场地、没有设备的情况下，白手起家，创办了这个备受读者喜爱、社会关注的刊物。

七年间，《当今家庭教育》共出版了28期，刊发了近千篇稿件，其中不乏优秀作品，《家庭教育那些事儿》一书的出版就是证明。七年的路，不平凡的路；七年的历程，艰辛的历程；七年的收获，累累的硕果。"主流、科学、清新、朴实、实用"，中国著名家庭教育专家赵忠心教授的评价鼓舞着编者与广大的读者、作者。

2011年9月14日，广东省关工委副主任陈坚同志带队到我区调研，陈主任对我局关工委工作给予高度的评价，他说："听了张局长的汇报，我认为金平区教育局关工委定位很好，抓三项工作很到位。家庭教育是教育体系中最重要一环，是学校教育的延伸；朝阳读书活动在于培养孩子的阅读习惯和读书兴趣；心理健康教育是孩子成长不可缺少一环。教育局关工委抓住这三项，把教育的功能放大，进一步提高教育的效果，很好，教育局局长一定很欢迎。"

一、七年的路,不平凡的路

家庭教育是目前中国教育中最薄弱的环节,几乎每一个问题学生背后都有一个问题父母,很多祖辈在教育孙辈上也存在不少困惑,可见家庭教育的重要性。我在《当今家庭教育》的创刊词中提出办刊的宗旨:"家庭教育是学校教育和社会教育的基础,正如我国著名的家庭教育专家陈鹤琴所说,'知识之丰富与否,思想之发展与否,良好习惯之养成与否,家庭教育实应负完全的责任'。《当今家庭教育》旨在交流各学校、幼儿园、社区开展家庭教育的做法和经验,互帮互学,努力提高教育的效益;旨在促进学校与家长、社区的联系,促进学校教育与家庭教育、社区教育的更加紧密结合;旨在传播先进的家庭教育思想,使广大家长掌握教育子女的正确方法,促进未成年人的健康成长、社会的稳定和谐。"七年来,围绕这一宗旨,广泛宣传,我先后写出《积极传播科学家庭教育理念,努力营造未成年人健康成长的良好氛围》《将关爱送给每个家庭》《家庭教育,素质教育一个绕不开的话题》《家庭教育也承载着中国梦》等文论,在全国有关学术会议上交流,为在社会营造未成年人健康成长的良好氛围而疾呼。

2009年12月,我制作的家庭教育课件《更新教育理念,做e时代合格父母》荣获广东省家庭教育课件评比一等奖(全省11个一等奖),为全省的家庭教育作出积极贡献;2010年5月14日,汕头市关工委到我们区召开家庭教育现场会,我应邀为与会者演示该课件的内容,揭示e时代父母教育子女的原则、要求和方法。现场会充分肯定我们的家庭教育工作,并向全市推广我们的经验。广大家长和社会各界对我们的工作给予高度的评价,产生了良好的社会效果,为促进青少年的健康成长起到不可替代的作用。

为了提高稿件的质量,我以《观察·思考·提炼——与家庭教育工作者谈写作》为题,给130多位家庭教育通讯员进行培训,努力提高他们的家教写作水平。我认为:"在互联网时代,祖辈和父辈都失去了经验的优势,他们没有先于孩子取得在网络社会生活、学习、生存的经验。今天,家庭教育的挑战是时代的挑战;为了孩子,为了未来,每个家长、每个教师都应当学习、研究家庭教育;撰写家教文章是提高家教水平的有效途径。"

我潜心研究中外著名教育家的家庭教育思想,在《当今家庭教育》开设"家教名篇"专栏,先后介绍了20多位伟大教育家和20多部家教名著,积极宣传他们的家庭教育思想。七年来,《当今家庭教育》刊发了20多个中学、小学、幼儿园的"家庭教育专辑",涌现了一批认真撰稿的积极分子和一批高质量的稿件。《当今家庭教育》从不同侧面纵论家庭教育的方方面面,给家长、教师、社会各界关心家庭教育的人们以启迪。

《当今家庭教育》每期印刷2000~3000份,免费赠送给区内中小学、幼儿园、政府各部门、各街道和省、市关工委、教育、妇联、共青团等单位以及全国有关学术机构。汕头市教育局黄晖阳局长对省关工委的领导说,《当今家庭教育》杂志他每期必看;区教育局苏纯局长以"图文并茂"给予高度评价;区民政局一位老局长说,她家里有很多杂志,《当今家庭教育》杂志最有看头。中国教育学会家庭教育专业委员会理事长赵忠心教授2011年11月4日给主编发来电邮,他说:"您主持的家庭教育杂志,给人的感觉是主流、科学、清新、朴实、实用,给家庭教育刊物树立了一个榜样,很值得同行学习。"赵忠心教授的评价给我们办好刊物以极大的鼓舞。

为了保障刊物的经费来源,我费尽心思,动员企业、单位和热心者捐资出力,先后有九个企业和单位支持我们办刊。编辑部在资金缺乏、人力不足的条件下,以对孩子、对事业负责的精神,认真组稿、改稿、编辑、排版、校对、印刷、出版发行,做了大量工作。编辑部全体工作人员以传播先进家庭教育理念为宗旨,精益求精,默默无闻地工作着,刊物质量越来越高,印刷越来越精美,成为一份家长和教师喜爱、社会认可的读物,受到人们的热切关注和高度评价。

二、七年的路，培育了孩子、家长的阅读习惯

长期以来，我们将加强阅读、写作与家庭教育密切结合起来，使阅读者不断提高自身的人文素养，更好地指导家庭教育工作。

1997年飞厦中学举行读书节，我应邀为该校教师作题为《读书·求异·创造》的读书报告，从那开始，近20年来，我在全国各地作了300多场演讲，为学生、为教师、为家长奉献了阅读的乐章。2011年9月，我编著的家庭教育专著《爱，让孩子快乐成长——e时代家庭教育真谛》一书由广东人民出版社出版，这是我长期研究家庭教育的学术成果，是朝阳读书活动的丰硕结晶。国际著名的华人科学家、爱尔兰皇家科学院院士、都柏林大学终身教授孙大文读了该书稿后深有体会地说："这部书，科学的评述、积极的建议和典型的案例，给人耳目一新的感觉，回答了许多父母的疑难问题，是网络时代难得一见的父母教育孩子的工具书，值得家长学习、参考和借鉴。"这部书由中国教育学会家庭教育专业委员会向全国读者推荐，对各地的朝阳读书活动，对建设文化强市强省产生了积极的影响，正如广东人民出版社所说的，这是一本教人如何爱孩子的书，适合广大家长阅读！这是一本教人如何爱学生的书，适合广大教师阅读！这是一本教人如何爱自己的书，适合广大青少年阅读！这部书出版后，各地读者给予很高的评价，北京师范大学教授赵忠心说："在当今家庭教育书刊十分混乱的时候，作者推出这样一部好书，给求知若渴的家长提供了精美的精神食粮。我相信，一定会受到年轻父母的欢迎的。"中山大学教授张国培在读了该书后说："这是一本从理论和实践的结合上全面、系统、深入论述家庭教育真谛的优秀书籍。"地方文化学者郑韶南认为，该书具有"通俗性、知识性、可读性、教育性、实用性"的特点。该书深受广大家长欢迎，现已第三次印刷。

2012年3月21日，"《爱，让孩子快乐成长——e时代家庭教育真谛》

学术研讨会"在汕头东厦中学新校区隆重举行。会上,我作了题为《爱·创造·快乐着》的发言,谈该书的主题,阐明在教育中爱、创造与快乐三者的关系。"爱,教育的出发点;爱,必须科学,要懂得方法。爱的结果是创造,没有创造的爱不是真爱。创造,让学生享受快乐;快乐产生无穷的创造力。"快乐应成为孩子的主旋律,优质的家庭教育和学校教育必须让孩子快乐成长,必须使每个孩子都成为身体强健的人、朝气蓬勃的人、幸福快乐的人。

2012年4月27日晚,我应邀到桂花小学作题为《做智慧快乐的小学生》的家庭教育演讲,向广大学生家长讲述了"父母如何做,孩子才有智慧又快乐"的家庭教育理念和方法。演讲会赢得了家长们、老师们的阵阵掌声,更引发了广大家长对自身家庭教育理念和方法的深刻反思和热烈讨论。会后,广大家长踊跃购买《爱,让孩子快乐成长——e时代家庭教育真谛》一书,数量达596本之多,他们排着长龙等待作者题签的场面十分感人。家长纷纷表示,专家的报告如春风细雨,化解了他们内心的多重疑虑,使他们对陪伴孩子成长增强了信心。

我们在《当今家庭教育》设置了"朝阳读书"专栏,经常刊登师生和家长的读书文章,为朝阳读书活动起着促进作用。当我们发现龙眼小学的"亲子同读一本书"的活动这个典型时,便在《当今家庭教育》开辟"龙眼小学亲子同读"专栏,分三期介绍该校家长与子女同读一本书的心得体会,发表了几十位家长的读书感言,推广该校亲子同读的经验。区教育局关工委副主任余德元以陶行知先生"爱满天下"的激情为学生作了多场读书讲座,勉励青少年学生努力读书。东厦中学副校长庄思明以自己的读书带领教师读书,以教师读书带领学生读书,收到良好的读书效果。金园实验中学校长陈利彬经常给学生作读书报告,该校的朝阳读书活动蔚然成风。东厦小学校长黄汉辉的《家长如何管理好孩子的学习》、长厦小学校长郑贵和的《学习型家风漫谈》告诫家长应重视读书,以家长的读书指导孩子读书。朝阳读书活动让广大家长、教师和学生共享读书乐,乐读书的成果。

2014年12月，我主编的《家庭教育那些事儿》一书由暨南大学出版社出版，在全国发行。该书是继《爱，让孩子快乐成长——e时代家庭教育真谛》后又一部家庭教育专著。《家庭教育那些事儿》以先进的教育理论引领，融家庭教育理论与实践于一体，从多角度论述家庭教育的重要性，以及家庭教育的方法和途径。每篇文章都有精当的点评，内容丰富，观点正确，说理充分，富有哲理性和启发性。该书以独特方式向世人呈现了一套全新的多方位的家庭教育方法，出版后受到读者的热烈追捧，现已第三次重印。

2015年1月15日，区关工委在东厦中学举行《家庭教育那些事儿》首发式和家庭教育学术研讨会。会议得到汕头市公益基金会的支持和赞助。汕头市关工委主任钟展南、市公益基金会会长张泽华出席会议并讲话。汕头市教育局副局长谢崇发来《致张能治同志主编的〈家庭教育那些事儿〉一书首发式暨学术研讨会的贺信》。贺信说："尊敬的张能治同志：近年来，由您担任执行主任的金平区教育局关工委，围绕社会主义核心价值观和实现中国梦的主题，大胆探索，锐意创新，以丰富多彩的形式和活动，深入学校，深入家庭，深入学生，关心青少年学生健康成长，关注家庭教育，为建立完善学校、家庭、社会三位一体的教育体系做了大量扎实有效的工作，为把青少年学生培养成为德、智、体、美全面发展的人才发挥了重要作用，很多工作都走在全市的前列，为全市教育系统开展好关心下一代工作积累了许多宝贵的、先进的经验。您主编的《家庭教育那些事儿》，即是这一系列实践和探索的宝贵结晶。"汕头电视台、e京网及多家报纸等新闻媒体到现场采访报道，《特区青年报》记者以《张能治："家庭教育就是我的事儿"》为题进行专题报道，引起良好的社会反响。

读者对《家庭教育那些事儿》给予高度的评价。东北师范大学教授赵刚说："张能治先生潜心研究家庭教育，矢志不渝地推广科学的家庭教育，他主编的《家庭教育那些事儿》这本书，多角度述说家庭教育的重要性、家庭教育的方法和途径。《家庭教育那些事儿》的出版，给家庭教育百花园增添了璀璨夺目的光彩。"广州大学教授骆风称赞道:"张能治先生这本著作可谓家庭教育的大智慧。"广东第二师范学院教授王小棉说:"相信读者能从本书中明'道'而'术'生,借鉴并创造出适合自己孩子的有效的教育方法,帮助自己的孩子健康成长。"溪东小学原校长庄泽清说:"读了此书,我激动,我赞叹——张局长痴情于家庭教育,精心于教育研究,热心于公益事业,他总是坚持不懈,废寝忘食,耕耘不辍,不求回报!"

三、七年的路,办出深度,收获更高社会效益

《当今家庭教育》自 2013 年第 1 期(总第 17 期)起,得到广东现代家庭文明与亲子教育学会的指导。我亲临广州拜会会长骆风教授,探讨合作事宜。骆风教授积极支持,并亲自为刊物撰稿,指导出版工作。

《当今家庭教育》自 2013 年第 2 期(总第 18 期)起,得到汕头市易讯网络有限公司的无私帮助,出版了电子版。蔡植龙总经理以实际行动支持编辑部办好《当今家庭教育》主题网站,让《当今家庭教育》这本优秀期刊在更大范围内传播,共创网络信息时代家庭教育的美好明天。

2014 年,《当今家庭教育》得到汕头市公益基金会的大力支持,无偿赞助出版资金,刊物增加彩页,积极推广公益,推广家庭教育。2014 年第 1 期(总第 21 期)刊登由市公益基金会承办的"汕头最美的人"的相片,托举了文明正能量。刊物以"爱的奉献、爱的呼唤、爱的传递、爱的硕果"为内容,积极推动公益,推动家庭教育的发展。

心理健康教育,是家庭教育不可缺失的一个重要方面。我们在聿怀中学举行了题为"我对心理健康教育的认识和体验"的学术讨论会。这次讨论会主题突出,内容充实,结合学校实际,收到良好效果。区教育局副局长赵耿辉的《家长应如何培养孩子的智力》,从心理学的角度阐述读书的极端重要性,强调家长的读书必将带动子女读书。中学特级教师方仰群运用心理学的原理,及时有效地解开一位问题学生心里的疙瘩,避免了严重后

果的发生。东厦中学初中二年级级长翁坚运用心理学的原理管理年级，取得突出的效果，全年级的教师、学生和家长和谐向上，成为全校学习的榜样。东厦小学是广东省心理健康教育的先进单位，"心育节"主题活动是该校情感教育的品牌。《当今家庭教育》开辟"东厦小学心理健康教育专辑"推广该校的成功经验。

我为聿怀实验学校教师做心理健康辅导。我撰写的心理故事《警察·医生与跳楼者》，以生动的故事和人物对话，给人以启迪：救人需要智慧，需要心理学。《当今家庭教育》杂志专门开辟"心理健康"专栏，先后刊登了30多篇心理健康教育专稿，从不同侧面向读者介绍了心理健康教育的重要性、必要性以及需要掌握的一般原则和方法，推动了本地区心理健康教育的发展。

我的人格魅力和学术成就引起媒体的高度关注。汕头电视台拍摄的电视专题片《投身教育　孜孜耕耘——教育专家张能治访谈》于2012年3月25日在汕头电视台播放，收到良好的教育效果，前沿的家庭教育教育理念得到进一步传播。

研究家庭教育，推广家庭教育，这是教育局关工委的核心任务，也是区教育局关工委的特色。广东省教育厅关工委出版的《夕阳与朝阳——广东省教育系统关工委成立20周年纪念文集》编委会专门向我约稿，刊登了我撰写的《我们是家庭教育的痴心者》一文。该文赢得省教育厅和教育厅关工委领导的赞扬。

七年的路，走得很辛苦，但苦中有乐。我们深知推广科学的家庭教育的意义，因为教育始于家庭，家庭教育实应负完全的责任！

2016年3月22日

我们是家庭教育的奉献者[①]

2009年元旦创刊的《当今家庭教育》走过七年的路,出版了28期,刊发了近千篇稿件,其间不乏优秀的,《家庭教育那些事儿》一书的出版就是证明(该书于2014年12月由暨南大学出版社出版发行)。七年的路,不平凡的路;七年的历程,艰辛的历程;七年的收获,累累的硕果。"主流、科学、清新、朴实、实用",中国著名家庭教育专家赵忠心教授的评价鼓舞着编者、作者与广大的读者。

2011年9月14日,广东省关工委副主任陈坚同志带队到我区调研,陈主任对我局关工委工作给予高度的评价,他说:"听了张局长的汇报,我认为金平区教育局关工委定位很好,抓三项工作很到位。家庭教育是教育体系中最重要一环,是学校教育的延伸;朝阳读书活动在于培养孩子的阅读习惯和读书兴趣;心理健康教育是孩子成长不可缺少一环。教育局关工委抓住这三项,把教育的功能放大,进一步提高教育的效果,很好,教育局局长一定很欢迎。"

关注家庭教育,研究家庭教育,推广家庭教育,利己,利他,利社会!在中国,关注家庭教育的人很多,研究家庭教育的人很少,推广家庭教育的工作很难。我们——一群家庭教育的关注者、研究者、推广者,凭着一种责任、一腔热情、一股韧劲,在缺乏经费、缺乏经验、没有场地、没有设备的情况下,白手起家,创办了这个备受读者喜爱、社会关注的刊物。

七年前,我被任命为金平区关心下一代家庭教育讲师团团长。当时我想,单纯讲学还不够,如果有一个刊物,加以书面宣传,效果会更好。于是,我在着力抓好家庭教育讲师团的同时,就着手编辑出版《家庭教育》这个刊物。这一行动得到区关工委领导的支持:"那就试着办吧!"第1期

30页，只印600本，装帧也比较简单，第2期40页，印900本，第3期48页，印1000本，第4期48页，印了1200本。从第3期开始，封面、封二、封三、封底改用彩色印刷，装帧比第1期漂亮多了。2010年第1期总第5期开始，刊名改用《当今家庭教育》，季刊，每期固定48页（总第28期增至60页），印刷量逐年增加，总第5期印1900本，至近年每期印3000本。发行范围逐步扩大，作者涉及各行各业，读者群很广泛。

为了提高稿件的质量，我以《观察·思考·提炼——与家庭教育工作者谈写作》为题，对130多位家庭教育通讯员进行培训，努力提高他们的家教写作水平。我认为，在互联网时代，祖辈和父辈都失去了经验的优势，他们没有先于孩子取得在网络社会生活、学习、生存的经验。今天，家庭教育的挑战是时代的挑战；为了孩子，为了未来，每位父母、每位教师都应当学习、研究家庭教育；撰写家教文章是提高家教水平的有效途径。

《当今家庭教育》自始至终得到区关工委和区教育局的支持，2010年5月14日，汕头市关工委到我们区召开家庭教育现场会，充分肯定我们的家庭教育工作，并向全市推广我们的经验。广大家长和社会各界对我们的工作给予高度的评价，产生了良好的社会效果，为促进青少年的健康成长起到不可替代的作用。

为了保障刊物的经费来源，我费尽心思，动员企业、单位和热心者，捐资出力，先后有九个企业和单位支持我们办刊，我们永远不会忘记。它们是：汕头市中港文具实业有限公司、广州越界服饰有限公司、汕头市龙通英语语言培训中心、广州胜通贸易有限公司、龅牙兔儿童情商乐园汕头会展园、广东澳利坚建筑五金有限公司、汕头市欧吉雅制衣厂、汕头市易讯网络有限公司、汕头市公益基金会。每期还有学校或幼儿园共同协办。2011年第2期（总第10期）由东厦中学赞助，印了6500本，其中，东厦中学给全校教职工和学生家长人手一本，共5000本。对上述企业、单位、学校和幼儿园的无私奉献、大力支持，我们表示衷心感谢！

《当今家庭教育》自2013年第1期（总第17期）起，得到广东现代家庭文明与亲子教育学会的指导。我亲临广州拜会会长骆风教授，探讨合作事宜。骆风教授积极支持，并亲自为刊物撰稿，指导出版工作。

《当今家庭教育》自 2013 年第 2 期（总第 18 期）起，得到汕头市易讯网络有限公司的无私帮助，出版了电子版。蔡植龙总经理以实际行动支持编辑部办好《当今家庭教育》主题网站，让《当今家庭教育》这本优秀期刊在更大范围内传播，共创网络信息时代家庭教育的美好明天。

2014 年起《当今家庭教育》得到汕头市公益基金会的赞助和张泽华会长等的悉心指导，刊物增加彩页，积极推广公益，推广家庭教育。2014 年第 1 期（总第 21 期）刊登由市公益基金会承办的"汕头最美的人"的相片，刊物以"爱的奉献、爱的呼唤、爱的传递、爱的硕果"为内容，托举了文明正能量。

我潜心研究中外著名教育家的家庭教育思想，在《当今家庭教育》开设"家教名著"专栏，先后介绍了 20 多位伟大教育家和 20 多部家教名著，积极宣传他们的家庭教育思想。七年来，《当今家庭教育》刊发了 20 多个中学、小学、幼儿园的"家庭教育专辑"，涌现了一批认真撰稿的积极分子和一批高质量的稿件。《当今家庭教育》从不同侧面纵论家庭教育的方方面面，给广大家长、教师、社会各界关心家庭教育的人们以启迪。

《当今家庭教育》编辑部是一个团结协作、无私奉献的团队。编委会老中青结合，从最初三人到现在十人之多。他们以对孩子、对事业负责的精神，认真组稿、改稿、编辑、排版、校对、印刷、出版发行，做了大量工作。编辑部全体工作人员以传播先进家庭教育理念为宗旨，精益求精，默默无闻地耕耘着，刊物质量越来越高，印刷越来越精美。七年发行了 70000 多份，免费赠送给有需要的人群，成为一份家长和教师喜爱、社会认可的读物，受到人们的热切关注和高度赞许，有效推动了家庭、学校和社会的家庭教育工作。

为了展示这七年历程，总结经验，以利再战，我们将这 28 期分为四卷合订，出版了以下四卷集合订本。

第一卷，2009 年（总第 1 期～总第 4 期）。

第二卷，2010—2011 年（总第 5 期～总第 12 期）。

第三卷，2012—2013 年（总第 13 期～总第 20 期）。

第四卷，2014—2015 年（总第 21 期～总第 28 期）。

《当今家庭教育》每套四卷，以套为单位，赠送给有关图书馆、关工委、教育局、家庭教育学术机构、赞助单位和编辑部全体编委等。同时出版"合订本·单行本"，将合订本中的"前言""读者心声"及有关彩页等，独立编成一册，让没有合订本的人们能够从单行本中简要了解到《当今家庭教育》的发展历程及其社会影响。

为实现中国梦而研究家庭教育，推广家庭教育，促进未成年人健康快乐成长，这是教育局关工委的核心任务，也是我们区教育局关工委的一大特色。

七年的路，走得很辛苦，但苦中有乐。我们深知推广科学的家庭教育的意义，我们是不知疲倦的家庭教育奉献者！

2016 年 3 月

①此文是作者为杂志《当今家庭教育》2009—2015 年合订本（4 卷集）撰写的前言。

少年是无可估量的[①]

家庭是孩子成长的乐园，孩子是幸福家庭的希望。

如何将家庭变成孩子的乐园？父母需要学习，需要研究，需要担当其培养孩子的重责。父母在鼓励孩子学习好学校里课程的同时，要善于引导孩子走出去，到大自然中去，到大社会中去；去旅行，去玩耍，去实践，去探索；在玩和行中了解未知，探索未知，研究未知；根据孩子的年龄特点，参与一些适宜的社会实践活动，在实践中发现问题，讨论问题，解决问题。图书馆、科学馆、博物馆、展览馆、公园、农场、剧院、工厂、超市、农贸市场都可以去，都应该去；孩子应接触各式各样的人，工人、农民、商人、军人、清洁工、医生、护士、科学家、教师、工程师、技术员等，在接触中感受他们工作的价值、贡献与辛劳，崇敬他们，向他们学习；在各种各样的实践中，提高孩子的观察力、思考力、发现力、沟通力、亲和力……

所有这一切都需要父母的认真，认真思考、认真研究，哪些是适合自己的孩子的，哪些是当前要做的，然后分先后缓急，有步骤、有目的地去实施；父母要善于将孩子在活动中的表现、变化记录下来，思考、总结、提高，写成家庭教育故事、文论，在写作中探索家庭教育的奥秘，揭示孩子的成长规律。这些，对自己、对他人无疑都是极为重要的，我们期盼你们的参与，期盼你们的稿件。

4月23日是世界读书日。《孩子与家庭》选择世界读书日创刊出版，意在提倡读书。父母读书是一种责任、一种需要，在互联网高度发达的今天，纸质阅读仍然是需要的。为了孩子的健康成长，年轻的父母们，阅读吧！父母的阅读必将带动孩子的阅读，而孩子的阅读又将促进父母的阅读。一个拥有浓浓阅读氛围的家庭，必将培养出爱阅读、会阅读，有所作为的孩子。

关注家庭教育，研究家庭教育，推广家庭教育，利己，利他，利社会！为了孩子的健康成长而研究家庭教育，其研究必将促进孩子的快乐成长，这就是本刊的宗旨。

为此，本刊除刊登家长的家庭教育故事外，还将安排相当的篇幅刊登孩子们的作品，主要是孩子的作文，也包含其他题材，如科技类、艺术类、体育类作品等。孩子的作品看似稚嫩、粗糙，但他们没有条条框框，充满激情，富于创意，我们绝不能小视。

关注孩子成长的父母，请积极支持孩子给本刊投稿，我们愿意为孩子们创造一个属于他们施展才华的天地、展现自我的平台。

我们是一群热心于孩子快乐成长的朋友。来吧！亲爱的年轻父母朋友们，大中小学生朋友们，欢迎你们加入"孩子与家庭"这个大家庭。我们齐努力，把《孩子与家庭》办好，办活，办出个性，办出特色。

本刊稿件，文体不限，提倡短小精悍，真情实感。家长和大学生、留学生的文稿一般不要超过2000字，题目下方写上作者姓名，文末注明作者单位及联系电话、电子邮箱，方便联系；中小学生的作品，以1000字之内为宜，题目下方写上所在学校的全称及年级、班别、姓名，文末请家长写上几句对孩子作品评价的话，并写上父母姓名及联系电话、邮箱（刊登时电话、邮箱将删去）。来稿一律用电子邮件发送（邮箱：jtjy1219@163.com）。

"少年强，则中国强"，少年是无可估量的，他们将比父辈、祖辈更出息，更有作为……

2016年4月

①此文是作者为2016年创刊的《孩子与家庭》杂志撰写的创刊词。

智慧的桥梁　联系的纽带[①]

一年前,《孩子与家庭》在大家的热切期盼中诞生。一年中,《孩子与家庭》在众人的爱护中茁壮成长。一年后,我们出版了《孩子与家庭》2016年合订本,目的在于总结经验,以利再战。

《孩子与家庭》2016年共出版五期,刊发117篇作品。其中,大人作品51篇,孩子作品66篇。大人作品的作者包括各行各业家长、家庭教育的专家学者、各类学校教师、社会各界人士,还有大学生、留学生等。他们以独特的视角,从不同侧面述说家庭教育的重要性、家庭教育的方法与途径、家庭教育与学校教育如何结合等。孩子作品从不同角度叙写中小学生自己的生活,尤其是阅读名著的感受。孩子作品每篇末尾都有"爸爸妈妈的话",意在让家长当一回老师,认真点评自己孩子的作品,寄予热切的希望。这种点评有效地促进了父母与子女的沟通,培育了美好的亲情。合订本我们将"爸爸妈妈的话"集中展示出来,让家长们、孩子们、读者们品味,从一个侧面更好体现出《孩子与家庭》的个性与特色。

要写好这100字左右"爸爸妈妈的话",可不容易,它需要父母的智慧和责任。

父母要写好它,就得认真研读孩子的作品。研读的过程就是父母向孩子学习的过程。向孩子学习,这是教育观念的重大转变。不论孩子是小学生还是初中生、高中生,都有值得父母学习之处。认真阅读孩子的作品,品味孩子的作品,你就会发现孩子作品的闪光点。父母一定要站在孩子的角度去思考,孩子写出作品多不容易啊!

父母要写好它,就得详细了解孩子学习的教材、学校开展的活动、孩子的朋友圈、孩子各方面的生活……只有在充分了解的基础上,才有资格来点评孩子的作品。

父母要写好它,就得认真学习相关的知识,不断充电提高,成为有责任、有能力指导孩子的长辈。

父母要写好它,就得请孩子阅读"爸爸妈妈的话",并提意见,这是爸爸妈妈与孩子互相切磋、互相学习的过程。

父母要写好它,真不容易!而真正写好它,你会感受到一种不一样的快乐,一种金钱买不到的快乐!在你的影响下,孩子会变得更爱阅读、会阅读,更爱观察、会观察,更爱动脑、会思考,变得更有责任心、乐意做事情了。长期坚持,日积月累,孩子成长了,父母也伴随着孩子一起成长!孩子快乐着,父母快乐着,家庭快乐着,何乐而不为!

《孩子与家庭》已成为孩子与家庭交流的平台、智慧的桥梁、联系的纽带!

家长朋友们,来吧!给孩子们营造一个适合他们成长的环境,孩子一定会在你科学的呵护下健康快乐地成长!

2017 年 1 月 25 日
于汕头碧霞庄

①此文是作者为《孩子与家庭》杂志 2016 年合订本撰写的前言。

科学呵护孩子[1]

《孩子与家庭》2017年合订本出版了！这是全体作者和编者一年来辛勤耕耘的结晶！

《孩子与家庭》2017年共出版了六期，刊发了254篇作品。其中，大人作品96篇，孩子作品158篇。《孩子与家庭》2017年合订本比2016年合订本增加了一倍的分量。

自《孩子与家庭》2016年合订本出版后，我就萌发了要继续出版《孩子与家庭》2017年合订本的念头。这是因为《孩子与家庭》2016年合订本的出版，给关注家庭教育的人们以极大的鼓舞，给各中小学校（园）图书馆和各级政府图书馆留下了一本弥足珍贵的家庭教育刊物，我们引以为豪。

习近平总书记说："广大家庭都要重言传、重身教，教知识、育品德，身体力行、耳濡目染，帮助孩子扣好人生的第一粒扣子，迈好人生的第一个台阶。"那么，怎样帮助孩子们"扣好人生的第一粒扣子，迈好人生的第一个台阶"就成为《孩子与家庭》编者一直在思考的问题。

阅读，特别是古今中外名著的整本书阅读，这是本刊着力倡导的一项工作。亲子阅读，父母的阅读带动孩子阅读，让孩子学有榜样、读有陪伴、写有指导；读写结合，将阅读引向深入，引到更高的层次。东厦中学的"读书节"专辑、溪东小学的"亲子共读一本书"专辑、端然学校的"亲子阅读"专辑、外砂华侨中学的读写专辑、阳光学校的读写专辑等都受到孩子们和家长们的热烈欢迎。姚佩琅的《让名著的书香溢满校园》、何益秀的《一起静心步入"读写的世界"》、黄春馥的《愧怍——读杨绛的〈老王〉》、朱小敏的《伟大中之尤其伟大者——三读〈白杨礼赞〉》等大人作品给孩子们做出了很好的示范。

"孩子作品"是本刊的一大特色。旅游足迹的记录、科技活动的体验、体育运动的展现、文化的传承、听演讲的感受、亲情的述说……孩子们多侧面地描绘他们丰富多彩的课内外生活。桂花小学、新乡小学、汕头市第九中学、汕头经济特区林百欣中学等专辑,综合展现了各中小学校孩子们的生活。"爸爸妈妈的话",让父母用心地品读孩子的作品,促进了亲子的有效沟通,构建了新时代新型的亲子关系,成为《孩子与家庭》的一道有个性有特色的亮丽风景。

本刊中的大人作品更是精彩纷呈。赵忠心的《教养》、赵刚的《以更宽广的视野和胸怀研究家庭教育》、陈利彬的《由"葛优躺"、〈从前慢〉说起……》、林晓丹的《有效批评孩子的三部曲》、张能治的《我的情和爱》、易革新的《做一个有生命感的教育者》等作品,给广大读者以不同角度的启迪。张能治的《孔子与他的〈论语〉》等家教名著的介绍、林俊强的《致敬,家庭教育的痴心者——有感于〈叩开孩子心扉的艺术:谈家庭教育那些事〉其书其人》等有关书评、东厦小学家长谈家风专辑等,极大地丰富了《孩子与家庭》的内容。

感谢广东现代家庭文明与亲子教育学会对本刊的悉心指导!感谢汕头市公益基金会对本刊长期的支持!感谢广东中民福彩投资有限公司对 2017 年合订本出版的大力支持!感谢所有关心家庭教育的人们!

家庭教育,这是一个受到越来越多的人关注的科学命题;家庭教育,这是每一位为人父母者必须认真对待并付出心血的科学命题!愿大家都能成为科学呵护孩子成长的有心人!

2018 年 2 月 14 日

①此文是作者为《孩子与家庭》杂志 2017 年合订本撰写的前言。

让大家都高兴[1]

《暨南情怀》已出版了 16 期，共 50 多人撰稿，120 多篇诗文，15 万字。至此，《暨南情怀》已完成她的历史使命。

《明湖秋月》初稿（文字稿）现已编辑完成，并根据作者的修改稿和陈遵宝等人寄来的校对稿做了一次校正。

拟聘请陈遵宝和张晓帆（中学美术教师、华南师范大学美术专业毕业、张能治大女儿）分别担任《明湖秋月》的责任校对和版式设计，他们都愉快接受，并已在行动。

《明湖秋月》的编目曾在《暨南情怀》第 8 期刊登，至今内容增加了很多，现将修改后的栏目和编目刊出，征求大家的意见。发表在《暨南情怀》上的稿件，除作者要求不收入《明湖秋月》外，原则上都编入，如作者发现自己的文稿漏编进去，请及时致电张能治，以便及时补上。同一栏目的文稿，除内容需要外，一般按在《暨南情怀》上发表的先后顺序排列，文末都注明期数。

2006 年 12 月 31 日《暨南情怀》第 1 期刊登的《"相约 2008 年"的通知》写道："在 2008 年聚会之前编辑出版一本纪念册和一张纪念光盘。为此要求全级同学每人撰写一篇 1000 字短文。"实际上，我们未能在 2008 年聚会之前编辑出版一本纪念册和一张纪念光盘，原因是多方面的，其中稿件不足是一个重要原因。为了更好地调动各方面的积极性，为了使《明湖秋月》这本书的内容更充实，就不限定每人只一篇稿；为了尊重各人的实际情况，也不强求每人一定要写一篇稿。

有的文稿在《暨南情怀》上发表时加了"编者按"，收入《明湖秋月》时将根据内容做如下处理：删除、改为文末注释、继续保留。

各人寄来、通过电子邮件发来的相片、书法作品、美术作品,有的数量较多,我们将根据版面情况有选择地刊登。各人寄来的相片,根据各人的要求,在书出版后妥善处理,寄回给大家。

《明湖秋月》一书出版后,将会拿出一部分赠送给母校图书馆,文学院和中文系图书室,学校档案馆,学校办公室和校、院、系有关领导,校友总会及部分校友会等。63级的学友、老师,每人发两本。如需增加者,请告诉主编,我们会满足大家的需求的。

《暨南情怀》印刷出版及邮寄费用,已超过张能治认捐的3000元款项,他将继续负责到底。副主编张汉基在给张能治信中说:"你为我们班级的事,任劳任怨,我十分佩服,望你工作顺利,大家都高兴。"主编有良好的心态,相信会克服一切困难,完成《明湖秋月》的编辑和出版工作,让"大家都高兴"!

2009年6月25日

①此文是作者为通讯《暨南情怀》结集时以"编者"的名义撰写的结束语,刊登于《暨南情怀》第16期,收入本书时有删节。《暨南情怀》由张能治策划主编,共出版16期。

从《暨南情怀》到《暨南情愫》[1]

50年前，一群渴求知识的男孩和女孩从世界各地来到中国广州，踏进暨南大学，成了中文系的一员。

50年过去了，2013年10月12日，暨南大学中文系63级53位师生及家属（10位老师、37位同学、6位家属），从祖国各地来到暨南园，在明湖餐厅聚会，握手、拥抱、摄影、谈心、品尝美食；10月13—14日到从化温泉新明珠酒店度假，14日在从化碧水湾温泉度假村泡温泉、聊天、叙旧，其乐融融。

七年前，2006年12月31日，在暨南大学百年华诞后我们编辑了通讯《暨南情怀》，共出版了16期。

四年前，2009年10月我们出版了《明湖秋月》一书，纪念暨南大学中文系63级入学45周年毕业40周年。《明湖秋月》是通讯《暨南情怀》的结集。

今天，在入学50周年毕业45周年之际，我们编辑出版了《暨南情愫》。

何谓"暨南情愫"？情愫，即真实的情意；暨南情愫，即对暨南的真情实意。

《暨南情愫》是《暨南情怀》的姐妹篇。

《暨南情愫》旨在交流大家50年的暨南情感，分享人生的精彩。

50年，半个世纪，对人类来说，很短暂；对每个人来说，很久远。现在我们都已步入人生的晚年。夕阳好，晚年乐。快乐向上是我们生活的主色调。加强联系，增进友谊，培育感情，互帮互学是我们办刊的目的。《暨南情愫》遵循这一宗旨，将大家阅读《明湖秋月》的感想以及入学50周年的人生感悟、同学之谊、健身养生之道、家庭教育之理抒写出来，开心快乐，逍遥自在度晚年。《暨南情愫》是一本自由体的读物，各人有什么感想，有什么值得回忆、值得交流的话，都可以谈，都可以写，这就是人生，就是收获。

《暨南情愫》体裁不限，散文、游记、随笔、诗歌、读书笔记、杂谈均可。

《暨南情愫》不定期出版，自愿撰稿，自由阅读，各取所需，自娱自乐，丰富人生、愉悦人生。

欢迎暨南人与亲属为《暨南情愫》撰稿。稿件请用电子文档发送到张能治的电子邮箱：znz12201@163.com。不会使用电脑发电子邮件的，请子孙帮忙。这是长辈向晚辈学习的极好机会，也是晚辈尽孝的一种方式。它会使家庭更和谐更美好，使孙辈更自信更快乐。

愿《暨南情愫》陪伴大家，健康快乐每一天……

2013 年 10 月 20 日
于汕头碧霞庄

① 此文是作者为通讯《暨南情愫》撰写的刊首语，相当于创刊词，刊登于《暨南情愫》第 1 期。《暨南情愫》由张能治策划主编，共出版 22 期。

第九章 写书之歌

让孩子学会自我教育①

教育，这是一个世界性的课题，永恒的课题。世上任何人都必须接受教育，人在任何时候都必须接受教育。教育包括家庭教育、学校教育、社会教育、自我教育，本书重点谈家庭教育，有的篇章也涉及学校教育、社会教育与孩子的自我教育。对家长来说，配合抓好这些教育，也是一个家庭教育的问题。

家庭教育这是一个既古老而又现实的课题，而且是一个沉重的课题。家庭是孩子成长的第一个环境，父母是孩子成长的第一任老师。父母的一言一行，都对孩子产生影响——积极的或消极的，有的甚至会影响孩子的一生。面对21世纪知识经济的冲击，网络时代的种种诱惑，家庭教育出现很多新情况、新特点，我们的家长承受着很大的压力，也碰到不少问题，出现一些困惑。对这些新情况、新特点、新问题，广大的家长，尤其是年轻的父母必须学习，予以认真的研究和回答。父母只有好好学习，孩子才能天天向上。

《爱，让孩子快乐成长——e时代家庭教育真谛》以现代教育学、心理学原理为指导，从不同侧面纵论家庭教育的方方面面。全书分篇论述，每篇各自独立，也有联系，16篇构成一个整体，其核心是"爱"与"快乐"。

家长们，你会爱孩子吗？你的孩子快乐吗？老师们，你会爱学生吗？你的学生快乐吗？

当今的时代是网络时代，当今的家庭教育是网络环境下的家庭教育。网络时代亲子关系发生了变化，父母要适应这种变化。

父母要善于和孩子沟通。沟通时，父母应少说多听，重视倾听，善于倾听。只有倾听，才能走进孩子心里。父母要想改变孩子，首先要改变自己；没有父母的改变，就不可能有孩子的改变。

自我教育是孩子不断成长的动力，也是孩子自立于社会的根本。父母要加强学习，通过自我教育改变自己，并以榜样的力量，让孩子在实践中学会自我教育，使孩子的头脑、双手、双眼、嘴巴、空间和时间都解放出来，使家庭真正成为培养孩子创造力的场所，家长真正成为使孩子创造力迸发出来的老师。

父母要培养孩子良好的习惯。生活中，父母要舍得花时间陪孩子，认真回答孩子的问题，为孩子提供有效的智力环境，培养孩子勇于提问的习惯；学习中，父母要鼓励孩子求异地读书，会选择地读书，坚持不懈地读书，让读书成为生活的一种习惯。

更新教育理念，做e时代的合格父母，这是网络时代对每位家长提出的新要求。父母要成为孩子运用网络的参与者、辅导者，成为孩子玩网络游戏的玩伴、学习网络的学伴、平时无话不说的朋友、孩子快乐成长的引路人。这样，孩子的潜能必定得到充分开发，个性必定得到充分张扬，学业成绩和综合素质必定得到全面提高，成为一个快乐的人，灿烂的人；每个家庭都成为和谐的家庭，幸福的家庭。

将前沿的教育理论与古今中外典型案例结合，是本书一个突出的特点；谈话式的叙述、可操作性的建议，是本书另一个特点。让读者能在轻松的阅读中得到启迪，从故事和案例中引发思考，这是作者的愿望所在。

2010 年 10 月
于广州石井斋

①此文是作者为广东人民出版社 2011 年 9 月出版的《爱，让孩子快乐成长——e 时代家庭教育真谛》一书撰写的前言。

爱孩子要科学[1]

在一次座谈中，广东人民出版社一位主任看到我的演讲专题《与智慧同行 与自信为友——能治教育大巡讲（4）》，觉得很有创意，出版社的领导也觉得这个选题很好，建议我出书。我在全国各地作了200多场演讲，广大家长都说我演讲的内容很生动、很实用，纷纷向我要讲稿，很多朋友建议我将讲稿整理出版，可以使更多人受益。基于这种背景，我从演讲的30多个专题中选出16个专题编辑出版。

《爱，让孩子快乐成长——e时代家庭教育真谛》的出版得到爱尔兰皇家科学院院士、都柏林大学终身教授孙大文，中国教育学会家庭教育专业委员会理事长、北京师范大学教授赵忠心，中国教育学会家庭教育专业委员会副理事长兼秘书长、东北师范大学教授赵刚，韩山师范学院副院长、副教授陈三鹏，广东现代家庭文明与亲子教育学会会长、广州大学教授骆风，广东省家庭教育研究会会长、广东省人民政府督学顾问陈业彬等专家学者的指导；得到中学校长许卓正、余德元、中心学校校长陈俊乾等领导的具体帮助；得到各级教育行政部门、各级妇联、共青团、关工委的大力支持；得到各地家庭教育研究者和各级家庭教育讲师团同行的指导，作者表示衷心的感谢。

感谢广东人民出版社社长金炳亮等领导的指导，教材教辅编辑室主任、本书责任编辑陈植荣，封面设计张晓帆，责任技编周杰，特邀校对钟勇华，他们为本书的出版付出了辛勤的汗水，作者表示衷心的感谢。

本书能够顺利出版，我要特别感谢我的妻子、两位女儿和女婿。没有他们多年来的支持、鼓励和帮助，我不可能完成这本书，这也是我坚持从事家庭教育工作的动力之一。

第九章　写书之歌

本书一些章节引用了国内外学者的研究成果,我都作了注释,表示衷心的感谢。

爱孩子要科学,要懂得方法;要有前沿的理论作指导,有具体生动的例子作榜样。本书兼顾了这两个方面,能不能达到这个目的,期待读者的批评指导。

2011 年 2 月
于广州石井斋

①此文是作者为广东人民出版社 2011 年 9 月出版的《爱,让孩子快乐成长——e 时代家庭教育真谛》一书撰写的后记。

享受家庭教育①

我们每个人都是父母的子女，我们每个人都会成为子女的父母。子女的成长离不开父母的哺育，离不开家庭教育。

每个孩子都是父母的作品，一件独一无二的作品。为了这件作品，父母付出了他们全部的爱和心血；为了这件作品，父母用他们绚丽的笔书写了孩子的美好人生；看着这件作品，父母在享受家庭教育的快乐。当然，不是所有的父母都会有这种享受，因为他们培养出来的可能不是合格的作品。

为人父母，这是一个崇高而艰难的职业。要想和这个职业相称，要想享受家庭教育的快乐，就得学习与掌握与时代相适应的教育理念和方法。今天的时代是网络时代，网络时代亲子关系的模式已从"听话"转变为"对话"模式，从单向教导转变为双向互动、互相学习的模式。父母应满足孩子对亲情的需求，用心陪伴孩子，给孩子成长的空间，理性地爱孩子。

家庭教育是一门科学，更是一门艺术，请看"只追前一名"的故事。

一个女孩，小学的时候由于身体纤弱，每次体育课跑步都落在最后。女孩的妈妈安慰她："没关系的，你年龄最小，可以跑在最后。不过，孩子你要记住，下一次你的目标就是：只追前一名。"小女孩记住了妈妈的话。再跑步时，她就奋力追赶她前面的同学。结果从倒数第一名，到倒数第二、第三、第四……一个学期还没结束，她的跑步成绩已到中游水平，而且也慢慢地喜欢上了体育课。接下来，妈妈把"只追前一名"的理念，引申到她的学习中。就这样，在妈妈这种科学理念引导下，这个女孩2001年居然从北京大学毕业，并被哈佛大学以全额奖学金录取，成为当年哈佛教育学院录取的唯一的中国应届本科毕业生。这个女孩叫朱成。

"只追前一名",就是目标。明确而又可行的目标、真实而又适度的期望,能够引领孩子脚踏实地朝前走。"只追前一名"的教育模式,体现出家长的教育智慧和教育艺术。

科学育儿,快乐成长是贯穿全书的主题。展现在读者面前这本书,从理念、视野、阅读、生命、感恩、能力、书信、故事、幼教、心育、亲情、责任、书评这些方面,以大量真实的故事、典型的案例、精当的点评,述说着家庭教育那些事儿,体现这一主题,给人以启迪。

《家庭教育那些事儿》的作者既有家庭教育研究的专家学者,也有普通的家长,包括教师、医生、记者、公务员、职员等,他们将丰富的家庭教育实践和深入的科学研究凝结成的真知灼见,无保留地奉献给读者。理论与实践相结合、父母与子女相结合,是本书的一个特点;观念前沿,故事生动,述说深入浅出,可读性强,是本书的另一个特点。

作者在与孩子相处的过程中,享受到家庭教育的快乐!

主编愿广大的家长在阅读本书过程中,找到适合自己孩子的教养模式,有效地指导孩子,促进孩子的发展,共同享受到家庭教育的快乐!

2014 年 3 月 22 日
于广州明月苑

①此文是作者为暨南大学出版社 2014 年 12 月出版的《家庭教育那些事儿》一书撰写的前言。

为了孩子们的快乐成长[1]

当我在键盘敲下"要经营好'家长'这个职业,需要踏准节拍"这句话时,《家庭教育那些事儿》全书的点评终于完毕,可以松一口气了!

本书从2013年2月开始编辑,历时一年多,中间又增加一些文稿。这90多篇文稿是从《当今家庭教育》700多篇中精选出来的。本书所收的文稿时间跨度较长,所写的人物,特别是孩子,有的已从原来学校升到高一级学校或毕业任职了。为保留原貌,孩子所读学校及年级不做修改,作者的单位、职务也不变更。

本书得到中国教育学会家庭教育专业委员会秘书长、东北师范大学家庭与学校合作教育研究中心主任赵刚教授撰写精彩的序言;得到中国教育学会家庭教育专业委员会名誉理事长、北京师范大学赵忠心教授,广东现代家庭文明与亲子教育学会会长、广州大学骆风教授,广东省家庭教育研究会副秘书长、广东第二师范学院王小棉教授的中肯点评。对此我们无限感激!

感谢特约校对钟勇华老师的帮助;感谢《当今家庭教育》编辑部陈成浩、余德元、李迪鹏等朋友的支持;感谢暨南大学出版社徐义雄社长,苏彩桃、林冬丽编辑,山内设计等的指导!

《当今家庭教育》创办五年多来,得到全国各地家庭教育研究机构与研究者的指导,得到汕头市公益基金会和一批热心企业家的帮助,得到社会各界,特别是教育界、妇女联合会、共青团、关心下一代工作委员会等的关注,我们由衷地高兴。北京师范大学赵忠心教授给我发来电邮:"您主持的家庭教育杂志,给人的感觉是主流、科学、清新、朴实、实用,给家庭教育刊物树立了一个榜样,很值得同行学习。"赵忠心教授的评价极大地激

第九章　写书之歌

励我们将家庭教育的研究和推广工作做得更好。出版这本书，既是对过去的研究工作做一个总结，又是对未来工作的一种推动。

在这五年多时间里，没有家人的支持、鼓励和帮助，我是不可能完成这本书和《当今家庭教育》的编辑与出版工作的。因此，我要特别感谢我的妻子、女儿和女婿。

科学育儿，快乐成长，是本书的主题。我们奉献这本书，就是为了孩子们的快乐成长，期盼它对家长，特别是年轻父母的家庭教育有所帮助。如果这样，作者编者将无限欣慰。

我作为本书的主编，对这些文稿反复研读、点评、推敲、修改，成书之前又一次进行审订，但由于编者水平所限，书中难免存在不足之处，敬请读者批评指正。

2014 年 8 月 21 日
于广州明月苑

① 此文是作者为暨南大学出版社 2014 年 12 月出版的《家庭教育那些事儿》一书撰写的后记。

让孩子尽早从你的生命中独立出去[①]

没有哪一位父母不爱自己的孩子。而怎么爱,却大有学问。给他穿好、吃好、住好;凡事替孩子做,替孩子想;逼着孩子参加各种补习班、培训班;只要考试考高分,不管考试错漏之处……这是当前在孩子教育中出现的"爱"孩子的普遍现象。尽管父母给了孩子力所能及的爱,但孩子并不领情,并不像父母所期望的那样出色。这是为什么?

下面这个例子或许可以给我们一点启发。

一个孩子13岁,暑假爸爸将他送到澳大利亚一位朋友家,希望朋友照顾他,好让他见见世面。朋友刚从机场接回男孩,就对他说:"你13岁了,基本生活能力都有了,所以从明天起,你要自己按时起床,自己做早餐吃,吃完后你得自己把盘子和碗洗干净,洗衣房在那里,你的衣服要自己去洗……"

一个月后,父母惊讶地发现,孩子变了,变得什么都会做了!他会管理自己的一切:起床后会叠被子,吃饭后会洗碗筷,会清扫屋子,会使用洗衣机,会按时起床睡觉,会拿着地图独自去坐地铁寻找玩耍的地方,会交朋友,对人变得有礼貌,做事也有责任心了……

这个例子生动地说明,培养孩子的责任心和独立性何等重要。"父母真正成功的爱,就是让孩子尽早作为独立的个体从你的生命中分离出去。这种分离越早,你就越成功。"一位英国心理学博士如是说。

就教育孩子而言,中国有丰富的教育资源,有优秀的传统,这无疑是需要继承的;与此同时,又要与时俱进,吸纳世界上优秀的教育成果,结合自己孩子的实际情况,探索出最适合自己孩子的教育模式。

父母,这是一个崇高而艰难的职业。要想和这个职业相配称,就得学习掌握与时代脉搏相适应的教育理念和方法。今天的时代是网络时代,网络时代亲子关系已从"听话"转变为"对话"模式,从单向教导转变为双向互动、互相学习的模式。

为此,父母应满足孩子对亲情的需求。当孩子还在婴幼儿阶段,就要善于和他们一起做游戏,让他们在感受到快乐的时候增长智慧;用心陪伴孩子,倾听孩子的心声,给孩子成长的空间;尊重孩子,凡事多征求孩子的意见,孩子独立思考能力强了,这样孩子会更尊重父母,敢于向你敞开心扉,多说话,说真话;对孩子的要求要恰当,只追前一名,一个一个地超越,没有止境,自己就不断地向前。"只追前一名"这种教育模式体现出家长的教育智慧和教育艺术。

……

"关心我们自己的孩子,就是关心我们的未来。"马云说得对,父母要给孩子树立榜样,主动学习,严格要求,平等相待,言传身教。

亲爱的读者,当你翻开本书时,你将从"视野""游戏""技巧""读写""生存""亲情""创造""附录"诸方面,和它一道探索、切磋、前进,愿它能陪伴你有效地叩开孩子的心扉!

2016 年 7 月 14 日
于广州明月苑

①此文是作者为暨南大学出版社 2017 年 10 月出版的《叩开孩子心扉的艺术:谈家庭教育那些事》一书撰写的自序。

家的温馨与魅力[①]

两年前,为了展示期刊《当今家庭教育》的成果,我主编出版了《家庭教育那些事儿》一书,而我个人的专著则推迟出版。两年后,新书《叩开孩子心扉的艺术——谈家庭教育那些事》终于和读者见面了,我格外高兴!

《叩开孩子心扉的艺术——谈家庭教育那些事》成书过程得到诸多朋友的帮助。好朋友陈成浩、郑韶南、李果娴等的意见很宝贵,让我重新审视我的著作。特级教师姚佩琅的建议,让我茅塞顿开,引起我的思考,随将栏目"故事"改为"读写",并相应调整了一些篇目。我觉得,阅读使人聪明,写作使人严谨。阅读是重要的,而要真正读懂读通,有较大收获就得写作,这是深层次的阅读。读与写,不论是对中学生还是小学生,不论是对文科生还是理科生,不论是对孩子还是家长,都同样重要。

本书"附录",选录了昆山读者陈遵宝的《和孩子一起筑就美丽中国梦》、香港读者蔡柳屏的《选班主任》和汕头电视台《潮汕风》节目组策划黄汉东、文字记者沈小沂、摄影记者孟磊、主持刘群等摄制的电视纪录片《投身教育 孜孜耕耘——教育专家张能治访谈》的脚本。他们从不同的角度评说本书和作者,展示了《叩开孩子心扉的艺术——谈家庭教育那些事》一书的社会价值与作者的人格魅力。对于他们的倾心付出,我铭记于心!

感谢著名家庭教育专家、广州大学研究员骆风先生在百忙中为本书撰写精彩的序言;感谢暨南大学出版社社长徐义雄先生、责任编辑苏彩桃女士和黄斯女士等的支持和指导;感谢特约校对钟勇华先生、协助校对陈遵宝先生的辛勤付出。

本书首印得到潮安二中校友、暨南大学校友、汕头市中海房地产有限

第九章 写书之歌

公司董事长、广东中民福彩投资有限公司总经理、副研究员、著名企业家蔡淡妆女士的支持赞助，笔者甚为感激！感谢所有关心本书出版的各地朋友们！

我的妻子陈赛珠和两个女儿张晓帆、张晓星，女婿许桂鑫、张霞，为本书的出版也倾注了心血，他们对我写书一如既往地理解、支持和帮助，让我深切感受到家的温馨与魅力。

由于笔者水平所限，本书可能存在许多不足之处，敬请广大读者批评指正。家庭教育是科学，更是艺术。愿广大家长，尤其是年轻父母，在阅读本书的过程中，科学地结合自己孩子的实际，不断提高家庭教育的艺术水平，让孩子健康快乐地成长！

2017 年 3 月 20 日
于汕头碧霞庄

① 此文是作者为暨南大学出版社 2017 年 10 月出版的《叩开孩子心扉的艺术：谈家庭教育那些事》一书撰写的跋。

家庭教育著作种种[1]

综观中国的家庭教育著作,主要有这几大类型:

一是针对不同年龄段的孩子写的,如中小学、幼儿园的家长学校教材,分年级写作,适用于各年级家长。这类读物针对性强,但各年级内容容易重复,写作起来较呆板,阅读感到枯燥。我曾参与过家长学校教材的研究与写作,感到此类文章前后重复较多,缺乏新鲜感,这也是中国家长学校办得不好的一个重要原因。为此,教育部关工委创办了《父母课堂》杂志,以此代替各级家长学校的教材。也有学者专门为某一学段写的著作,如孙瑞雪的《捕捉儿童敏感期》、骆风的《成才与家教——北京大学学生家庭教育探索》等,这两本著作分别对婴幼儿的家庭教育和北京大学学生的家庭教育提供了生动的案例。

二是针对所有未成年人家长写的,适合所有中小学、幼儿园的家长阅读。这类读物根据家庭教育的理念、特点分章写作,从不同侧面给家长以启迪。如陈鹤琴的《家庭教育》、魏书生的《好父母 好家教》、赵刚的《100位企业家给家长的忠告》、张能治的《爱,让孩子快乐成长——e时代家庭教育真谛》等,书中以典型案例为引子,结合当今的教育实际,纵论家庭教育的方方面面,极具说服力。我的《爱,让孩子快乐成长——e时代家庭教育真谛》重印三次,很受读者欢迎,原因在此。我主编的杂志《当今家庭教育》《孩子与家庭》也属这类读物。

三是以自己的子女成才的过程而写的,如刘卫华、张欣武的《哈佛女孩刘亦婷:素质培养纪实》、尹建莉的《好妈妈胜过好老师——一个教育专家16年的教子手记》等。这类书都因为孩子进了名校,极容易吸引读者的眼球,有强烈感染力,但也有局限性,因为孩子的培养模式因人而异,不是固定不变的，是不能随便"复制"的。

四是学术型著作，如赵忠心的《家庭教育学》、赵刚的《家长教育学》等。这类著作主要是给家庭教育工作者看的，也可作为师范院校的公共课教材，主要是从理论层面阐述家庭教育的普遍规律。《中国家庭教育》杂志也属于这个类型，所探索的是家庭教育的理论问题和实践问题。

除上述四类外，还有其他，如家训、家书等。

我的《叩开孩子心扉的艺术：谈家庭教育那些事》是针对所有未成年人的家长写的，读者对象是年轻的父母、中小学、幼儿园教师和社会各界关注家庭教育的人士，如教育机构、妇联、共青团、工会、关工委等。

《叩开孩子心扉的艺术：谈家庭教育那些事》全书共八章，除第二章"游戏"是专为婴幼儿家长写的，其他各章都适合中小学生家长阅读，当然也适合幼儿家长阅读。为什么婴幼儿教育单独列一章？这是因为婴幼儿教育的特别重要性与中小学教育有明显的区别。由于家庭教育的共通性，《叩开孩子心扉的艺术：谈家庭教育那些事》其他各章既适合小学生的家长阅读，也适合中学生的家长阅读，读者可根据孩子的年龄特点和家庭的实际情况，有针对性地选择。家庭教育与学校教育密切相连，因此，《叩开孩子心扉的艺术：谈家庭教育那些事》某些文章，如《人生目标与人生规划》《做生命的强者》等也适应有兴趣的中小学生阅读，尤其是亲子共读，效果会更好。当前很多孩子上学由孩子的祖辈接送，加强对祖辈的指导也很重要，因此，《叩开孩子心扉的艺术：谈家庭教育那些事》也适合有兴趣的祖辈阅读。

父母对子女的影响在于言传身教，对于广大家长来说，家庭教育全在于细节。《叩开孩子心扉的艺术：谈家庭教育那些事》书中，我注意将自己摆进去，和自己的亲人、朋友交流，给读者留下言传身教的影子。

家庭教育是一门科学，更是一门艺术。《叩开孩子心扉的艺术：谈家庭教育那些事》遵循这一观念写作。"视野"，提高家教效能的策略；"游戏"，婴幼儿认识生活的途径；"技巧"，提高学习能力的着力点；"读写"，孩子变聪明的方法;"生存",做生命的主宰者;"亲情",家长孩子心连心;"创造",教育的最高境界;"附录的评说",展示家庭教育的魅力。《叩开孩子心扉的艺术:谈家庭教育那些事》从视野、游戏、技巧、读写、生存、亲情、创造、评说这八个方面述说,揭示当前家庭教育的突出问题,又艺术地引导人们如何叩开孩子的心扉。

  家庭教育著作有种种形式,成就了家庭教育绚丽多姿的大花园,供人们欣赏与品尝,满足了不同读者的不同需求。《叩开孩子心扉的艺术:谈家庭教育那些事》是这大花园中的一朵小花。我对《叩开孩子心扉的艺术:谈家庭教育那些事》充满自信,这本书重印三次就是证明。

2018 年 3 月 27 日
2020 年 10 月 7 日修改

① 此文是作者读《叩开孩子心扉的艺术:谈家庭教育那些事》时所想到的,《叩开孩子心扉的艺术——谈家庭教育那些事》,张能治著,暨南大学出版社 2017 年 10 月出版。

成就孩子有作为的人生[①]

《孩子与家庭纵横谈》，这是一部别开生面的书。

孩子的成长需要家庭，家庭是孩子成长的乐园，孩子是幸福家庭的希望。而家庭能不能成为孩子成长的乐园，孩子能不能成为家庭的希望，关键在于教育，在于父母科学的教育。

从孩子呱呱坠地起，每个为人父母者就必须下决心，花力气，从衣、食、住、行、玩、学等各个方面，营造一个适合自己孩子成长的环境，促进孩子"德、智、体、美等方面全面发展"[②]，为孩子的早期教育铺路，为孩子的幸福人生奠基。

《孩子与家庭纵横谈》全书共十二章，第一章"阳光读写"，旨在倡导阅读与写作，它是孩子成长不可或缺的环节。"阅读是弓，写作是箭，一支箭要射出去必须要有弓的力量"。作家曹文轩说得多好！广泛地阅读，孩子的知识必将越来越丰富全面；持久地写作，则是对阅读的深化与提高。为了给孩子的阅读和写作以更好的指导，这一章同时选刊大人阅读与写作的作品，以作示范。

第二、三、四章分别是小学生、初中生、高中生的作品。孩子作品每篇文末都有"爸爸妈妈的话"，对孩子的作品进行点评。这 100 字左右的"爸爸妈妈的话"，是大人对孩子作品的肯定、希望与期待，它有效地促进父母与子女的沟通。父母要写上这段点评的话，可不容易：需要仔细阅读孩子的作品；需要认真思考，要写什么，怎么写；写后还要让孩子阅读，消化提高。这是一个互相沟通、互相学习、互相促进的过程。孩子的阅读和写作，必将倒逼父母的阅读和写作；而父母的阅读和写作，不经意间便在家庭中形成了浓浓的学习氛围、研讨氛围，这就是孩子成长的沃土。

除了"爸爸妈妈的话",还有"老师的话""主编的话"。这样的设计,让大人与孩子一起讨论一个共同的话题,充分体现了本书的个性特征。爸爸妈妈对孩子作品评价的话语,放在孩子作品之后,并署上爸爸妈妈的姓名,不分职业与地位,让孩子与父母处于平等状态。这对培养孩子的独立人格很有作用,这是父母与成长中的孩子沟通的一剂良方。中小学阶段是孩子海量阅读的黄金时段,若能长期坚持,孩子必定大有作为:必定喜欢阅读,乐于写作;必定喜欢科学,乐于实验;必定喜欢体艺,乐于锻炼;必定喜欢思考,善于思考;必定喜欢提问,善于提问……

习近平总书记多次强调要"注重家庭、注重家教、注重家风"。第五章至第十一章是大人的作品,这些作品从"家教视野""家庭家风""感恩情结""幼儿教育""家教艺术""家教书评""家教情怀"七个系列纵横谈论家庭、家教、家风的方方面面。大人作品的作者,有家庭教育领域的专家学者、第一线的中小学幼儿园教师、年轻的父母、社会各界人士等,他们从多层面给读者以启迪。

兴趣与专注,可以成就有作为的人生;兴趣与专注,可以干出一番伟业,无论是青少年,还是中老年,都一样。

年轻的父母们,广大的老师们,所有关心孩子健康成长的朋友们,来吧!为培养孩子的兴趣与专注,成就孩子有作为的人生而努力。

2018 年 4 月 27 日

于汕头碧霞庄

①此文是作者为华夏出版社 2020 年 2 月出版的《孩子与家庭纵横谈》一书所写的前言。

②见教育部颁发 2016 年版《幼儿园工作规程》第一章总则第三条幼儿园的任务。

"明湖秋月"永远伴着我们[1]

明湖舞婆娑,秋月映清颜。

明湖,1958年伴随着暨南大学在广州重建而诞生的人工湖,她是暨南大学历史的见证。

没有哪一个暨南人没有见过明湖,去过明湖。如今的暨南大学以往的建筑物大都变了样,唯独明湖没有变,她还是那样的晶莹剔透,那样的美丽诱人,那样的令人难以忘怀。

秋天,那是收获的季节。我们曾在暨南园度过五载,离别她也已40年,如今回到母校的怀抱,感慨万千。尊敬的老师,亲爱的同学,可爱的朋友,来吧,伸出你的手,我和你,心连心,永远一家人,相聚暨南园。

今夜,站在明湖边,依偎在湖心亭旁,望着那皓皓明月,思潮起伏,浮想联翩……

我们出版《明湖秋月》这本书,目的在于珍藏记忆,分享成果与快乐。把大家发表在《暨南情怀》上的作品和收集到的照片汇集起来,它从一个侧面反映45年来大家的收获:收获智慧,收获成果,收获友谊,收获爱情,收获家庭,收获家庭教育,收获养生之道,收获幸福……给大家在安度晚年时提供一种慰藉、一种快乐、一种希望。

"早迎朝阳,晚映月光。"如今的明湖,已成为暨大的象征,更成为暨南人的精神家园。

岁月老去,激情不老,"明湖秋月"永远伴着我们!

2008年7月26日

[1] 此文是作者为2009年7月出版的《明湖秋月》一书撰写的前言。

友谊的结晶[①]

《明湖秋月》一书在大家的共同努力下终于和大家见面了。

三年前,为了"相约 2008 年"的聚会,特出版通讯《暨南情怀》。《暨南情怀》是学友们喜爱的读物。她为沟通学友、传递信息起到桥梁的作用,为 2008 年的聚会起到牵针引线的作用。现将这 16 期共 50 多人写的 100 多篇诗文结集成册,给老师们、学友们留作纪念。

本书由《暨南情怀》的编辑张能治策划、主编,全书分成摄影书画和诗文两大部分。由主编拟出编辑提纲,分别刊登于通讯《暨南情怀》第 8 期和第 16 期,广泛征求大家的意见。编委会先后于 2008 年 9 月 21 日在花都鸿波山庄和 2009 年 4 月 10 日在暨大招待所召开会议,研究讨论,定出若干编辑意见。诗文按主题分成十一章,由编委分工编辑,最后由主编统稿。

原暨南大学党委书记、我们敬爱的老领导张德昌书记为本书题写书名,在此我们表示衷心的感谢。本书封面画作方顺全,责任编辑张能治,责任校对陈遵宝,特邀校对钟勇华。林涛为封面设计付出了辛勤劳动。本书摄影由刘其陆、赵崇兴、陈坤炎、张能治等负责,韩菊妹、林涛、吴祥珉、夏汉松等提供了珍贵的老照片。对他们的付出和老师们、学友们的大力支持,我们表示深深的敬意。

遵循文责自负的原则,为尊重作者,文稿内容一般不作大的修改,只对个别字词和标点作些订正。原稿有的用繁体字书写,为统一体例,全书一律使用国家规范的简化汉字。

加强联系,增进友谊,培育感情,互相帮助是我们办刊、出书的目的。关注过程,是达到这一目的一个重要方面。没有过程,就没有结果。《暨南情怀》从百年校庆后的 2006 年 12 月 31 日出版第 1 期到 2008 年 7 月 30 日出版第 8 期，在这 19 个月时间里只有 22 人写了 30 篇稿；从 2008 年 10 月 12 日第 9 期到 2009 年 6 月 25 日第 16 期，8 个月里增加了 33 人 89 篇稿。如果没有前面的过程，就不会有后面的结果。为了更好地调动各方面的积极性，为了使《明湖秋月》的内容更充实，我们还编发了一系列的通知、大量的简讯和老照片、书画；为了更好地调动各方面的积极性，也就不限定每人一篇稿，为了尊重各人的实际情况，也不强求每人都要写一篇稿。

发表在《暨南情怀》上的稿件，作者都是暨南人或暨南人的亲属，都是作者满意之作，都从不同侧面反映了大家的收获，都符合"明湖秋月"的主题。除作者要求不收入外，原则上都编入《明湖秋月》。全书按由近及远、先老师后学生、先彩色照片后黑白照片的顺序编辑。同一栏目的文稿，除特别需要外，一般按在《暨南情怀》上发表的顺序排列，文末都注明期数。四篇附录让读者更好了解暨南大学校歌的演变和从《暨南情怀》到《明湖秋月》三年来的过程。

由于本书所反映的事件时间跨度大，内容丰富，编者水平有限，加上时间仓促，错漏在所难免，敬请广大老师、学友、读者批评指正。

2009 年 7 月于汕头

①此文是作者为 2009 年 7 月出版的《明湖秋月》一书撰写的后记。

自豪的暨南人[①]

暨南大学，暨南人的家园。

我们的青春年华在这里度过。教学楼、图书馆、实验室……运动场、篮球场、足球场……宿舍、明湖、蒙古包……这里的一切一切，伴随着每个暨南人。

离开暨南几十年，常梦回……

金陵、真如、建阳、羊城……走在校道上，一个个熟悉的名字，把你带入110年时光隧道：110年前自金陵薛家巷走来的暨南大学，1958年在广州重建；1996年进入国家"211工程"重点大学行列；2014年暨南大学南校区投入使用，形成广州、深圳、珠海五个校区的新格局……薪火相传，百又十年。

"根在中华""走遍万邦""德润寰宇，辉映炎黄"，寄寓家国使命的暨南大学校歌，凝结了暨南人的澎湃心声。"忠信笃敬、知行合一、自强不息、和而不同"的暨南精神，陶冶着暨南人的品格和情操。

情满暨南！

从《暨南情怀》（2006年12月创刊，出版了16期）到《暨南情愫》（2013年11月创刊，出版了20期），历经十年，表达的是对暨南的衷情和挚爱。

情满暨南！

《明湖秋月》和《情满暨南》分别是《暨南情怀》和《暨南情愫》这两个刊物的结集，是对暨南的衷情和挚爱的升华。

《情满暨南》一书的"暨南颂歌""五十年赋""明湖之恋""恩师难忘""友谊弦歌""绮丽山河""家教智慧""诗歌天地""小说世界""少

年心语""生活之乐""童年趣事""往事回眸""永远怀念"这些栏目，54位作者的266篇诗文，从不同侧面述说暨南人的衷情和挚爱：对暨大110周年的讴歌、对中文系63级同学入学50周年的回顾、对明湖的眷恋、对恩师的感激、对友谊和自然的赞美、对家教智慧的阐发、对生活的艺术描绘、对往事的回眸、对逝者的怀念，更有暨南人的孙辈描绘的美丽画卷，他们虽然年少，但他们将比祖辈更有作为……

42万字，凝结成一句话——情满暨南！

《情满暨南》，装的是满满的暨南情！这是用情和爱编织成的书，字字句句充满对生活无限热爱的书、对暨南大学无限崇敬的书、对祖国对人类无限憧憬的书……

《情满暨南》出版了！献给暨南大学110周年华诞！

我们欢呼，我们雀跃，因为我们是自豪的暨南人！

2016年1月14日
于广州明月苑

① 此文是作者为香港天马出版有限公司2016年9月出版的《情满暨南》一书撰写的前言。

众人拾柴火焰高[1]

终于将《情满暨南》一书编辑完成，可以松一口气了！

2015年12月22日出版了《暨南情愫》第18期，隔天，12月23日开始组稿编辑，历时五个多月。期间，《暨南情愫》又出版了第19、20两期。《暨南情愫》自创刊以来，发表了54位作者的266篇稿件，收入《情满暨南》一书有177篇。《情满暨南》分14个栏目编辑，同一栏目文稿，一般按先老师后学生及在《暨南情愫》发表的顺序排列，其中有些文章也根据内容需要、事件发生的先后或技术上原因有所调整，文末都注明期数。因篇幅所限，相片与书法没有编入。

本书的作者主要是暨南大学中文系63级的同学（故文末没有注明作者身份），也有中文系其他年级的、其他系的，还有暨南大学老师们的作品，也有暨大校友的亲属以及校友的孙辈，他们都怀着对暨南大学的无限眷恋、对生活无限热爱而写，我们对作者表示深深的谢意，对小作者寄予深切的希望。

因稿件多，有多位作者主动要求减少入选的作品，未编入本书的89篇作品，其篇目作为附录刊出。他们为《暨南情愫》及时地多次地发来稿件，使刊物内容丰满充实，在编书时又主动提出压缩稿件，这种全局精神，我们无限钦佩！

本书所反映的事件时间跨度较大，内容丰富，有的稿件多次变更，给编辑和校对带来一定的困难。编者不厌其烦，倾听各方面的意见，尽量满足大家的要求。本书编辑完后于2016年5月10日印八本供校对用。尽管如此，由于编者水平所限，加上时间紧迫，本书一定存在不足之处，敬请老师们、校友们和广大读者批评指正！

第九章 写书之歌

通讯《暨南情愫》由张能治编辑、独资出版,每期印刷80份,用特快专递及其他形式寄往全国各地,香港的先由他用特快专递寄给王锡安,然后由王锡安寄给香港的同学。

封面题字赵崇兴,摄影陈坤炎,插画王锡安,责任编辑德花,特约校对钟勇华,协助校对陈遵宝、王锡安,对他们的辛勤付出,我们衷心感谢!

《情满暨南》一书的出版得到了诸多学友赞助:苏广镇3000元,张汉基2000元,蔡柳屏2000元,王锡安、邓淑娟夫妇3000元,蔡锦桂3000元,王淼琛2500元,黄碧玉、刘颖丽夫妇4000元,潘庆洪2000元,陈遵宝2000元,程汉斌2000元,邢福芬、黄合好夫妇3000元,罗华生1000元,张能治3000元,合计32500元。我们对他们的无私奉献表示衷心的感谢!此款除用于出版费外,还包括出版前期和出版后期的费用,如广州暨大首发式、香港座谈会、发行运输费和特快专递费等。

感谢所有关心本书出版的人们,是你们的支持和鼓励,给予编者勇气、力量和信心!

2016年5月10日
于汕头碧霞庄

①此文是作者为香港天马出版有限公司2016年9月出版的《情满暨南》一书撰写的后记。

第十章 校长之歌

论中小学校长的心理素质及其培养[①]

一个校长，就是一所学校的领导者，对外他代表学校，具有法人的地位；对内管理学校的全局，协调各部门的关系，以保证党的教育方针的贯彻和教学计划的实施。那么，一个中小学校长应具备什么样的心理素质呢？这是教育局局长在管理学校工作中所面临的一个新课题，有其重要的现实意义。本文根据现代学校管理心理学的理论和当前推行校长负责制的实践，谈谈对这个问题的看法。

一、校长应具备的良好的心理素质

（一）毫不动摇的自信心

自信心是自己对所从事的职业充满着必胜信念的一种心理素质。校长的自信心是校长对他所领导的学校期待着能办出特色的一种心理素质。校长自信心来源于他对国家教育事业的无限忠诚、对广大师生的无限热爱、对所担任的工作高度负责的精神。自信心是校长办好学校的最宝贵的心理素质。在这种自信心的心理动力驱使下，校长会自觉地学习党的各项方针政策，保证学校的社会主义方向；会认真学习教育科学、心理科学、领导科学和管理科学，从而不断提高自己的领导能力、管理水平，保证决策及时、正确、有效；会视教师为知己，切实关心他们，充分倾听他们的意见，及时反馈，及时改进工作，以坚韧不拔的毅力，战胜困难。

（二）敢冒风险的创造精神

创造精神是一种敢于抛弃旧的落后的事物，创立新的先进的事物的精神。好的校长都具有创造精神，这种精神是办好学校的潜在力量。校长的创造精神是学校办出特色的重要心理素质。

今天有很多模糊的观念在困扰着我们的工作。例如，教育方针如何完整地表述、准确理解，家庭、社会、学校对青少年的成长应负什么责任，教育经费的根本出路何在，职业技术教育怎样搞才符合我国国情等，都存在一些似是而非的观点，这些都需要积极进行探讨。改革开放使中国的经济出现了一个划时代的飞跃，教育如何适应改革的新形势，多出人才，快出人才；一所学校如何在原来的基础上有所发展，这就需要每个校长认真研究，深思熟虑，创造性地提出改革的方案，并付诸实践，这样才能办出有特色的学校来。

校长有了创造精神，就不会人云亦云，故步自封；校长有了创造精神，就会永远感到不满足，善于学习，敢于探索，勇于实践；校长有了创造精神，就会独立思考，进行求异思维，善于捕捉新问题，掌握新信息，采取新措施，不断树立新目标，使全校师生经常面临新的挑战，感到自己的学校日新月异，生机勃勃；校长有了创造精神，就敢于冒风险，当机立断，做出有创造性的决策，从而办出学校的个性和特色。

（三）实事求是的科学态度

教育是一门培养人、塑造人的复杂科学。对待任何一门科学都应有实事求是的态度，办学也不例外，校长应面对现实——教育现实、社会现实，努力去探求其规律性，求得办好学校的最佳办法。求实，这是中小学校长又一重要的心理素质。

求实，校长就得调查研究。了解学校的现状，包括师生的心理状态、学校的教学环境和教学条件。这样才能做出不脱离实际的，能激发师生前进的科学决策。没有调查研究，一切按老路走，必定适应不了发展的形势；没有调查研究，不顾学校的具体情况，照搬别人的经验，结果会欲速不达，反而把学校搞糟。

求实，校长就得有个总体规划、长远的目标，使学校全体成员看到学校的未来，从而产生一种与校长一起去奋斗、去拼搏的心理动力。目标应有阶段性，一个总目标是由许许多多阶段性目标组成的。阶段性目标的实现，会激励全体成员更奋发去实现总目标。

求实，校长就得有强烈的时间观念，能够合理地支配时间。时间是效率的重要因素。校长应以模范的行动为师生做出表率。该今天做的事决不拖到明天，该这一周完成的任务决不等到下一周。只有按时按质完成规定的任务，各个阶段性的目标才有可能实现，教育教学质量才有可能提高。

求实，校长就得有坚强的意志力。工作中碰到困难、挫折，甚至失败是常有的事。面对失败的严重威胁，校长应冷静思考，调查研究，综合分析，找出失败的原因，提出克服困难的办法，并客观地向师生做出解释，取得大家的理解和同情，斗志昂扬地带领师生前进。

求实，校长就得善于处理学校各个部门、各个层次、各种人员的关系，沟通他们的思想，协调他们的工作，使他们为全局利益而奋斗。

在今天，求实，校长还得想办法把学校搞活。校长既要看到教育的好势头，又要看到潜伏的危机；既要认真地抓好教育教学工作，又要不失时机地抓好后勤服务工作。要千方百计地去改善办学条件，改善教师的生活待遇。学校搞活了，经费有了保证，教师积极性的激励才有可靠的物质基础，校长所设想的办校方案才有实现的可能。

（四）良好的自我角色认知

每个人在社会上都扮演一定的角色，校长对自己的职、权、利的认识，便是校长的自我角色认知。校长的自我角色认知影响着他的思想，制约着他的行动，是校长管理学校的心理基础。

首先，校长要有正确的权力动机。权力是上级赋予的。上级赋予校长的权力是希望他把学校搞好，培养出德智体美劳全面发展的人才。如果校长有权不用，该计划时没有计划，该决策时不敢决策，该指挥时不敢指挥，那就一定会贻误时机，学校就会缺乏应有的凝聚力，成为一盘散沙。

其次，校长对他的职责要有明确的理解，他是一校之长，是全校的带头人，负有领导全局的责任。为此，校长应善于团结领导班子的全体成员，既要倾听大家的意见，形成有群众基础的领导意见，又要在出现问题时敢于承担责任，并积极提出解决问题的办法，切实付诸行动。实行校长负责制，校长的权力大，责任也大。为了保证学校的社会主义方向，校长应自觉置于党支部和教代会的监督之下。

再次，校长的自我角色认知还表现在对自我角色的义务感有正确的理解，并努力去尽自己的义务，实现角色的心理期待上。教师对校长的角色期待同校长对自己的角色期待往往有差距。高明的校长应力求缩短这种差距，力求将两者统一起来。如果校长长期不能满足教师的角色期待，教师就会产生失望心理，校长就无法发挥教师的作用。因此，校长应有自知之明，应有高度的民主作风，敏锐地注意教师的反应和需要。这样，校长的决策就容易为教师所理解，校长的号召就容易得到教师的响应，校长的角色期待和教师对校长的角色期待就容易取得一致。

最后，校长的角色认知要求校长应有宽容的态度，凡事要以理服人，以情感人，不要滥用权力。要耐心做好说服疏导工作，不能以权吓人。吓和压或许可以暂时解决一些问题，但不能根本解决问题，相反，在吓和压后面潜伏着危机——不服从指挥的危机。要容许教师有缺点，有错误，容许他们逐步改正缺点和错误。宽容的态度绝不是放任自流，相反，是一种在严格要求下的长远措施。

二、优秀校长的心理素质是怎样培养的

（一）实践

实践是检验真理的标准，是锻炼提高校长心理素质的重要途径。任何校长在当校长之前，都或多或少地学习过教育学、心理学、管理学的一般

理论，但是否真正弄懂弄通，这还要看他能否运用。自信心、创造精神是校长的重要心理素质，这种心理素质随着校长的不断实践，不断获得成功而不断得到加强。不敢实践，何来自信心和创造力？不敢实践，何来自我认识和领导才能的提高？

（二）考察

考察也可以说是实践，是一种特殊形式的实践活动。对外校外地的考察活动，有助于校长对信息的了解、对先进典型的体验，从而激发一种向榜样学习的心理需要。百闻不如一见，考察活动给人的各种感觉器官以直接的感受。通过考察活动，校长可以进行形象的对比，找到自己学校与友校的差距，并产生一种迫切向其他学校学习的心理要求，从而形成广泛的信息交流网，形成一种互不落后、你追我赶的竞争心理。

（三）自我修养

刘少奇同志在《论共产党员的修养》中指出："革命者要改造和提高自己，必须参加革命的实践，绝不能离开革命的实践；同时，也离不开自己在实践中的主观努力，离不开实践中的自我修养和学习。如果没有这后一方面，革命者要求得到自己的进步，仍然是不可能的。"作为一个校长，自我修养同样有极其重要的意义。校长必须经常学习党的路线、方针、政策，以保证学校不背离社会主义的方向；必须经常学习专业知识，以提高自己的专业水平，以此给老师们做表率；还要粗略懂得控制论、信息论、系统论以及与教育关系密切的新兴学科、边缘学科，以新的科学理论指导自己的工作，不断提高自己的管理水平；还必须加强道德方面的修养，使自己的行为符合道德规范。

（四）自我调控

校长要养成良好的心理素质，就必须进行自我调控。自我调控是自己调节控制自己的思想和行为。教育的过程是一种复杂的心理活动过程。校长的思想和行为往往有不符合客观实际的情况,一旦发现这种情况,就应该重新加以考虑,改变原来的一些看法和做法。在处理人际关系时,校长也要善于自我调控,在任何情况下都应保持冷静的头脑、稳定的情绪,以处理好人与人之间的关系,使校长的威信得以不断提高。

1991 年 8 月 6 日

① 本文是作者为广东省心理学会 1991 年(第八届)学术年会撰写的论文,发表于《教育局长谈教育》(续集)(第 151—157 页),该书由畅肇沁主编,中国广播电视出版社出版发行,1992 年版;编进中共中央党校出版社 1998 年 2 月出版发行的《中国社会科学文库·十四大以来中国改革发展的理论与实践》一书(见第二卷"科教兴国篇",第 1451—1453 页)。

主动・和谐・求是・创新①
——谈校训与优质教育

一、关于校训

校训是学校规定的对全校师生员工有指导意义和激励作用的口号。

中外一些学校的校训摘录如下。

清华大学：自强不息，厚德载物

暨南大学：忠信笃敬

哈佛大学：与柏拉图为友，与真理为友

耶鲁大学：光明与真理

北京师范大学附中：诚、爱、勤、勇

华南师范大学附中：勤、严、实、巧

汕头聿怀中学：求实、奋进、开拓、创新

潮州彩塘中学：主动、和谐、求是、创新

二、校训"主动・和谐・求是・创新"的内涵

（一）主动

自觉的行动，充分发挥个体的主体作用，满怀自信，勤奋学习，认真工作，持之以恒，形成良好习惯，最大限度地提高学习效率和工作效率。

如何激发学生学习的主动性呢？要做到以下几点：①充分信任每一位

学生，给学生学习的主动权；②树立天生其人必有才，天生其才必有用的人才观；③让每个学生都感受到成功的快乐；④营造一个民主、平等，敢想敢问，自由表达的空间。

评价一个学生时，不能只看其考试分数的高低，还要看其学习态度是否主动；在指导学生阅读、自学、预习和复习时，要着力培养学生敢于提问的勇气、善于提问的能力，这应是教师教学追求的目标；学生敢不敢提问、会不会提问，关键是能否给他们创造一个自由表达的空间。

（二）和谐

培养广泛兴趣，发展个性特长，优化情感，健全人格，形成爱心，注重沟通，善于合作，协调发展。

中国工程院院士韦钰说："人的一生是否快乐，情绪能力比理性能力更为重要，一个人的成功不在于积累知识的多少，而在于能否正确地控制自己的情感，激励自己，理解别人的情感，善于处理人际关系。"2004年6月28日，她在汕头大学作了题为《灵感与脑》的演讲，强调人应善于控制负面情绪，激活欢乐情绪。

德育工作要特别注意师生的情感问题。学校管理中要强调和谐，要创造和谐的学校环境，使学校每个成员心理都放松。

（三）求是

尊重事实，探求规律，掌握方法，踊跃参加活动，乐于观察，培养个体的分析能力、综合能力、自学能力、抗挫折能力。

笛卡尔说："最有价值的知识是关于方法的知识。"学校领导要寻求最科学的管理方法，学校老师要寻求最科学的教育教学方法，学生要寻求最科学有效的学习方法。

魏书生在《中学生实用学习法》中说："我觉得：教育的责任，固然要教给学生真理，但更重要的，还是要培养学生发现真理的能力；要教给学生知识，更要培养学生自己学习知识的能力。"他提出引发动力、发展智力、掌握技巧的广义学习方法。魏书生的观点是正确的、科学的。

我在《把学习的主动权还给学生》一书的前言中说："脑科学的研究表明，每个学生都有自学的潜能。学生的自学潜能必须通过学生的实践活动才能得到开发。中央教科所的重点课题语文自学辅导教学实验研究，是培养学生语文自学能力的有效途径，是改革语文教学的有效方法。语文自学辅导教学的基本模式是：启、读、练、知、结。这种教学模式的指导思想是：以学生的自主学习为主体，以教师的引导点拨为主线，以优化学生的学力结构为主标，以大面积、大幅度提高学生学习效率为主旨，使语文教学成为在老师和教材辅导下的学生生动、活泼、自主、快乐的学习活动。其核心是把学习的主动权交给学生，让学生获得更多的自学机会，不断开发自学的潜能，逐步掌握自学方法，锻炼自学能力。"

（四）创新

求异思维、发散思维，独立思辨，强烈的问题意识，勇于实践，善于寻求解决问题的新思路、新策略，努力培养创造精神。

求异思维，能帮助我们形成独特的观点和认识，极易发展为创新。

发散思维，使人们能够沿着多种不同的方向去思考，它的结论不是唯一的，而是多种多样的。

强烈的问题意识。巴尔扎克说："打开一切科学殿堂的钥匙毫无疑问的是问号。"爱因斯坦说："发现问题和系统阐述问题可能要比得到解答更为重要。"胡适说："问题是知识学问的老祖宗，古往今来一切知识的产生与积聚，都是因为要解决问题。"教师备课要备"问题"——如何使学生产生问题；教师上课要创造一个宽松的环境——让学生产生问题；教师要布置"问题"作业——由课内引向课外，让学生去探求。

要善于克服思维定式。一个开红酒瓶塞的故事说给大家听听：宴会马上就要开始了，服务员一直不能将瓶塞拔出来，焦急得很。见此情景，带班的急中生智，拿了一根棍子对准瓶塞用力一按，瓶塞掉到酒瓶里，红酒顺利倒出来。开红酒瓶塞，拔，是思维定式，拔不出要另找出路，按压，克服了思维定式，问题迎刃而解。

三、凡优质教育人生必定灿烂

办学理念，是由校长提出并得到全体师生认同的管理理念、管理策略。彩塘中学的办学理念是：以优质教育开启灿烂人生。

（一）什么是优质教育

落实"主动、和谐、求是、创新"的教育就是优质教育。开发多元智能的教育就是优质教育。学得主动，学得愉快，思维活跃，有强烈的问题意识，有顽强的探究精神，情感丰富，善于沟通，使个性得到张扬，潜能得到充分开发，IQ（智商）、EQ（情商）、AQ（挫折商）同步发展的教育就是优质教育。

（二）什么是灿烂人生

灿烂人生的必备条件：

第一，较强的认知能力。

霍德华·加德纳的多元智能理论给我们的启示：①中学开设的各门课程，有利于对学生各种智能的开发；②要鼓励学生学好各门课程；③各人的智能不尽相同，因此要注重因材施教；④要容许学生在某些方面差些，而在另一方面却比较突出；⑤对突出的一方要鼓励其努力，创造条件让其发展，充分张扬学生个性。

耶鲁大学的心理学家斯腾伯格认为，学业智力是惰性化智力；成功智力包括分析性智力、创造性智力、实践性智力。成功智力能帮助人们实现职业生涯发展中的目标。

斯腾伯格认为，第 10 名左右的学生，学业智力与成功智力能保持协调、平衡，其成功概率也高。这就是斯腾伯格的第 10 名现象，它与日本松下公司寻求 70 分人才是一致的。

第二，良好的道德面貌。

自主性——独立性，独创性；责任感——对自己、对他人、对社会的责任。这就是中学教育的两大主旋律。

第三，较高的 EQ 和 AQ。

（三）为灿烂人生而教

高素质教师应具有的能力：

第一，能够最大限度地挖掘每一个学生的潜能，并在教育教学中不断探求最佳的方法，能想象和正确判断学生的发展趋势和未来的成就。

第二，能保护学生学习的积极性，包括课内学习的积极性和课外活动的积极性，使他们对学习和其他各种活动都保持广泛的兴趣。

第三，懂得如何帮助那些无法掌握学习方法的学生，观念上对他们有足够的信心，行动上有适当的方法，时间上有足够的耐心。

第四，对学生既严格又宽松，既循循善诱，说明社会规范，又留下足够的空间，让其发展。

第五，有丰富的情感和坚韧的毅力，以丰富的情感感染学生，以坚韧的毅力克服工作中的困难，为教育教学而辛勤劳动。

第六，有永不满足的好奇心，有独立性，不囿于教育教学中的清规戒律，敢于打破传统的框框，敢于标新立异，自圆其说。

第七，善于接受新事物，捕捉新信息，善于将世界前沿的教育理论与本校实际相结合，提出新的策略。

第八，勇于实践试验，善于总结，不断改进教育教学方法。

第九，注重四位一体的教育：学校教育、家庭教育、社会教育和自我教育。

（四）培养学习型团队

我们强调个人学习，个人学习可以提升个人效能；我们更强调团队学习，团队学习可以提高团队效能。优质学校着眼于整体，关注整体，最终目的在于提升学校的整体效能，团队效能。要鼓励教师自我超越。以自我超越的心态，而非竞争的心态进行学习，这是促进学习型学校形成的基本前提。学校文化是学校个性的体现。校长的责任在于培育优质的学校文化。

结　论

优质教育必定要有优质的课程、优质的教师、优质的管理、优质的校园文化。

优质教育必定使每个学生的潜能得到发展，个性得到张扬，综合素质得到提高。

优质教育必定使每个学生都成为充满朝气的人、幸福的人，成为灿烂的人。

优质教育必定使每个学生都充满自信地走出彩塘中学，走进大学，走上社会……

愿"主动·和谐·求是·创新"的校训伴随着彩塘中学每个教师、每个学生茁壮成长！

愿"以优质教育开启灿烂人生"的办学理念在彩塘中学不断升华，结出丰硕之果！

2004 年 12 月 17 日

① 此文为作者应许卓正校长之邀，给潮州市彩塘中学老师们谈校训及办学理念。

主动作为,家庭事业双丰收[1]

尊敬的老师们、亲爱的同学们:

大家好!很高兴应邀参加今天的联谊活动。

高中毕业30年,同学们从当年意气风发的青年学子,到今天已步入成熟有为的人生中年。可喜可贺!

你们离开母校已30年,今天你们选择回母校举办这个联谊活动,表达的是对母校眷恋之情。

毕业30年,大家各奔东西,为事业为家庭奋斗着。今天能够欢聚在一起,这是一种缘分,这是同学的情谊——值得每个同学珍惜的人间最美好的情谊。

我是1987年12月离开母校到汕头任职的,已31年多。常回"家"看看,这是我的母校情结。潮安二中,我的母校,我的家。几年前我写了一篇《回家》,送给同学们,愿大家都为母校的发展添砖加瓦!

我是一名家庭教育的研究者与推广者,我通过演讲、创办《当今家庭教育》《孩子与家庭》杂志、出版书籍,为社会做了一点有益的事。近六年来,我出版了《爱,让孩子快乐成长——e时代家庭教育真谛》《家庭教育那些事儿》《叩开孩子心扉的艺术:谈家庭教育那些事》三本家庭教育著作,获评2018年汕头市道德模范提名奖……

目前,你们的孩子大都还处于求学阶段,这是你们对孩子寄予最大希望的阶段,也是你们家庭事业负担最重的阶段。

面对双重压力,怎么办?主动作为。

主动,就是自觉地行动。主动,是母校彩塘中学校训"主动、和谐、求是、创新"的开头两个字。怎样才能主动呢?就是要充分发挥个体的主体作用，满怀自信，勤奋学习，认真工作，持之以恒，最大限度地提高工作效率，将事业办好，办到极致。与此同时，要主动关注家庭，关注家庭教育，关注自己孩子的学习和成长。家庭教育是一门科学，更是一门艺术，需要智慧与方法，需要爱心与情感，需要时间与付出。只有把儿女培养好，培养成为身心健康的人、敢于担当的人、有智慧的人、有责任感的人、懂感恩的人，你才有幸福可言。家庭教育又是一门实践的科学，必须结合自己孩子的实际，在和孩子的相处交往中，不断修正自己的教育方法，不断提高教育孩子的艺术。

衷心祝愿各位校友主动作为，达到家庭事业双丰收！

2019 年 2 月 7 日

①此文为作者在彩塘中学高中 89 届同学毕业 30 周年联谊会上的演讲。

赞"主动"的办学理念

陈培明校长：

你好！11月22日星期四上午一场座谈，获益良多。

我非常赞赏你办学的主动性：主动与杜鹃小学合作，教师互相听课，互相到对方学校开课，这是提高课堂教学质量的有效办法，这对小学部教学质量的提升必将起到极大的促进作用；采取果断有效的措施，让初中部的教师到小学部任教，解决小学教师不足、全校教师又满员的问题；正副校长四人，分工得当，既抓线条又抓小学部与初中部，语数英三个主科都有人任课；小学部成立"科学"教研组，有个性、有特色；抓好初三教学工作，把好初中毕业班的关，抓好小学五年级（小学部的第一届）教学工作，分别抓好初中和小学两个起点年级教学工作，尤其是初一级"科学实验班"……所有这些，都是因地制宜的策略，对发展中的珠厦学校十分有利。

什么是"主动"？主动，就是自主自觉地行动。校长主动，充分发挥个体的主体作用，满怀自信，勤奋学习，认真工作，持之以恒，形成良好习惯，最大限度地提高工作效率；校长主动，充分发挥领导班子和行政团队的积极性，充分调动全体教师的主动性，这是办好珠厦学校的根本。

如何激发学生学习的主动性？可以从如下几方面去努力：①树立天生其人必有才，天生其才必有用的人才观；②充分信任每一位学生，给学生学习的主动权；③营造一个民主、平等，敢想敢问，自由表达的空间；④让每个学生都感受到成功的快乐。

除了师生主动，还需要家长主动：懂得如何科学爱孩子，助推孩子的发展；懂得在体验中培养孩子良好的生活习惯；懂得指导孩子学习，注重阅读与实验；懂得期待，陪着孩子，让孩子慢慢成长……

校长主动，带动教师主动、学生主动、家长主动。主动的办学理念必将引领珠厦学校成为一所优质高效而又生动活泼的九年制学校。

目前，汕头九年制学校不多，如何办好它，缺少经验，需要主动实践、主动探索。在办好九年制学校方面，尤其在家庭教育方面，我愿做出自己的努力。

顺祝

教安！

张能治

2018 年 11 月 26 日

第十一章 局长之歌

教育科研与素质教育[①]

素质教育的全面实施，必须以教育科研为指导。本文拟就怎样加深对素质教育的认识，怎样开展教育科研，教育科研如何促进素质教育的发展等方面进行讨论，呼吁教育局局长要高度重视教育科研，促进素质教育的全面实施。

一、努力转变教育观念，加深对素质教育的认识

什么是素质教育？素质教育就是以教育的积极影响，充分发挥学生的主观能动性，使所有学生都在其已有发展水平上有所发展，都在其可能发展的范围内充分发展、主动发展，从而促进社会意识向学生个体心理品质的内化。

要使所有的学生在其可能发展的范围内都能充分发展、主动发展，就必须转变教育观念，面向全体学生。对于一个地区来说，就得取消义务教育阶段的重点学校，对此原国家教委有明确的规定。但时至今日，重点小学、重点初中（包括重点完中的初中部）在全国仍然存在，北京有，广州有，汕头也有。本来教育资源就很紧缺，由于办重点学校，就必然将紧缺的资源向重点倾斜，使重点锦上添花，而面上学校、薄弱学校却得不到真正有力的帮助。这就进一步拉开面上学校与重点学校的距离，使"面向全体学生"这一素质教育重要内涵得不到真正落实。人们不禁要问，为什么重点学校屡禁不止？这有其复杂的原因。而相当一部分党政领导忽视本地区教育的全面发展，热衷于办重点学校，把办重点当作自己的政绩，用以摆摆门面，这是一个重要原因。要取消义务教育阶段的重点学校，不从

领导的教育观念上找原因是不可能实现的。当前开展改造薄弱学校的工作是很好的，但如果不同时强调取消重点小学、重点初中，薄弱学校的改造工作仍然不能真正完成。有人担心，取消重点会降低一个地区的教育质量，这是观念上的一种偏见。我们认为，取消重点，大家都在基本相同的条件下办学，都在基本相同的条件下竞争，各校都有积极性，其经验更有可比性、同一性，更可互相学习，这样教育质量只会提高，不会下降。因此，取消义务教育阶段的重点学校，办好每一所学校，这是实施素质教育，面向全体学生的大前提。对于一所学校来说，又如何"面向全体学生"呢？这也需要校长和教师转变教育观念，要热爱每一个学生，特别是热爱差生。著名特级教师丁有宽有一句名言，"偏爱差生"。这是"面向全体学生"的具体表现。如果不是这样，轻视差生、厌恶差生，又从何谈"面向全体学生"呢？因材施教是对的，但往往有人借口因材施教，编重点班、快慢班，其目的是培养几个尖子，点缀门面，这是教育观念上忽视全体的表现。这样的校长不是优秀的校长，这样的教师不是优秀的教师。

要使所有的学生在其可能发展的范围内都能充分发展、主动发展，就必须转变教育观念，全面落实课程计划，使学生德、智、体、美、劳全面发展。各学校领导都承认要贯彻课程计划，但落实起来就打折扣，有的学校音乐课和美术课就没有完全开设，小学和初中两级毕业班尤为突出。小学的自然课、中学的劳动技术教育课很不落实。产生这种情况的原因是多方面的，有师资问题、设备问题，更有教育观念不正，片面追求升学率问题。解决问题的办法还是在于转变教育观念。要明确课程计划所规定的各个年级开设的课程，都是给学生打基础的课程，是实施素质教育的具体内容，否则学生德、智、体、美、劳五育就得不到全面发展。我们必须从五育的内涵和作用进行研究，从理论和实践说明五育不全对一个人成长的严重影响，使广大教育工作者重视五育，重视学生的全面发展。我们还得从评估体系进行研究，使各育的作用在素质教育的评估体系中得以充分体现。

要使所有的学生在其可能发展的范围内都能充分发展、主动发展，就必须更新教育观念，既要注重智商的开发，更要注重情感智商（简称"情商"，EQ）的培养。曾以培养了六位美国总统、33名诺贝尔奖获得者而著称于世的美国哈佛大学之所以取得卓越的教育成就，就在于不断更新教育观念。在这20世纪末的时间里，哈佛又推出了震撼世界的情商教育概念。情商概念的提出，打破了长久以来智商的先天决定论。所谓情商，就是通过情绪控制来提高生活质量一类的才能。

情商包括以下五个方面的内容：①认识自身的情绪；②妥善管理自身的情绪；③自我激励；④认识他人情绪；⑤人际关系的管理。长期以来，人们对智商（IQ）高的人都很重视、很赞赏，认为智商高成就就一定高。然而，今天再持这种观点已经大大落伍了。最新研究表明，最精确、最惊人的成就评定标准是情商，而不是智商。生活中常常遇到这样一种现象：IQ很高的人并不见得一定会成功，而EQ很高的人则必定成功。EQ高的人具备一种综合与平衡能力。因此，一个人想获得成功，就必须大力提升自己的EQ。对IQ不要看得过重，国家教委强调不要重奖高考状元，就是这个道理。清华大学和北京大学的调查表明，这两所名牌大学的最有成就学生，有创造发明者，大都不是IQ很高的高考状元，而是EQ很高的普通学生。EQ在国外已被纳入正式教育，美国的学校已开设EQ课程，将它与其传统的数学、语言等课程并列。研究表明，一个人的成就至多只有20%归诸于IQ，而80%受EQ影响。为此，要加强素质教育，就必须转变传统的教育观念，加强对EQ的研究，努力提高每个学生的EQ，使学生在校的教育为他一生的健康成长打下良好的基础，产生积极的影响。

二、以学习科学的研究为切入点，深入开展教育科研

要充分发挥学生的主观能动性，使所有学生都在其已有的发展水平上有所发展，都在其可能发展的范围内充分发展、主动发展，就必须改革传

统的教授法，充分激发学生学习的主动性和积极性，使教学过程从以"教"为中心转变到以"学"为中心，从知识的传授和学习转变为学习能力、学习方法、学习品德的培养和提高。著名哲学家笛卡尔说得好，"最有价值的知识是关于方法的知识"。掌握了方法，学生的思路将变得更开阔、更敏捷，解决问题的手段将会更多、更灵活。这样就会形成一种心理定势，使学生能以最快的速度获取知识。有了这样的心理定势，学生就会迅速抓住问题的要害，找到解决问题的途径。有了这样的心理定势，学生在离开学校，走进社会之后，就会根据在学校所学的知识和实践的需要，更好地发展自己，为社会服务。因此，我们认为在众多的教育科研课题中，学习科学的研究是最为重要的一个方面。

我们金园区以学习科学的研究为切入点，深入开展教育科研，有效地促进素质教育的发展。全区中小学已有一半以上的学校、三分之一以上的班级开展学习科学的实验和研究。1995年，飞厦中学参加国家教委重点科研课题"中学整体优化改革"的实验研究。该校通过课堂教学改革和体育节、艺术节、科技节等一系列活动，多侧面、多方位培养学生的兴趣，发展其特长，培养创造的能力、协作的能力，使学生素质得到全面提高。实验结果，整体优化改革振奋了师生的精神，促进了各项工作的发展，飞厦中学获得该课题突出成果奖。聿怀中学特级教师方仰群，从1985年开始了高中数学引读式教学的探索。引读式采用"引、读、讲、练、评"五个环节的教学模式；改变了重知识轻方法的教学状况，注重培养学生良好的学习品质。这一学习方法已在聿怀中学各学科各年级中推广，产生了积极的影响。聿怀中学、东方中学是中国学习科学学会学习指导实验中心属下的"学习科学实验学校"。聿怀中学的实验课题是"学生学习现状的调查和学习指导的研究"，东方中学的实验课题是"培养初中学生正确学习方法的整体实验"，两校的课题实验有效地指导了两校的教学改革。继这两所中学之后，又有八所中小学参加该项实验。

1995年，我区华新小学率先开展了小学语文自学辅导教学实验。该实验是中央教科所重点课题"语文自学辅导教学实验研究"的子课题。至今全区已有19所小学参加到这项教学实验的行列，其中有十所小学经中央教科所课题组专家考察合格，挂上该课题实验学校的牌子。这个课题指导思想是：以学生的自主学习为主体，以教师的引导转化为主线，以优化学生的学力结构为主标，以大面积大幅度提高学生学习效率为主旨，使语文教学成为在教师和教材辅导下的学生生动、自主、快乐的学习活动。实验学校坚持以"启、读、练、知、结"的五字教学模式进行教学。启，就是启发；读，就是学生自读教材；练，就是学生按照课本的要求进行练习；知，是学生在"练"之后知道结果；结，就是小结。由于"启、读、练、知、结"这个教学模式符合人的认知规律，可操作性比较强，因而产生了良好的教学效果。华新小学教师陈绮纯的课堂实录和教案在该课题全国第二届年会上获一等奖，东厦小学教师李蔚青的示教课获全国第三届年会一等奖。目前，语文自学辅导的实验已由小学发展到中学。几年来，东厦小学开展引导学生主动学习的实验研究，已取得阶段性成果。该课题通过实验手段，促使学生乐学、爱学、会学、主动发展，从更深层次解决减轻学生过重课业负担，全面提高教学质量的问题。整个实验按照激发动机、主体参与、改革结构、分层实施、学法指导五个方面进行设计和组织落实。课题的实验报告获1996年广东省教育创新成果三等奖。长厦小学承担了国家教委基础教育司重点科研项目"小学语文'四结合'（识字、编码、阅读、计算机）教学改革试验研究"课题。该课题以计算机技术为手段，融语文基础教育和计算机教育为一体，经过一年多的实践，已总结出初步的教学经验。

1997年，我区有五所中小学参加了国家教委"九五"规划重点课题"义务教育阶段学生'学会学习'研究"的子课题实验。飞厦中学的课题是"研究提高中学生学习能力的方法、途径"，海棠中学的课题是"学生非智力因素在学会学习中的地位、作用及其培养"。全区有七所中小学、幼儿园参加"中小幼现代科技教育研究"的课题实验（广东省教育厅立项），有两所中学参加"中学语文读写创教学实验研究"（全国中语会立项），有两小学参加"小学韵语教学实验"（中央教科所立项），有一所中学参加"现代教育技术促进科学素质教育"的实验（中央电化教育馆立项），有四所中学参加"初中语文三诵读教学实验"（广东省教育厅立项），有四所中小学参加"几何画板"课题研究（国家教委立项）。

全区除省级以上科研课题之外，还有一批是市、区、校一级的实验课题。这些科研课题绝大部分是学习科学方面的内容。这些科研课题实验对于培养学生的学习能力、生存能力、竞争能力、协作能力都产生积极的影响，有效地推进素质教育的发展。课题研究的广泛开展，促进了教育科研的深入发展，有效地提高了教师的科研水平。据不完全统计，从1992年起，全区教师在全国性教育刊物发表或在全国性教育学术会议上获奖的论文有43篇，在省级教育刊物发表或在省级教育学术会议上获奖的论文有210篇，在市级教育刊物发表或在市级教育学术会议交流获奖的论文有311篇，在区级教育刊物发表或区级教育学术会议上交流获奖论文有848篇。

三、以教育科研促素质教育的发展

教育观念的转变，只有通过加强理论学习和教育科研的深入开展才可能达到。素质教育的全面实施，必须以教育科研为指导。当前，如何以教育科研促素质教育的发展？我认为应着重抓好如下几个环节。

（一）加强教育理论的学习

要大胆吸纳发达国家先进的教育理论，结合中国的国情，加以改造利用，这是实施素质教育的重要前提。柳斌同志说："没有教育观念的转变，素质教育就不可能取得成功，因而可以说转变观念是实施素质教育的关键。"我们要改变传统的人才观，用新的教育观念审视人才，培养学生。不但要重视智力因素的培养，更要重视非智力因素的训练；不但要重视IQ的开发，更要重视EQ的提升。当前，教育界、学术界对EQ的认识还很肤浅。

因此，我们应在已有基础上加强对 EQ 的学习和研究。全国已有不少学校开始重视学生的心理辅导，开设心理健康教育课，进行心理咨询，这是一个良好的开端。但这仅仅是开端，是 EQ 研究的一部分，远不是 EQ 研究的全部。有一种倾向认为心理辅导是德育的范畴，因此，应由思想政治教育的部门来管理，这就难怪一些教师很容易把心理健康教育问题当作思想道德问题去批评。我们认为，所有的教育工作者都必须学习 EQ，懂得 EQ，不断提升自己的 EQ，同时也提升被管理的学生的 EQ。唯有如此，素质教育才能得到真正落实。

（二）广泛开展教育科学的课题研究

以学习科学为龙头，广泛开展教育科学的课题研究。如何搞教育科研？第一，要选好课题。选课题要结合当前的教育形势和本地区的实际。第二，要做出研究规划。研究规划要对研究内容做出明确界定，分析研究的价值，确定研究的方法和手段。第三，根据研究规划做出研究方案，将研究的内容、目标、方法、过程具体化。第四，要注意阶段性的总结，不断检查方案实施的情况。第五，研究终了，做出课题的实验报告，撰写科学论文。

（三）加大课堂教学改革力度

课堂是实施素质教育的主阵地，要以科研促教研，加大课堂教学改革力度。陶行知指出："教的法子要根据学的法子。"要通过听课、评课，切实提高课堂教学的艺术。要建立新的课堂秩序，新的教学模式——以学为主的导学式模式。为此，教师要实现三个转变：从以教为中心转到以学（指导学生学）为中心；从研究教师如何教为重点转到以研究学生如何学为重点；从以教师传授知识为中心转变到以打好基础、发展智力、培养能力为中心。学生学习能力提高的主战场是在学科课堂。课堂教学一定要精讲，教师的作用在于启迪、点拨、引导学生学习。要反对满堂灌、满堂问、满堂答。要向课堂教学要质量、要效益，要成绩。为此，教师备课要备教案和学案，从学生学习的目标、起点、动机、内容、方法、能力、趣味、自学等方面给学生以指导。要从课堂教学改革入手，逐步使学生也实现三个转变：从厌学到愿意学转变，从苦学到乐学转变，从拙学到善学转变。要面向全体学生，切实减轻学生的课业负担，让学生学得生动活泼，主动发展。要培养学生良好的学习习惯和方法，不但使学生学会，还要使学生会学，这是最终的目标。

（四）造就一支高素质的教育科研教师队伍

要搞教育科研，没有一支强有力、高水准的教师队伍是不可能完成的。为此，要加强培训，继续做好走出去参观学习，请进来讲学指导的工作。我们拟举办学习科学辅导培训班，请专家对骨干教师进行培训；拟编辑出版金园区学习科学论文集，以展示学习科学实验研究的成果，促进互相学习；拟调整充实区学习科学研究会的理事，更好地搞好中小学、幼儿园的学习指导。要通过学习科学等课题实验，培训一支热爱教育科研，懂得实验方法，善于撰写实验报告和论文的教师队伍。

（五）营造开展教育科研的浓厚氛围

要形成一种共识：不搞教育科研，就没有出路。搞教育科研能提高学校领导者的管理水平，能有效地提高教师的教育教学水平，使教师从高消耗低效益的误区中走出来，寻找既提高教学质量，又减轻学生负担的途径，积极主动对学生实施素质教育。

我们要对校长提出这样的要求：校长应是教育科研的带头人，不搞教育科研，就没有资格当校长。校长带头搞科研，并辅之以有效的激励机制，全校就能形成人人搞科研的局面。与此同时，我们也要对教育局局长发出呼吁，教育局局长要高度重视教育科研，要从队伍、资金、信息、设备等方面给教育科研开绿灯，使教育科研成为一个地区的主旋律，如此，则素质教育的全面实施指日可待。

①本文荣获全国人文科学优秀成果评选一等奖,刊登于中国物资出版社1999年出版的《中国市场经济文论大典》上卷"科教文体卫篇",第1531—1534页。

努力做一个青少年成长的促进者

促进者的角色是教师最富有时代性的角色特征。多年来,我遵循促进者的角色要求,用演讲的形式为青少年服务,做了一些工作,取得了一定的效果。

一、认真学习,增强实力

21世纪,是信息社会的世纪,知识更新换代快,你要想在教育上有发言权,你就时刻不能放弃学习。作为关工委的一员,要为孩子们服务,就得有实力。要增强自己的实力,就得努力学习,做学习型的人才。

(一)学习世界前沿的教育理论

1983年,邓小平同志为景山学校题词:"教育要面向现代化,面向世界,面向未来。"这是中国教育理论上一个重大突破。回忆过去,研究过去,目的是为了未来。如何关注未来,研究未来,这是当前教育一个薄弱环节,我在演讲中特别注意这个环节,让学生都为未来而努力。

1989年联合国通过的《儿童权利公约》规定儿童有四大权利:生存权、保护权、发展权、参与权。如何保护儿童这四大权利,这是我们关工委要积极努力的一个方面。我在演讲过程中非常注意儿童的参与,和儿童互动,努力将儿童的积极性调动起来。

1983年,美国哈佛大学教授霍德华·加德纳出版了《智能的结构》一书,提出多元智能理论。素质教育就是要遵循多元智能理论,让每个儿童能够有差异地得到发展,实现个人应有的以及可能实现的最大、最好的发展。

1995年，美国哈佛大学行为与脑科学教授丹尼尔·戈尔曼出版了《情绪智力》一书，提出"情商"这一概念。戈尔曼认为，决定一个人成为社会栋梁或者庸碌之辈的关键因素，就是与人们自我管理和调节人际关系能力的大小，也即情感智商的高低。

我对邓小平"教育三个面向"的理解、对现代儿童观的认同、对加德纳的多元智能理论和戈尔曼的情商理论的学习，有效地更新自己的教育观念，指导我的讲学，指导关工委的工作。

（二）聆听专家、学者的讲座

专家、学者的讲座会从多侧面提供信息，让自己从中吸取营养。凡是适合的讲座我都争取去听，如我国著名教育改革家魏书生关于学习学的讲座、赏识教育专家周弘关于赏识教育的讲座、早教之父武汉大学教授冯德全的《成功早教》讲座、家庭教育专家北京师范大学教授赵忠心的《当前我国家庭教育面临的新情况、新问题及其对策》讲座、广东教育学院心理学教授王小棉的《活动课程在班主任工作中的运用》讲座、湖南师范大学教授石鸥的《适应时代需求，全面推进课程改革》讲座、韩山师范学院物理系教授郭鸿钧的《纳米材料及其应用》科技讲座、广东汕头金山中学校长黄晖阳的《爱情——那是田野里一片绿油油的庄稼》爱情讲座，等等。这些讲座极大地丰富了我的教育思想，为我的演讲提供了借鉴。

（三）参加多种培训和学术活动

新课程的实施，需要一个不断认识、不断实践、不断深化的过程。这几年，我主动参加了新课程的各种培训，包括通识培训和起始年级新教材培训等。我积极参加广东省家庭教育讲师团的培训，参加在广州召开的海峡两岸家庭教育学术研讨会，参加广东省教育系统关工委主任学习班的学习，等等。各种培训和学术活动为我的演讲提供新的思考，也为在新课程下如何做好学生的思想政治工作提供新的方法和策略。

（四）潜心研究，专题调研

家庭教育是我国教育中一个很薄弱环节，为此，我下大力气研究中外著名教育家关于家庭教育的论著，以此指导家庭教育工作，使自己在家庭教育方面有所作为。和关工委同志到各校调研，到各校听课，我总会关注各校的科研信息，从中得到教益。

二、更新观念，学会沟通

观念决定行动。有什么样的观念，就会有什么样的行动。只有更新观念，学会沟通，才会有好的行动，才谈得上真正的教育。

（一）学会倾听，了解心声

与孩子沟通，要学会倾听。对不同年龄的孩子，倾听的方法应有所不同：对婴幼儿、小学低年级学生，大人要蹲下来倾听；对高年级的学生，不论坐着还是站着，眼睛都应该平视，专注倾听他们的心声。通过倾听，了解孩子在想什么，最喜欢干什么，最讨厌的是什么；通过倾听，了解家长有什么需求，有什么愿望，在教育上存在什么误区；通过倾听，了解教师的教学思想、教育方法。只有倾听，才能了解，关工委的工作才有目的性、针对性。

（二）学会尊重，认真回答孩子的提问

在和孩子交往中要特别注意尊重儿童。被尊重是孩子的一种心理需求，人皆有自尊心，不论是幼儿，还是中小学生都如此。尊重孩子，就得积极认真回答孩子的提问。不同年龄段的孩子提出的问题很不相同，我们应该用适合这个年龄段孩子的知识水平、理解水平的话语去回答，绝对不能骗孩子，哄孩子，否则可能使他们对这个问题终生都抱着错误的看法。

敢于提问，这是儿童主动学习的表现，演讲者应给以热情支持。我给中学生讲《让读书成为生活的一种习惯》《阅读与思考照亮人生》《习惯的形成及其对人生的影响》。会后，学生给我发来多条信息，询问有关读书、习惯、成才等问题，我逐一打电话，耐心回答他们的提问。一位高一学生听了讲座之后，单独找我反映他的情况，并要求我保密。这位男生的家庭经济较差，他的妹妹曾被一男人污辱过，此事给他妹妹、给他自己、给家庭造成了极大的伤害。我感谢这位学生对我的信任，敢于向我倾吐他的隐私，并表示为他保密。我从心理上帮他疏导，策略上给他支持，帮助他正确面对，努力消除事件对他造成的影响。通过谈话，他的心灵得到安慰，决心振作起来学好功课。

我们学会倾听，学会了解，学会尊重，学会回答，就算是学会与孩子沟通，这是做好关工委工作的前提。

三、努力付出，提高效益

（一）认真准备演讲稿

演讲，这是我自己找来的工作，是我为青少年服务、为社会服务的一种特殊形式，是我从事关工委工作的一种尝试。我所讲的专题，都是出于现实需要，是听讲单位给我提出来的。写一个专题，我需要较长的时间，但我把它当作教育对我的挑战。要做一个对青少年有所促进的人，就应该敢于迎接这种挑战。每场演讲我都有演讲稿。每份演讲稿都注意有理论支撑，这样才会令人信服；注意运用案例说明问题，这样才更直观，更有说服力，更能被青少年所接受。如讲《以优质教育开启灿烂人生》《IQ＋EQ＋AQ＝成功的人生教育》等专题时，每一专题我都列举了中外十多个典型案例说明问题。我的演讲注意理科、文科相结合，经济、科技、教育相结合，以满足不同层次听众的需要。现场对话、现场回答听众的提问，这是一件难度较大的事情，为了更好地与听众沟通，我愿意接受这种挑战。会后的咨询活动，这是理论指导实践，解决具体问题的重要环节，我乐此不疲。

（二）问卷调查

每场演讲，事先我都要与主办单位的领导或老师座谈，了解该单位教育教学的情况，学生的需求和困惑，以便演讲时有的放矢。一些讲座，我还制作问卷，事先向听者做调查，使演讲更有针对性。

（三）编印演讲提纲

每场演讲我都编印演讲提纲给听众，人手一份。有了它，大家对演讲的思路、结构就比较了解，可以加深听众对内容的理解。演讲提纲末尾我留下电话，有需要的人可以随时与我联系沟通，以示对听众负责。

（四）制作多媒体课件

我认真学习多媒体技术，将演讲稿制作成多媒体课件，演讲时既播放配合主题的音乐，又有图像和文字说明，大大增强演讲的生动性。制作课件需要搜集资料，合理构思，反复修改，以达到较佳效果。这花去我大量时间，但我乐意付出。

（五）满足各种需求

孩子的成长，尤其是良好习惯的养成和行为品格的形成，靠谁？主要靠家庭。家庭的显性教育和隐性教育，在很大程度上决定了孩子的行为品德。关心下一代的上一代——孩子的父母亲，加强家庭教育的指导工作，这是关工委工作的一个突破点。去年9月，全国家庭教育活动月期间，我冒着酷暑，为社区做了九场演讲。多年来，我致力于各校的家庭教育和社区的家庭教育，我的《父母的职责——培养子女的良好习惯》《习惯决定自己的命运》《更新育儿观念　培养孩子良好品格》等专题受到了广大家长的热烈欢迎和普遍好评。一位家长在听了我的演讲之后,给我发来电子邮件谈感受,他说:"先生的讲座如雾海航灯,照亮了我们培养孩子品格的方向,促使我们思考在日常教育中的不足和错误。我和爱人当下讨论了一些问题,马上把塑造孩子应有的品格如勇气等以大字报的方式贴在墙上,有目的地培养孩子。"

(六) 努力探索德育的新路子

上学期,某小学校长邀请我给学生上一堂品德教育课。接到任务后,我到学校做了两次调查,设计了一份学生问卷,在这基础上写了一个讲稿,题目叫作:《我与智慧同行》,并制作成电脑课件。我和局关工委小学组的同志一起参加这次活动。这堂课由"引子、智慧的人、智慧的事、智慧和自制力、目标、作业、祝愿"七部分组成。我与学生一起做了一个游戏,给学生讲了三个故事、两个案例、一道联想题,猜一个谜语,表演一个小魔术,从"做智慧的人"到"做智慧的事",让学生在活动中思索,引导学生"与智慧同行",从小养成良好的行为习惯,学会自我教育,严格控制上网时间和提高自制力,做一个智慧的孩子。整堂课,学生学习兴趣浓厚,思维活跃,互动积极,收到良好的教育效果。这是一堂什么课?这是一堂综合活动课,综合思品、法制、科技、语文等方面的内容给学生以教育:我与智慧同行! 40分钟到了,下课后,一群学生将我围住,给我提出许许多多的问题,我由衷地高兴。同学们感到,课是结束了,但思考仍在继续……我从课堂教学实践中感悟到课程改革的力量,感悟到德育的力量。

上学期,我应邀给某中学全体同学做报告,谈心理调适问题;今年中考前夕,我给某中学毕业班同学做演讲,谈心理减压。这两场讲座我都通过生动的个案阐明道理,同时也教给学生一些心理调适的方法,在与学生互动中让大家得到教育,从而达到心理减压的目的。

目前,我的演讲已有30多个专题。我的演讲受到听者的广泛好评,老师们认为,"张局长的演讲是一顿丰盛的教育套餐"。家长评论说,"张老师的演讲,精彩、实在,让人受益"。面对大家的赞扬,我受到鼓舞,也感觉担子沉重,仍需加倍努力。认真学习,增强实力;更新观念,学会沟通;努力付出,提高效益;不断挑战自我,不断提高演讲的质量,努力做一个青少年成长的促进者,做一个对别人有所帮助的人,做一个无愧于伟大变革时代的共产党员,这就是我—— 一个退休的教育工作者的心愿,我的人生追求、我的人生价值。

2007 年 10 月 31 日
于汕头碧霞庄

一个经济特区教育工作者的心声[①]

经济特区是中国改革开放设计师邓小平创造的,是邓小平的市场经济理论培育起来的。没有邓小平经济学理论支撑,就没有经济特区;没有邓小平的创造性思维,就没有经济特区。在汕头经济特区建立30周年之际,在汕头经济特区扩大到全市范围之际,我们更加怀念邓小平,我们更需要经济特区精神。

经济特区的速度、效率、环保、低碳、创造、和谐,这些都是其重要特征,而"创造"则是这些特征的核心。经济特区与人不同之处就在于它的创造性。作为特区人,就应该有强烈的创造意识和开拓的创造精神。

我是汕头经济特区的一名教育工作者,长期以来,我将爱奉献给汕头经济特区的教育事业,奉献给下一代的健康快乐成长事业。

我认为,每个孩子都拥有一个家庭,每个健康快乐的孩子背后都有一个乐教善教的家庭,每个问题孩子的背后都有一个问题家庭。

"给我一个支点,我可以把地球撬起来。"这是阿基米德的科学宣言。"支点"成为每一个思想者和开拓者寻找的目标。就当前中国教育而言,这个"支点"就是家庭教育。同一个学校,同一个班,为什么学生的差别那么大,很大程度上取决于家庭教育。家庭是社会的细胞,孩子是家长的希望。家庭教育的根本目的在于"促进子女在家庭成为好子弟,在校成为好学生,在社会成为好国民,在世界成为好人类"。家庭教育的影响可谓大矣!它是孩子能否成为"好子弟""好学生""好国民""好人类"的关键所在。

关心孩子,关心下一代,必须关心下一代的上一代——当今的父母们。十多年来,我用演讲这种独特的形式,为家长、为孩子、为教师服务,在

第十一章 局长之歌

汕头经济特区内外做了200多场演讲，给他们送去前沿的教育理念和解决问题的具体办法，收到良好的教育效果。

影响家庭教育效果的因素很多，包括家长自身的素质、教养态度、教育能力、生活条件、家庭成员之间的关系、家庭的社会背景等。诸因素的综合作用，形成家庭教育错综复杂的冲突与矛盾。家庭教育是一个相当复杂的过程，需要进行理性的思索，不能把家庭教育简单化、庸俗化，因此，家庭教育需要专业工作者的指导。

怎样才能使孩子健康成长，家长扮演了重要的角色——一个不可替代的角色。学校教育效果如何，家庭教育是一个不可缺少的环节。在素质教育中，哪所学校、哪个地方的教育行政部门重视家庭教育，真正把家庭教育列入学校、列入当地素质教育的议事日程，家庭教育就会成为学生成长的动力，学校教育就会出现勃勃生机，产生良性循环，学生就会健康快乐地成长，哪里的校风、哪里的民风就会呈现一种和谐向上的气象。如果将家庭教育当成一种摆设、一种突击行为、一种应付检查评比的办法，那么，就无法解决孩子所面临的种种困惑，也就谈不上孩子的快乐，更谈不上孩子的健康成长。忽略家庭教育，它将成为孩子成长的阻力。无数事实证明，几乎所有的问题孩子背后都有一个问题家庭。帮助问题孩子，必须从解决家庭问题入手。

家庭教育与孩子的成长成正相关的关系。正确的家庭教育、科学的家庭教育、符合自己孩子特点的家庭教育，它将成为孩子成长的促进剂。基于这样的认识，我们于2008年12月，成立了金平区关心下一代家庭教育讲师团，我被任命为团长，共有成员16人。大家纷纷下基层，深入各中小学、幼儿园、社区演讲，让家庭教育的新理念深入千家万户。2009年12月，我制作的家庭教育课件《更新教育理念，做e时代合格父母》荣获广东省家庭教育多媒体课件评比一等奖（全省11个一等奖，汕头仅此一个），为汕头经济特区争了光。2010年5月，汕头市关工委在金平区召开全市家庭教育现场会，推广金平家教讲师团的经验。

由我主编的《当今家庭教育》杂志已出版了 9 期，发行了 12000 多份。我花了大力气，努力办好《当今家庭教育》：培训家教通讯员；约稿、组稿、改稿；编辑、排版；出版、发行、邮寄；寻找资金，寻求支持者。所有这些，我都亲力亲为，乐此不疲。《当今家庭教育》免费发行到全区各中小学、部分幼儿园、各街道、区政府各部门以及省市教育、妇联、共青团、关工委和全国各地家庭教育学术机构。广大家长和社会各界对《当今家庭教育》给予高度的评价，它对青少年的健康成长起到不可替代的作用，为家庭文明建设和社会的安定团结起到积极的促进作用。

2010 年 9 月，我凭借在家庭教育上的业绩，由区委宣传部及社会各界推荐，被金平区精神文明建设委员会授予"金平好人提名奖"。这反映社会对家庭教育的重视，对我无疑是一种极大的鼓舞。我编著的 26 万字的《爱，让孩子快乐成长——e 时代家庭教育真谛》一书近期将由广东人民出版社出版，以此献给汕头经济特区建立 30 周年，献给渴望孩子健康快乐成长的家长们、老师们、朋友们。

家庭教育是一项伟大的事业、艰难的事业，任重而道远。以创造的精神去开拓这艰难的事业，做一名 e 时代的家庭教育专家，将关爱送给每个家庭，送给每个孩子，这就是我——一个经济特区教育工作者的心声！

愿全社会都来关注这一事业，支持这一事业，促进这一事业的发展！而家庭教育这一事业真正发展了、做好了，我们的下一代就必定能健康快乐成长，所有的家庭就必定文明幸福，社会就必定安定和谐。

2011 年 8 月 16 日

①此文为作者应邀在中共汕头市委宣传部举行的庆祝汕头经济特区成立 30 周年会议上的发言。

教导主任在实施新课程中的角色定位[①]

教导主任是校长决策的执行者，是教师和学生的管理者。教导主任大都在原来的教育教学岗位上做出显著的成绩，有过成功的管理经验，但这些经验已远远不能满足教育发展的需要，随着新课程的实施，教导主任的角色必须进行转换，形成适应新课程的新角色。

一、教导主任要成为实施新课程的实践者、探索者

新课程对教师各项要求，教导主任都要做到，并要努力使自己成为实践新课程的优秀教师。为此，教导主任一定要兼课，并尽可能兼主科。通过兼课，把握好新课程的新理念、教学的新方法，以自己出色的教学实践去影响教师，带动教师，为教师做出示范。在实施新课程中，教师的角色也发生了新的变化，教师不仅是"传道、授业、解惑"者，而且是学生学习动机的激发者、主动学习的促进者。促进者的角色是教师最富时代性的角色特征。教师如何扮演促进者角色，激励学生思考呢？最重要一条是给学生心理上的支持，创造一个宽容、和谐、自由、安全的课堂气氛。宽容，就是对学生的不当行为不要过分指责，而要因势利导，点到为止，改了就好；和谐，就是要让师生之间、学生之间亲密无间，互相帮助，互相学习；自由，就是要尽量减少对学生行为的无谓限制，给学生自由表现的机会；安全，就是不要对学生的独特想法进行挑剔，使其获得创造的安全感。宽容、和谐、自由、安全的课堂气氛和班级环境，会使学生思维更活跃，探索热情更高涨，创造力更旺盛。

教导主任要成为促进者的角色，还必须具有新的教学基本功。过去对

教师要求的，如说一口标准的普通话、写一手漂亮的硬笔字、会绘画、会做实验等，今天仍然需要。为适应新课程，教导主任还应有新的教学基本功：要善于关注每个学生的兴趣、情感、态度及个性；要认真倾听学生的心声，特别是学习有困难的学生心声；要创设环境，鼓励学生主动学习、合作学习；要努力提高搜集信息和处理信息的能力，将信息技术与教学有机结合的能力；要不断提高对各种课程资源的开发、利用、整合能力；等等。

实施新课程是对旧课程的挑战，是对传统教学方法的挑战。教导主任要在实施新课程中更新教学观念，探索适应新课程的教学方法。新课程强调交往，教学过程是师生交往、互动的过程。没有交往，没有互动，就不存在教学。教导主任要在实施新课程中学会交往，探索交往的艺术。交往过程要注意培养学生的问题意识。亚里士多德认为，"思维是从疑问和惊奇开始的。常有疑点，常有问题，才能常有思考，常有创新"。教师的本领应让学生产生问题，提出问题，让学生带着问题走出教室，并寻求解决问题的方法。教师与学生交往，就像抛球和接球的过程一样。学生不仅要能接球，而且要学会提出问题，把球抛给教师。而教师要善于接住学生抛过的球，对学生的问题，要热情倾听，积极评价，激发他们的思维。

二、教导主任要成为听课评课的管理者、引导者

教师的教学情况主要靠听课去了解，教师教学能力的提高则主要通过评课来实现。听课和评课是教导主任管理教学最常规、最有效的方法，也是最主要的职责，在实施新课程中，更要加强这方面的工作。

首先，教导主任应以普通教师的身份听课。通过听课，熟悉新课程各学科教材的内容，熟悉各班级教师教和学生学的情况，熟悉各位教师的教学风格，这是教导主任学习新课程的重要途径。真正以教师的身份听课，教师就没有一种压迫感，教师就会放松讲课，充分展现自己的教学风采；

真正以教师身份听课，教师就会敢于和你探讨教学问题，教师的聪明才智会更好地发挥出来。真正以教师身份听课，教师教学的真实性才得以反映出来，才可避免弄虚作假的现象发生。

其次，教导主任还应以管理者的身份去听课，要善于肯定教师教学所取得的成绩。当然这种肯定应该言之有物，不能千篇一律。人都是有自尊心的，都希望干出成绩，得到别人的肯定。恰到好处的肯定，会使教师有一种满足感，激发教师的积极性。为此，教导主任要创设条件听所有教师的课，让每位教师都有获得肯定的机会。在听课和评课中，教导主任要善于发现问题，提出问题，探究问题。提出问题时，要站在教师的角度来考虑，来研究。想想假如我来讲这一课，我会怎样设计，包括怎样引入、设问、板书、使用多媒体，怎样探究、互动，怎样突出重点、解决难点，怎样布置作业，等等。还要想想，假如我来讲这一课，我也可能碰到很多棘手的问题，我该怎样处理，怎样解决。听课、评课时，最好邀请同学科的教师一起参加，这有利于互相学习，有利于形成听评课的良好风气。

最后，要通过听评课创造一种浓厚的教研氛围。要让教师按照对新课程的理解上课，根据学生的需要教学。学生喜欢，学得愉快，思维活跃，这就是好课。要引导教师根据这一原则进行评议。要鼓励授课教师敢于提出自己独特的看法，保留自己的看法。不同的见解、不同的思路、不同的教学策略容许存在，不同思想的碰撞才会产生灿烂的火花，教研工作才会出现百家争鸣的局面。这样的评课，教师的思维才会活跃起来，教导主任的教研能力、管理水平才可能得到提高。

三、教导主任要成为新课程的研究者、实验者

课题研究，这是教育科研的一种重要形式。教导主任要通过课题研究来提高自己和教师的科研能力。不会搞科研的教导主任不是好的教导主任，在实施新课程中更是如此。教导主任一定要亲自抓课题研究。"一切为了每

一个学生的发展",这是新课程的核心理念和最高宗旨。根据这一理念,教导主任要从实际出发,善于捕捉到课题研究的切入点,形成一个到几个科研课题。从课题的立项、背景、指导思想,到课题的实施策略、调查分析、阶段性总结,直至最后结题,教导主任都要亲自抓、亲自管。实施新课程,会碰到很多新问题、新情况,要客观分析,从实践中得出结论。要注意通过课题实验提高自己和教师的科研意识和科研水平,逐步掌握科研的方法,最终达到提高教学质量的目的。

在实施新课程中,教导主任要善于改善自己的知识结构,除了学好、教好本学科外,还应涉猎其他学科,一专多能,知识广博,有开阔的教学视野。这样才能更有效地指导各科的课题研究,开发学生的学习潜能。

四、教导主任要成为新课程的促进者、融合者

教导主任要努力抓好教学各个环节。要制订好实施新课程的教学计划。计划既要切合学校实际,又要有一定高度可攀登。要抓好教学管理制度的改革,摒弃落后的不适应新课程理念的管理制度,重建有利于人的发展的管理制度,特别是评价制度,"改变课程评价过分强调甄别与选拔的功能,发挥评价促进学生发展、教师提高和改进教学实践的功能"。要加强年级组和教研组的建设。年级组是学校教育的重要载体,抓好它,全年级师生就会形成一股合力,促进整个年级健康发展。教研组是学校教学研究工作最基层的组织,抓好它,就会形成良好的教研氛围,促进各学科教学质量的提高。只有将年级组的建设和教研组的建设有机结合起来,促进每个学生的发展这一新课程教育理念才有可能得到真正的落实。

新课程强调教学不仅要重结论,更要重过程。诚然,教学的一个重要目的就是使学生理解和掌握结论,但怎样才能使学生对结论有深刻的理解,这就需要经过一系列的质疑、分析、推理、概括等活动。如果没有多样化的思维过程和认知活动,没有多种意见的碰撞、争论和比较,对结论就难

以真正理解，难以留下深刻的印象。为此，新课程强调过程，注重过程。不论高中、初中还是小学，不论高年级还是低年级，不论哪个学科，都要注重过程。只重结论，不重过程是不可能培养出思维活跃，善于发现问题、分析问题、解决问题的人才来。

在实施新课程中，教导主任要成为积极的实践者、探索者，成为听课评课的管理者、引导者，成为新课程的研究者、实验者，成为新课程实施体系建设的促进者、融合者。这就是教导主任在实施新课程中的角色定位。

2004 年 9 月 12 日

①本文是作者为广东省潮安县东凤镇中小学教导主任研讨班而作。

第十二章 关工之歌

我们是家庭教育的痴心者

多年来,我们汕头市金平区教育局关工委主要做了三件事:家庭教育、朝阳读书活动、心理健康教育。2011年9月14日,广东省关工委副主任陈坚同志带队到我区调研,陈主任对我局关工委工作给予高度的评价,他说:"我认为金平区教育局关工委定位很好,抓三项工作很到位。家庭教育是教育体系中最重要一环,是学校教育的延伸;朝阳读书活动在于培养孩子的阅读习惯和读书兴趣;心理健康教育是孩子成长不可缺少一环。教育局关工委抓住这三项,把教育的功能放大,进一步提高教育的效果,很好,教育局长一定很欢迎。"

一、办好《当今家庭教育》,给家长有针对性的指导

家庭教育是目前中国教育中最薄弱的环节,几乎每一个问题学生背后都有一个问题父母,很多祖辈在教育孙辈这个问题上也存在不少困惑,可见家庭教育的重要性。我们局关工委注重学习,多侧面了解当前国内外家庭教育动态,更新教育观念,努力提高与孩子沟通的能力,提高为孩子们服务的软实力。我们成立了关心下一代家庭教育讲师团,我担任团长;出版了《当今家庭教育》杂志,广泛传播科学的家庭教育理念。我先后写了《积极传播科学家庭教育理念,努力营造未成年人健康成长的良好氛围》《将关爱送给每个家庭》《家庭教育,素质教育一个绕不开的话题》等经验总结,在省市有关会议上交流,在社会营造未成年人健康成长的良好氛围。

2009年12月,我制作的家庭教育课件《更新教育理念,做e时代合格父母》荣获广东省家庭教育课件评比一等奖(全省11个一等奖),为汕头

市争得了荣誉，为全省的家庭教育做出积极的贡献；2010年5月14日，汕头市关工委到我们区召开家庭教育现场会，充分肯定我们的家庭教育工作，并向全市推广我们的经验。汕头电视台和《汕头日报》《汕头特区晚报》《汕头都市报》对此多次进行报道；广大家长和社会各界对我们的工作给予高度的评价，产生了良好的社会效果，为促进青少年的健康成长起到了不可替代的作用。

由区教育局关工委主办的《当今家庭教育》至今已出版了14期，印了28000份，免费赠送给区内各中小学、部分幼儿园、区政府各部门、各街道和省市关工委、教育、妇联、共青团等单位以及全国有关学术机构。为了提高稿件的质量，我们多次组织《当今家庭教育》通讯员培训，努力提高他们的写作水平。《当今家庭教育》共设置了20多个栏目，发表了400多篇文稿，刊发了15个中小学、幼儿园的家教专辑，涌现了一批认真撰稿的积极分子和一批高质量的稿件。区教育局副局长蔡少文（现为汕头市教育局副局长）的《凝聚爱心，成就未来》，区关工委常务副主任黄梓才的《也谈"清清白白做人"》，区关工委副主任陈成浩的《走出家庭教育的误区》，区教育局关工委副主任余德元的《赏识——促进孩子进步的有效方法》等文章极大地丰富了《当今家庭教育》的内容，有效地调动了各方面的积极性。《当今家庭教育》刊登了古今中外13位著名教育家的相片，并介绍他们的教育观点和教育成就。在"家庭教育智慧"栏目刊登了70多段教育家关于家庭教育的语录，从不同侧面纵论家庭教育的方方面面，给家长、教师、社会各界关心家庭教育的人们以启迪。

《当今家庭教育》编辑部在资金缺乏、人力不足的条件下，以对孩子、对事业负责的精神，认真组稿、改稿、编辑、排版、校对、印刷、出版发行，做了大量工作。编辑部全体工作人员以传播先进家庭教育理念为宗旨，精益求精，默默无闻地工作着，刊物质量越来越高，印刷越来越精美，成为一份家长和教师喜爱、社会认可的读物，受到人们的热切关注和高度评价。《当今家庭教育》第10期，东厦中学订购了5000多本，做到教师、学生家长人手一本。汕头市教育局黄晖阳局长对省关工委的领导说,《当今家庭教育》杂志他每期必看;区教育局苏纯局长以"声文并茂"对我们的工作给予高度评价;区民政局一位老局长说,她家里有很多杂志,《当今家庭教育》杂志最有看头。中国教育学会家庭教育专业委员会理事长赵忠心教授2011年11月4日给我发来电邮,他说:"您主持的家庭教育杂志,给人的感觉是主流、科学、清新、朴实、实用,给家庭教育刊物树立了一个榜样,很值得同行学习。主持家庭教育刊物的主编,我大部分都认识。我常跟他们说,年轻父母看家庭教育杂志,不是为了解闷、消遣,而是为了学习培养教育子女的科学知识,刊物上出现那么多的娱乐明星实在没有必要。这类刊物,最好绿色一些、实在一些,不要浮躁,不要渲染,尤其是不要夸夸其谈、哗众取宠,而是要坚持高度的社会责任感、一心一意为家长和孩子服务的宗旨。只有这样,才能取信于读者。你们做得很好,我很欣慰。希望你们很好地总结经验,再接再厉,把刊物提高到一个新的层次。谢谢你们的辛劳。预祝你们的刊物越办越好!"赵教授的"主流、科学、清新、朴实、实用"这十个字的评价,给我们办好刊物以极大的鼓舞。

2012年,教育部关工委在广东开展"创建全国优秀家长学校实验基地"活动。这是开展家庭教育的极好契机,区教育局关工委积极响应,余德元、李迪鹏、林欢等关工委同志认真工作,多方发动,我区有15所中小学申报(全市21所),它必将有效地促进家庭教育的进一步发展。

二、出版家庭教育专著,促进家庭读书活动的发展

多年来,区教育局关工委将加强阅读、写作与家庭教育密切结合起来,使阅读者不断提高自身的人文素养,更好地指导家庭教育工作。去年,区教育局关工委以《阅读,让孩子终生受益——汕头市金平区中小学朝阳读书活动情况回顾》向市教育局做汇报,受到市教育局领导的充分肯定。

1997年,飞厦中学举行读书节,我应邀为该校教师作题为《读书·求

异·创造》的读书报告。从那开始,十多年来我在省内外做了300多场演讲,为学生、教师和家长奉献了阅读的乐章。2011年9月,我的家庭教育专著——26万字的《爱,让孩子快乐成长——e时代家庭教育真谛》一书由广东人民出版社出版,这是我长期研究家庭教育的学术成果,是朝阳读书活动的丰硕结晶。国际著名的华人科学家、爱尔兰皇家科学院院士、都柏林大学终身教授孙大文读了该书书稿后,深有体会地说:"这部书,科学的评述、积极的建议和典型的案例,给人耳目一新的感觉,回答了许多父母的疑难问题,是网络时代难得一见的父母教育孩子的工具书,值得家长学习、参考和借鉴。"东北师范大学赵刚教授看了书稿后评论说:"在互联网的时代如何选择教育子女的方法,张能治先生这部书值得一读,会引发广大家长的深刻思考。"这部书由中国教育学会家庭教育专业委员会向全国读者推荐,对各地的朝阳读书活动,对建设文化强省必将产生积极的影响,正如广东人民出版社所指出:这是一本教人如何爱孩子的书,适合广大家长阅读!这是一本教人如何爱学生的书,适合广大教师阅读!这是一本教人如何爱自己的书,适合广大青少年阅读!这部书出版后,各地读者给予很高的评价,北京师范大学赵忠心教授说:"在当今家庭教育书刊十分混乱的时候,作者推出这样一部好书,给求知若渴的家长提供了精美的精神食粮。我相信,一定会受到年轻父母的欢迎的。"中山大学张国培教授在读了该书后说:"这是一本从理论和实践的结合上全面、系统、深入论述家庭教育真谛的优秀书籍。其中渗透着儒家的思想道德和现代教育思想精髓,是难得一见的家庭教育教科书,值得广大的家长和从事家庭教育的工作者认真学习。"读者评论,该书具有"通俗性、知识性、可读性、教育性、实用性"的特点,因深受广大家长欢迎,现已第三次印刷。

2012年3月21日,"《爱,让孩子快乐成长——e时代家庭教育真谛》学术研讨会"在汕头东厦中学新校区隆重举行。会上,我作了题为《爱·创造·快乐着》的发言,谈该书的主题,阐明在教育中爱、创造与快乐三者的关系:"爱,教育的出发点;爱,必须科学,要懂得方法。爱的结果是创造,没有创造的爱不是真爱。创造,让学生享受快乐;快乐产生无穷的创造力。"我认为,快乐应成为孩子的主旋律,优质的家庭教育和学校教育必须让孩子快乐成长,必须使每个孩子都成为身体强健的人、朝气蓬勃的人、快乐幸福的人。学术研讨会内容丰富、意义深刻,使与会者受益匪浅;学术研讨会开得很充实、很成功,彰显了"爱·创造·快乐着"的研讨会主题。汕头电视台和汕头三大报纸都做了专题报道,在社会产生了良好影响。

2012年4月27日晚上,我应邀到桂花小学作题为《做智慧快乐的小学生》的家庭教育演讲,以诙谐幽默的语言与生动精彩的画面,向广大学生家长讲述了"父母如何做,孩子才有智慧又快乐"的家庭教育理念和方法。演讲会赢得了家长们、老师们的阵阵掌声,更引发了广大家长对自身家庭教育理念和方法的深刻反思和讨论。会后,广大家长踊跃购买《爱,让孩子快乐成长——e时代家庭教育真谛》一书,数量达596本之多,他们排着长龙等待作者签名的场面十分感人。家长纷纷表示,专家的报告如春风细雨,化解了他们内心的多重疑虑,使他们对陪伴孩子成长增强了信心。这场演讲和《爱,让孩子快乐成长——e时代家庭教育真谛》这本书,"必将在桂花小学家校合作的历史上留下深刻的影响"。

我们在《当今家庭教育》设置了"朝阳读书"专栏,经常刊登师生和家长的读书文章,对朝阳读书活动起着促进作用。当我们发现龙眼小学的"亲子同读一本书"活动这个典型时,便在《当今家庭教育》开辟了"龙眼小学亲子同读"专栏,分三期介绍该校家长与子女同读一本书的心得体会,发表了几十位家长的读书感言,推广该校亲子同读的经验。区教育局关工委副主任余德元以陶行知先生"爱满天下"的激情为学生作了多场读书讲座,勉励青少年学生努力读书。东厦中学副校长、关工委主任庄思明以自己的读书带领教师读书,以教师读书带领学生读书,收到良好的读书效果。金园实验中学校长陈利彬经常给学生作读书报告,该校的朝阳读书活动蔚然成风。东厦小学校长黄汉辉的《家长如何管理好孩子的学习》、长厦小学校长郑贵和的《学习型家风漫谈》告诫家长应重视读书,以家长的读书指导孩子读书。朝阳读书活动让广大家长、教师和学生共享读书乐,乐读书的成果。

三、加强心理健康教育,促进家庭教育科学化

心理健康教育,这是家庭教育不可缺失的一个重要方面。我们在聿怀中学举行了题为"我对心理健康教育的认识和体验"的学术讨论会。这次讨论会主题突出,内容充实,结合学校实际,收到良好效果。区教育局副局长、关工委主任赵耿辉以《家长应如何培养孩子的智力》为题,从心理学的角度阐述读书的极其重要性,强调家长的读书必将带动子女读书。区关工委委员方仰群老师运用心理学的原理,及时有效地做通问题学生的工作。有一次,他发现一位高一学生情绪不好,有不良预兆,他立刻进行家访,通过谈心,解开这位同学心里的疙瘩,避免了严重后果的发生。生动的例子使大家深深感受到心理健康教育的魅力。东厦中学关工委成员、初二年级长翁坚老师运用心理学的原理管理年级,取得了突出效果,全年级的教师、学生和家长,和谐向上,成为全校学习的榜样。东厦小学是我省心理健康教育的先进单位,"心育节"主题活动是该校情感教育的品牌,至今共举办了12届。我们到东厦小学调研,对他们的心理健康教育做了充分肯定,并在《当今家庭教育》开辟东厦小学心理健康教育专辑,在全区范围内开展学习和推广东厦小学的成功经验,促进全区学生心理健康教育再上新台阶。

我作为广东省心理学会会员,特别重视心理健康教育的稿件,并亲自约稿、改稿,努力提高稿件的可读性。我撰写的心理故事《警察·医生与跳楼者》,以生动的人物对话,给人以启迪:救人需要智慧,需要心理学。《当今家庭教育》杂志开辟"心理健康"专栏,先后刊登了30多篇心理健康教育专稿。这些文章从不同的侧面向读者介绍了心理健康教育的重要性、

必要性以及需要掌握的一般原则和方法，推动了全区心理健康教育的发展。

我的人格魅力和学术成就引起媒体的高度关注，汕头电视台拍摄的电视专题片《投身教育　孜孜耕耘——教育专家张能治访谈》于 2012 年 3 月 25 日在汕头电视台播放，收到良好的教育效果：各单位纷纷邀请张能治讲学；广大家长踊跃购买《爱，让孩子快乐成长——e 时代家庭教育真谛》一书阅读，前沿的家庭教育教育理念得到进一步传播。

"一点痴性，人人都有……痴表示对一件事的专一，痴使人废寝忘食。人必有痴，而后有成。"在一次家庭教育会议上，我引用林语堂的话，赞扬大家都是家庭教育的痴心者。由于大家的痴心，家庭教育讲师团的成员共同走过了三个春秋，举办了 300 多场讲座，《当今家庭教育》共刊发了 400 多篇文章；由于痴心，我历经十年，编著出版了《爱，让孩子快乐成长—— e 时代家庭教育真谛》一书；《投身教育　孜孜耕耘——教育专家张能治访谈》这个电视片正是我痴心家庭教育的真实写照。

"人必有痴，而后有成。"我们是家庭教育的痴心者。

2012 年 8 月 2 日

关心我们自己孩子的教育吧

"关心我们自己的孩子，就是关心我们的未来。"这是鲁迅的家教名言，也是他给广大家长的忠告。

家长如何关心我们自己的孩子？毫无疑问的是要学习，要行动：学习科学的家庭教育理念，拿出能给孩子正能量的行动。年轻的父母们，无论你们从事什么职业，无论你们的职务多么重要，无论你们的工作多么繁忙，请不要忘记，你们有一个别人无法代替的职业——孩子的父亲或母亲。当21世纪合格的父亲母亲不容易。今天，我们生活在科学技术高度发达的时代，同时也面临很多突出的难题。最近，国家主席习近平在纪念孔子诞辰2565周年国际学术研讨会上指出："要解决这些难题，不仅需要运用人类今天发现和发展的智慧和力量，而且需要运用人类历史上积累和储存的智慧和力量。"就教育孩子而言，我们既要继承传统，又要与时俱进，要结合自己孩子的实际情况，探索出最适合自己孩子的教育模式。

要达此目的，就得学习，不要盲目跟风；要在实践中总结提高，采取行之有效的教育方法。不论哪类学生层次的父母都得学习，因为不同层次的学生的心理需求是不一样的，我们总不能以教育幼儿园小朋友的方法来对待小学生，同样，也不能以教育小学生的方法对待中学生吧？

学习重要，行动更为重要。马云说得好，"给孩子树立榜样，不要多说教，说多了就没人听你的了"。光说不行，父母得有行动，要给孩子做出示范。以手机为例，回家了，作为父母，你有没有在孩子面前不停地摆弄手机？对此，可能有的父母会说，我工作了一天，很累，玩玩网络游戏，放松自己；有的会说，我玩我的，孩子你干你的；有的干脆让孩子无休止地玩手机……

美国总统奥巴马夫人米歇尔称，平时不许女儿使用高科技产品。她14岁的大女儿也只有周末才能使用手机。两个女儿不到周末不能看电视，计算机只能在做作业时才使用。在高科技非常发达的美国，在电子产品成为青年时尚的今天，这样的规矩十分难得又非常重要。硅谷那些高科技工程师，往往把自己的孩子送进禁止使用计算机的"低科技"学校。中国家长不也应该从米歇尔的家规中学习些什么？"手机控""触屏族"已汹涌地向我们袭来。警惕啊，年轻的父母们，不要让我们的孩子成为迷恋朋友圈的"触屏一代"！

实现中国梦，需从每位父亲母亲做起，从我们自己的孩子做起。父母要为孩子树立榜样，主动学习，严格要求，平等相待，言传身教。要善于营造和谐的家庭氛围：在家父母看书阅报，孩子读书做作业；亲子一起做家务，承担各自的责任；饭后陪孩子散步，耐心回答孩子提出的问题；周末或节假日，一家人走进大自然，走进大社会，在各种各样的活动中，锻炼身心，增长才干。亲情如花，如花亲情，其乐融融……协调和谐的环境，必将造就出正直、善良、有责任感、敢于担当的孩子，培育出幸福的家庭。

关心我们自己孩子的教育吧，因为家庭教育也承载着中国梦。实现中国梦是一个口号，是一个目标，更是一个行动。从每一位为人父母者做起，从每个家庭的家庭教育做起；家庭、学校、社会相结合，形成科学的教育合力。孩子强大了，中国梦就指日可待！

2014 年 9 月 26 日

做一个对儿童有所帮助的人①
——写在第二次荣获"全省关心下一代工作先进工作者"称号之际

没想到,我第二次荣获"全省关心下一代工作先进工作者"称号。如何做一个名副其实的关心下一代先进工作者,我的感悟是:更新观念,增强实力,学会沟通,注重实践。

一、更新观念

关心下一代,这是一个大家都会说的议题,而怎么关心,观念不同就会有不同的做法。"教育要面向现代化,面向世界,面向未来。"关心下一代就应该朝着"教育三个面向"去努力。

关心下一代,就应有正确的现代儿童观。1989年11月20日,联合国大会通过了《儿童权利公约》。《儿童权利公约》提出儿童有四大权利:生存权、保护权、发展权、参与权。新的儿童观承认儿童的特殊性,但不因儿童弱小而轻视他们,而是把儿童看作有能力的积极的权利主体。作为家长、教师、关工委,就要切实保证儿童这四大权利。

生存权。《儿童权利公约》第7条:儿童有获得姓名、国籍以及知道谁是其父母并受其父母照料的权利。儿童的生存权包括生命安全权和生活保障权等。

保护权。《儿童权利公约》第16条:儿童的隐私、家庭、住宅或通信不受任意或非法干涉,其荣誉和名誉不受非法攻击。《儿童权利公约》第19条:保护儿童免受父母或其他人任何形式的身心摧残、伤害或凌辱,忽视或照料不周，虐待或剥削，包括性侵犯。儿童之所以要受到保护，是因为儿童弱小，更容易受到伤害；儿童由于年龄的限制，其生理、心理处在发展阶段，需要外部提供一个良好的环境和条件。

发展权。《儿童权利公约》第13条：儿童应有自由发表言论的权利，有寻求、接受和传递各种信息和思想的自由。儿童的发展包括身体、智力、道德、情感、社会性等多方面的发展。要让儿童成为健康的、快乐的、能自食其力的人。要让儿童全面发展、充分发展，个性得到张扬，智能得到有效激活。每个孩子都是独一无二的，世上没有两片完全相同的叶子，也没有两个完全相同的孩子，每个人的DNA（脱氧核糖核酸）不同，个性不同。人有八种智能，每个人的智能不尽相同，因此形成不同的智能曲线。对孩子的要求要因人而异，不必强求一致。

参与权。《儿童权利公约》第12条：儿童有权对影响到其本人的一切事项自由发表自己的意见，对儿童的意见应按照其年龄和成熟程度给予适当的重视。参与不仅是儿童的基本权利，也是儿童成长与发展的基本需要。儿童参与机会越多，他的能力越强。要鼓励儿童大胆发表意见，要认真倾听和考虑儿童的意见。

当前，最值得一提的是儿童的参与权。综观当前的教育，最大的问题是儿童参与少。课堂教学满堂灌，儿童缺乏提问的机会，缺乏质疑的条件。教师只有创造机会，让儿童敢于提问、善于提问，才能让他们学得主动，学得有趣，学得深刻。一个好的提问，比一个好的回答重要得多！家长的教育，要充分调动儿童参与的积极性，家里的事，要让孩子参与进来，出主意，发表意见。孩子参与得越多，学习的积极性就越大，与父母的亲密程度就越高。

关心下一代，就应有正确的未来观。教育儿童的目的，就是要让儿童将来能独立于社会，为他人、为社会谋幸福。因此，儿童必须要有广博的知识，要有为社会服务的能力。教师和家长要以霍德华·加德纳的"多元智能理论"和丹尼尔·戈尔曼的"情感智商理论"来指导儿童，通过实践，让儿童获得多元智能，有丰富的情感。

二、增强实力

关心下一代，拿什么去关心？

做学习型的人，向书刊学习、向媒体学习、向能人学习，这是我的行为准则。时代在发展，过去所学的知识，固然有相当一部分可以为孩子们服务，但已远远不够，怎么办？学习，唯有学习，关心下一代才有资本。向书刊学习，读书看报，一天不学习，观念就跟不上时代；向媒体学习，新时代，新媒体层出不穷，学电脑，学微信，多渠道获取信息，为我所用；向能人学习，不要好高骛远，自己身边就有很多优秀的人才，注重这种学习，就会充满朝气，增强力量。

倡导学习型家庭，这是儿童健康成长的摇篮。研究家庭教育，就应当研究学习型家庭；推广家庭教育，就应当推广学习型家庭。

倡导学习型学校，教师要注重阅读与思考。教师唯有阅读，才能给学生有效的指导；要注重思考，善于思考，才能有新的发现、新的收获，阅读与思考必然照亮人生。

倡导课程改革，教师要积极投入、独立思考、勇于实践、努力提升自己。课程改革是当前教育的一个重点，作为教育局关工委，虽不是一线教师，但不能不了解课程改革的内容和方法，否则就没有发言权。

倡导学习中国优秀文化传统，继承中国优秀文化传统，倡导世界视野，学习外国一切优秀文化，为我所用。在中外教育比较中，取人之长，补己之短。要从实际出发，是就是是，非就是非，不能故步自封，也不能因噎废食。

只有不断学习，增强实力，关心下一代才能成为可能。

三、学会沟通

沟通，现代人一门不能或缺的课程。要关心下一代，就必须学会沟通。那么，如何沟通呢？

学会倾听。倾听是一种手段，通过倾听达到有效沟通的目的。倾听是一种尊重——培养孩子的自信心；倾听是一种素养——培养孩子的责任感；倾听是一种能力——培养孩子的独立性。孩子有了自信心、责任感、独立性，孩子就真正成长了，而和谐的环境、科学的陪伴则是孩子成长的润滑剂。这就是倾听的艺术、教育的艺术。不论与中学生相处，还是与小学生相处，都要注重倾听，倾听他们的心声，了解他们的所想所思，就是婴幼儿，也要善于了解他们的需要，我们才能有的放矢地工作。

学会了解。了解是教育的前提，不了解就无从教育。了解儿童、了解家长、了解教师、了解教育的现状、了解社会的需求。知己知彼，教育工作才能有的放矢。

学会回答。要积极认真回答儿童的问题。教育者与被教育者，地位是平等的，向被教育者学习，他们提出的问题，你可能回答不了，要如实告诉他们，寻求正确的答案。建立互动平台，一起学习，一起成长。

四、注重实践

关心下一代，工作的重点在哪里？在家庭教育。突破点是什么？也是家庭教育。儿童出了问题，往往出在家庭教育上。

怎样开展家庭教育呢？我的工作方式是演讲、咨询、问卷、座谈会、课题研究、出版刊物、出版书籍……演讲是我工作的重点，而咨询、问卷、座谈等为我的演讲提供了丰富的素材。我的演讲有几十个专题，根据学校、社区的需要，根据听讲者的需要和实际情况而定。

我的人生价值：做一个对别人有所帮助的人。

关心下一代就是关心人类的未来。更新观念，增强实力，学会沟通，注重实践，这是关工委的核心理念，是我在长期的关心下一代的实践中的感悟。在我第二次荣获"全省关心下一代工作先进工作者"称号之际，我更加坚信，唯有切切实实的行动，儿童才会拥有灿烂的人生；我更加自信，不论前面的困难有多大，都应该坚定不移地走下去，唯有这样，儿童才会拥有灿烂的人生。

2016 年 2 月 17 日

①2007 年 7 月张能治被评为"广东省关心下一代先进工作者"，2012 年 11 月张能治被评为"广东省教育系统关心下一代工作先进工作者"，2016 年 1 月张能治荣获"全省关心下一代工作先进工作者"称号。

将关爱送给每个家庭

——"金平区关心下一代家庭教育讲师团"的工作回顾

家庭是社会的细胞,孩子是家长的希望。家庭教育的根本目的在于"促进子女在家庭成为好子弟,在校成为好学生,在社会成为好国民,在世界成为好人类"。家庭教育的影响可谓大矣!它是孩子能否成为"好子弟""好学生""好国民""好人类"的关键所在。孩子健康快乐成长,家庭文明幸福,社会必定和谐安定。基于这样的认识,汕头市金平区于2008年12月19日成立了关心下一代家庭教育讲师团。

《金平区关心下一代家庭教育讲师团章程》指出,家庭教育讲师团是由区关工委牵头,区教育局、区妇联、团区委等部门共同协作,旨在帮助学生家长提高素质,探索新时期家庭教育新路子的关爱组织。家教讲师团共有成员16人,老中青结合,充满活力;家教讲师团共有35个演讲专题,供各学校、幼儿园、社区和单位选择宣讲;他们积极传播科学家庭教育理念,在社会营造良好的家庭教育氛围,活跃在全市家庭教育的阵地上。两年多来,金平家教讲师团在金平区关工委、区教育局、区妇联、共青团区委的关心支持下,经过各有关方面的共同努力,家庭教育取得可喜的成绩:家教讲师团共演讲200多场,受众人数达20多万;由家教讲师团和区教育局关工委主办的《当今家庭教育》杂志已出版了八期,发行了9600多份;家教讲师团团长张能治制作的家庭教育课件《更新教育理念,做e时代合格父母》荣获广东省家庭教育课件评比一等奖;汕头电视台、广播电台和《汕头日报》《汕头特区晚报》《汕头都市报》多次进行报道;汕头市关心下一代工作委员会于2010年5月14日在金平区召开全市关工委家庭教育现场会，推广金平家教讲师团的经验；广大家长和社会各界对我们的工作给予高度的评价，产生良好的社会效果，对青少年的健康成长起到不可替代的作用，对家庭文明建设和社会的安定团结起到积极的促进作用。

一、科学的家庭教育是孩子健康成长的推进器

怎样才能使孩子健康成长，家长扮演了重要的角色——一个不可替代的角色。学校教育效果如何，家庭教育是一个不可缺少的环节。在素质教育中，哪所学校、哪个地方教育行政部门重视家庭教育，真正把家庭教育列入学校、列入当地素质教育的议事日程，家庭教育就会成为学生成长的动力，学校教育就会出现勃勃生机，产生良性循环，学生就会健康快乐地成长，哪里的校风、哪里的民风就会呈现一种和谐向上的气象。如果将家庭教育当成一种摆设、一种突击行为、一种应付检查评比的办法，那就无法解决孩子所面临的种种困惑，也就谈不上孩子的快乐，更谈不上孩子的健康成长。忽略家庭教育，它将成为孩子成长的阻力。无数事实证明，几乎所有的问题孩子背后都有一个问题家庭。帮助问题孩子，必须从解决家庭问题入手。

（一）家庭教育与学校教育应形成合力

当今的孩子生活在科学技术高度发达、互联网广泛应用的时代，家长如果不学习，就无法与孩子沟通，就不能对孩子产生良好的影响。家长只有好好学习，孩子才能天天向上。而家长学习的必要性和积极性需要社会去唤醒，需要有识之士去促进。家庭教育是学校教育和社会教育的基础，正如我国著名教育家陈鹤琴所说，"知识之丰富与否，思想之发展与否，良好习惯之养成与否，家庭教育实应负完全的责任"。

今天，教育已为越来越多的家长所重视。但不可否认，很多教育的误区仍困扰着家长："只要学习好，其他一切都不要管""唠叨说教""溺爱、

斥责、命令""加班加点""参加大量的补习班兴趣班"……无效的家庭教育正让我们的孩子生活在紧张、苦恼、缺乏独立性、缺乏责任感的环境之中，生活在无助的环境之中。这样的孩子怎能成长，怎能成为一个独立的人，有责任感的人，成为一个对家庭、对社会有所作为的人？

家庭教育与素质教育成正相关的关系。正确的家庭教育，科学的家庭教育，符合自己孩子特点的家庭教育，它将成为孩子成长的促进剂。在中国，家长是一个不必经过严格培训就可上岗的职业。很多家长是在当了父母之后，在孩子逐渐长大之后，甚至是孩子出了问题之后，才意识到家庭教育的重要性，才逐步重视家庭教育，但为时已晚。如果我们的教师，把家庭教育当作一门科学来研究，像语文、数学、英语等学科一样去探索，并用获得的家庭教育知识教育好自己的子女，帮助学生的家长，使得他们也获得教育子女的科学方法，那么，家庭与学校，家庭教育与学校教育的结合将成为可能，孩子们将会快乐成长。

教师和家长的目标是一致的，但站的角度不尽相同，强调或忽视任何一方面都会造成教育的不完整和失误。只有实现家庭、学校教育的有机结合，才能真正实现教育的有效性。如果双方都能换位思考，那么家庭教育和学校教育就能互补，成为合力，家庭教育将会成为学校教育的翅膀，助学生腾飞。

汕头市金园实验中学特别重视家庭教育，陈利彬校长根据不同年级学生的年龄特征，结合他们的学习和生活，经常给家长做指导，给家长以知识的提升，让家长明确自己的职责和家教的方法，大大提高了家庭教育的效果，促进了孩子健康成长。该校家庭教育针对性强，家庭教育和学校教育配合默契，真正形成合力，在实践中探索出一条提高家校教育合力的路子，摸索出了一些经验，打造孩子成长的牢固屏障。

汕头市金园实验中学老师做到以下方面：第一，每学年一次的全体家长会对家长进行有针对性的家庭教育知识的提升，同时也可以使家长及时了解学校的教育要求。第二，大约每月一次的家校联系卡的活动，它既是家长和班主任老师定时沟通的桥梁，又是学生进行阶段小结和反思的阵地。第三，家访工作使家长和教师彼此理解，彼此掌握第一手的教育资料。第四，充分利用好心理咨询室的资源，为家庭教育提供强有力的专业支持。

实践证明，只有畅通家校联系的渠道，提高家校工作的信任度和配合度，才能使孩子的教育真正有效，才能打造出守护孩子健康成长的最牢固屏障！

（二）学校教育应为家庭教育创设平台

汕头市聿怀初级中学利用节假日给学生布置亲情作业，为学生和家长创设了一个沟通的平台。该校制作的学生假期"体验亲情"作业表，第一个项目是"今天我当家"。该项目旨在让学生体验当家长的感觉，在这一天，学生可以自由支配当天的金额，买东西，做家务……孩子与父母换位思考，体验当父母持家之不易，从而更珍惜父母创造的美好生活。第二个项目是"我与父母的一场谈话"。孩子与父母利用空闲的时间坐下来，进行一场亲子的交流。平时很多家长常常会说很忙，没有时间和孩子交流，而孩子又总是在埋怨父母不了解自己。孩子希望，"爸爸妈妈请你听我说，爱我，你就陪陪我"。孩子需要与父母沟通，希望父母能够理解自己心中所想，渴望情感得到表达。通过这样的平台，孩子与父母自由平等地沟通，各自写下的感受真实可信。第三个项目是"做令家长感动的一件事"。好多孩子选择了做家务，通过劳动，既体会到劳动的乐趣，也感受到父母的辛劳。通过上述三项活动，父母更了解孩子，孩子也更了解父母，从而增进了孩子与父母之间的感情。

（三）心理健康教育将家庭教育引向科学化

陶行知说过，"儿童的生活，是一面社会的镜子"。在这面生活的多棱镜中，折射出了孩子们情感上、行为上的种种闪光点和弱点，这是最值得我们关注与重视的。为此，东厦小学面向全体学生，以"美的熏陶，理的启迪，爱的感悟，心的历练"为主线，以心育节为载体，开展了丰富多彩的系列活动，努力构建学生健全的人格。他们用爱引路，彰显鲜活主题；用情浇灌，开辟心育天地；用心耕耘，心育硕果累累。

东厦小学第九届心育节的主题——宽容处事，谦让为人。学校针对当前学生以自我为中心，遇事斤斤计较，唯我独尊等心理现状，设计并发放了3000多份调查问卷，让学生在家长的陪同下一起完成。家长与学生共同面对"宽容处事，谦让为人"的话题进行心灵的碰撞，从而促使家长与孩子在学习与生活中更正确、更宽容、更谦让地审视自己的行为，使家庭的生活变得更加和谐、更加美好。

除此之外，很多学校进行的家校的电话联系、适时的家长校访、经常性的"给家长的一封信"等，也是提高家庭教育有效性、增强家校教育合力的方法。

二、突出特点，办好《当今家庭教育》

《当今家庭教育》杂志是家庭教育的指导性刊物，旨在交流各学校、幼儿园、社区开展家庭教育的做法和经验；旨在促进学校与家长、社区的联系，促进学校教育与家庭教育、社区教育的更加紧密结合；旨在传播先进的家庭教育思想，使广大家长掌握教育子女的正确方法，促进未成年人的健康成长、社会的稳定和谐。

通过广大家庭教育工作者、教师和家长的共同努力，《当今家庭教育》已成为学校教育的帮手，成为社区教育的助手，成为广大学生家长的良师益友。我们将杂志免费分发给全区各中小学、幼儿园、区属各部门、各街道，还送给省、市有关部门和全国有关学术机构。金园实验中学向编辑部征订了第5期1000份，发给全校教师和初一级全体家长学习。区民政局一位老局长，她说家里有不少杂志，唯有《当今家庭教育》杂志最有看头，每期必详细阅读。一位家长动情地说："你们办刊的精神令我们深受感动，你们的演讲我们很佩服。"市教育局一位干部看到我们在发放《当今家庭教育》给各科室时,要求给她个人一本,以便带回家学习。

我们在办刊过程中注重六个"结合"。

(一) 与学校德育结合

家庭教育要与学校教育同步,学校德育是学校教育的核心,家庭教育要配合学校德育而进行。2009 年,区教育局提出感恩教育,我们的家庭教育也突出感恩教育的内容。家庭教育通讯员许婉玲的《营造氛围 培养学生感恩之心》、黄丹的《唤醒孩子的感恩情怀》、王映茹的《当孩子需要帮助时拉他一把》等文稿,将家庭教育与感恩教育紧密结合起来,唤起家长对感恩教育的共鸣。聿怀中学柯茜老师以一篇《妈妈的青春岁月》为示范,号召她的学生为自己的父母立传,产生了意想不到的效果。

(二) 与心理健康教育结合

以心理学的原理指导工作是家教讲师团一个突出的特点。我们要求讲师团成员努力学会与家长、与孩子、与教师沟通;也给家长与子女沟通的方法以指导。我们在《当今家庭教育》开辟"心理健康""心理故事"专栏,经常刊登心理健康教育的文章。我们组织大家学习马斯洛的需要层次理论、阿费烈德的跨栏定律。我们的演讲也渗透心理健康理论,指导家长用心理学的原理与孩子沟通,努力提高家庭教育的实效性。

家教讲师团成员、区教育局副局长赵耿辉多次为市、区教师进行心理学培训,2009 年 4 月 29 日在东厦中学为全区德育工作者及讲师团部分成员作了题为《校园危机心理干预建设》的讲座。东厦小学每年举行一次心育节,通过主题班会、讲故事、情景剧、演讲、朗诵、作文、角色游戏、心意卡、书画、歌舞、体育等形式,让学生在活动中获得体验,促进其心理素质的提高。黄嘉娜的《和谐家庭是孩子健康心理的摇篮》、肖一菲的《关爱孩子心理健康是教育工作者的重要任务》、翁坚的《关于一名多动症孩子行为矫正的思考》等文章,从不同侧面给人们以心理启迪,给家长以心理支持。

(三) 与教育科研结合

家庭教育必须注重科学性,加强家庭教育科研是促进家庭教育的重要一环。金禧中学、友联中学等学校申报了中国教育学会家庭教育专业委员会的家教课题,通过科研促进家庭教育的科学化。特级教师方仰群在聿怀中学高一级开展家长参与孩子评价的实验,取得阶段性成果。讲师团团长张能治以《加强家庭教育科研,提高家庭教育的质量》为题,就如何办好《当今家庭教育》,建设家庭教育讲师团队伍,提高家庭教育科研水平,促进家庭教育向广度和深度发展提出四条意见,得到大家的广泛认同。家教讲师团的余德元对金砂中学家长的问卷调查、张能治对龙眼小学六年级的学生问卷调查,对家庭教育都很有指导意义。

(四) 与妇联儿童部、团委学少部工作结合

家教讲师团注意主动与区妇联、团区委联系,取得他们的理解支持。家教讲师团的重要活动,我们都邀请区妇联的领导和儿童部的同志,邀请团区委的领导和学少部的同志参加。他们的工作我们也给予协作,有来有往,形成合力,推动家庭教育工作,促进青少年的健康成长。

2008年3月2日三八节前夕,张能治应鮀江街道妇联之邀,以《做一个平凡的女性、智慧的母亲》为题,与女士们谈家庭教育,听讲者从20多岁的女青年到80多岁的老奶奶都有。她们听得那么真切、那么投入,令讲者感动。市青少年研究所在东方中学开辟"青少年价值观实践基地"并举行研讨会,讲师团应邀参加,将家庭教育与促进青少年的健康成长有机结合起来。

（五）与社区教育结合

家教讲师团经常深入社区演讲，让家庭教育融入社区教育之中。区关工委副主任、讲师团副团长陈成浩到同益街道作题为《走出家庭教育的误区》演讲，讲师团成员肖钟汉到东方街道、海安街道演讲，讲师团团长张能治到过岐山、月浦、鮀浦、鮀江、乌桥、东墩、同益、金厦等街道演讲。他们的演讲和座谈给街道的干部群众以极大的鼓舞，产生了良好的社会效果。

为了拓宽大家的眼界，区关工委和区教育局关工委于 2009 年 5 月 8 日联合到汕头立新学校参观，听取校长的办学情况介绍，了解对问题学生教育的做法和经验。通过参观访问，大家认识到任何一个问题学生背后都有一个问题家庭，要解决学生的问题，首先必须解决家长的问题，可见家庭教育的极其重要性。

（六）与企业等有关单位结合

两年多来，我们家教讲师团的工作得到社会一批热心家庭教育人士的大力支持和帮助，他们是金味集团公司董事长庄坤平、汕头市中港文具实业有限公司总经理郭永波、广州越界服饰有限公司董事长陈培藩、区教育局教仪电教站站长周飞琴、市青少年研究所所长林振伟、汕头市青少年活动中心主任林子雄、汕头市易讯网络有限公司总经理蔡植龙、汕头龙通英语培训中心许校长等。汕头多家新闻媒体对我们的家庭教育工作给予积极关注和热烈支持，他们是《汕头日报》主任记者辛瑞玲，《汕头特区晚报》记者曾漫路、康洁、周敏，《汕头都市报》记者萧彤兰，等等。汕头电视台"今日视线"栏目组还多次报道我们家庭教育讲师团活动的情况。

三、在社会营造了一个浓浓的家庭教育氛围

（一）家长摆正家庭教育的位置

金禧中学的家庭教育访谈活动结束后，许多家长留下来向专家咨询。一位家长深有感触地说，当了16年父亲，自己还真的不懂得如何当一名好家长，《当今家庭教育》这本刊物需要好好读。也有家长说，原本以为让孩子吃得饱、穿得暖就是对孩子最好，现在看来还远远不够，培养孩子良好的习惯才是最重要的。阳光学校一位来自江西省的家长听了讲座，知道父亲没有陪伴孩子是一种失职的行为，他决心科学安排时间，更多地关注孩子，以尽到一个父亲的责任。去年，杜鹃小学举办家长开放日大型活动，全校教师和家长一起探讨孩子成长教育的话题，整个活动包括专家讲座、双向交流、家长传授经验等环节。家长开放日活动给全体家长留下了温馨美好的印象，充分展示了"杜鹃小学从学校、家庭双方面开展对学生好习惯养成教育活动"的成果，产生了良好的反响，为学校德育工作的有效开展奠定了坚实的基础。

（二）掌握科学家教的理念

通过家庭教育，长厦小学的家长王海波认识到，要让孩子成为一个活泼健康的人，家长一定要重视和孩子的心灵沟通。他认为，家长必须放下高高在上的架子，做到尊重孩子、热爱孩子，平等地对待孩子。教育孩子要在"润物细无声"中进行，建立起温馨的对话场景，切忌大声训斥。要虚心向孩子学习，要勇于向孩子道歉。

（三）注意家庭教育的方法

友联中学一位家长深刻认识到，家庭教育的最终目标是为了让孩子离

开家庭以后能够很好地成长和生活。因此,她特别注意培养孩子的独立意识和独立能力。有一次,儿子睡不醒,迟到了。母亲跟他说,迟到是你自己的事,挨老师批评是对自己过失的一种惩罚。此后,孩子的闹钟就设了三次闹醒音乐,以防闹不醒。因为父母没有给孩子依赖的机会,孩子便形成了自觉起床的习惯。

(四) 懂得和谐家庭对孩子成长的重要性

葵花幼儿园一位家长在听了专家的演讲和咨询之后,给讲者发来了电子邮件,表达他们夫妇听后的感受。电邮中说:"先生的讲座短短两个小时,却系统有章,教例丰富而准确到位。先生的讲座如雾海航灯,照亮了我们培养孩子品格的方向,促使我们思考在日常教育中的不足和错误。"该家长还表示,过去自己与父母在教育孩子方面有矛盾,是因为缺少沟通所致。经过咨询,他们表示,既要尊重长辈的一些做法和想法,也要主动与长辈沟通交流,告知一些新理念新做法,取得共识,只有家庭和谐,才能教育好孩子。

(五) 培育典型,推动发展

汕头市关工委张第高主任在全市家庭教育现场会上做总结,他认为家庭教育现场会开得很好:会议形式多样,有典型材料介绍,有获奖课件演示,有现场参观,让大家大开眼界,获益匪浅。他说,金平区关心下一代家庭教育讲师团的工作做得好,很到位,是一个典型,各区县关工委要认真学习金平区关工委的经验,充分认识家庭教育的重要性。如果认识不到位,方法就会错误;只有认识到位,才会创新办法。他要求与会者切实将家庭教育抓紧抓好,把关工委的积极性变成千万家长的积极性。

金平区关工委副主任、区教育局关工委常务副主任、区家庭教育讲师团团长张能治在现场会作了题为《更新教育观念,做 e 时代的合格父母》的精彩演示。该家教课件是他亲自撰文、亲自制作的,在广东省家庭教育课件比赛中荣获一等奖。演示中,他以娴熟的演示技巧、生动的言语表达、翔实的案例分析、形象的彩色画面,绘声绘色地向与会者展示了该课件的丰富内容。他先分析了 e 时代父母与子女关系的变化。这些变化告诉家长,父母与子女的关系应从"听话"转变为"对话"模式,父母与子女不要形成管制与被管制关系,父母应树立亲子关系不可替代的意识。然后,他就如何更新教育观念、做 e 时代的合格父母提出了五点建议:父母应满足孩子对亲情的需求;父母应给孩子成长的空间;父母应与孩子平等沟通;父母要与孩子一起上网学习;父母要改进教育方法,坦诚接受孩子的网络游戏。家长评论说:该家庭教育课件理论联系实际、内容充实、图文并茂,案例具体、说理透彻,说事有趣、生动形象,内涵丰富、寓意深刻,对 e 时代的家庭教育具有较大的借鉴作用和现实的指导意义。

讲师团成员、聿怀中学特级教师、全国优秀班主任、全国先进工作者方仰群工作认真细致,家庭教育工作一丝不苟。面对一个有轻生念头的学生,他运用心理疏导的方法,双管齐下,既做学生的思想工作,又做家长的工作,有效的家庭教育终于挽救了一条鲜活的生命。2010 年,方仰群荣获"金平好人"称号,讲师团团长张能治荣获"金平好人"提名奖称号,家庭教育积极分子周飞琴荣获广东省"十杰母亲"称号。对他们的先进事迹,我们分别通过会议和《当今家庭教育》杂志给予大力的宣传和推广。

四、家庭教育的基本做法和经验

(一) 建立一支高素质的家庭教育指导工作队伍

金平家庭教育讲师团共有讲师团成员 16 人,他们中有大学教授、中学特级教师、心理学教师、区委老干局局长、区教育局副局长、德育干部、中小学分管家庭教育的副校长、幼儿园园长、从事家庭教育咨询的专家、退休的中小学校长等。他们的年龄结构合理,老中青结合、知识互补、优

第十二章 关工之歌

势互补、能力互补,成为一个团结、合作的家庭教育群体。

原汕头教育学院教育系主任副教授肖钟汉已74岁,但他并未因年龄大而退出孩子成长的教育领域。一些有薪酬的工作他不愿去做,但邀请他参加家教讲师团工作时,他却满口答应,成了讲师团最年长而又最活跃的成员,奔走在市区多所中小学校。《汕头日报》记者以一篇《为孩子撑起一把伞》的美文报道了他的感人事迹。区关工委副主任、讲师团副团长陈成浩原是升平区教育局局长、汕头市督学,他的号召力强,有丰富的家庭教育经验,他以精辟的语言、生动的案例,让家长掌握教子的正确方法,指导家长走出家庭教育的误区。中国陶行知研究会理事、原金砂中学副校长余德元热爱家庭教育事业,经常深入学校调研,经常应邀到各中小学讲学,经常撰写家教稿件。他担任《当今家庭教育》的责任编辑,工作认真负责。

家庭教育讲师团中有一支年轻有为的骨干力量,他们是市一级学校的东方中学和省一级学校的东厦小学、长厦小学、新乡小学四位分管家庭教育的副校长,有市属的葵花幼儿园和儿童福利会第三幼儿园的两位园长,有朝气蓬勃的心理学专家、区教育局副局长赵耿辉,有教育局善于联络各方的郑加环。讲师团还有区关工委常务副主任、甘当老黄牛的原区委老干部局局长黄梓才,有独力办起君子兰家庭教育咨询工作室的林玲,有家庭被评为全国体育之家"百佳"金奖、原杏花二小校长黄琪绵。讲师团团长张能治是一个矢志耕耘家庭教育的人。他是全国优秀科技辅导员、广东省关心下一代先进工作者,现任中国教育学会家庭教育专业委员会理事、广东现代家庭文明与亲子教育学会理事、汕头市青少年研究所特约研究员等职。他把普及家庭教育知识当作他的事业,孜孜不倦地追求。面对记者的采访,他说:"我感到我从来就没有退休,我只是换一种方式在工作。"他经常深入基层调查研究,与家长、教师、学生切磋、交流,真切地了解当前孩子的心理需要、家庭教育的现状和家长的困惑,有的放矢地带领家教讲师团开展工作,把家庭教育的科学理念传播进千家万户。

单有讲师团这支队伍还不够,为此,我们要求各中小学校和部分幼儿园，每校（园）选派一名家庭教育通讯员。两年来，我们举行了两次培训，多次召开不同类型座谈会。通过培训辅导，大家对家庭教育重要性的认识和写作能力都有了明显的提高。这支100多人的通讯员队伍，写出了一批有血有肉、有针对性的稿件，有力地促进了家庭教育工作的开展，他们已成为家庭教育的中坚力量。

（二）加强学习，用前沿的家庭教育理念武装头脑

家教讲师团十分注重政治学习，认真学习邓小平理论、"三个代表"重要思想和科学发展观，认真学习《中共中央国务院关于进一步加强和改进未成年人思想道德建设的若干意见》，认真学习粤办发〔2008〕20号文件，教育部党组关于加强关工委工作的文件，认真学习现代教育学、现代心理学、现代家庭教育学的原理，努力提高家庭教育的科学性、针对性、实效性，给广大家长提供了教子育人的正确方法。

家教讲师团主要领导经常碰头，研究当前家庭教育的现状，有针对性地组织学习，大约两个月学习一场。区关工委经常组织关工委成员、教育局关工委成员、讲师团成员学习《中国家庭教育》杂志上一些重要的文章，如《家庭教育要有大视野、大气度》《谈聊天与家庭舆论环境》《孔子的仁学思想对当前家庭教育的启示》等。通过学习，大家认识到家庭教育视野大小、气度大小，不是一般的问题，而是一个培养什么人的问题。时任总理温家宝说："一个民族有一些关注天空的人，他们才有希望；一个民族只是关心脚下的事情，那是没有未来的。我们的民族是大有希望的民族，希望同学们经常地仰望天空，学会做人，学会思考，学会知识和技能，做一个关心国家命运的人。"我们从事家庭教育，就应该以大视野、大气度来指导工作，这样，我们的层次就高，效果就不一样。家庭教育贯穿于家庭生活的方方面面，我们必须在日常生活中，营造一个好的家庭环境。孩子是在大人的闲聊中接受家庭教育的，闲聊对孩子会产生潜移默化的影响。我们一定要注重家庭舆论环境的建设，更多地给孩子一些正面的东西，增加

家庭闲聊的含金量。

2010年2月8日，由全国妇联、教育部、中央文明办等7个单位联合印发的《全国家庭教育指导大纲》，我们及时组织学习。通过学习，大家明确《全国家庭教育指导大纲》提出的坚持"儿童为本""家长主体""多向互动"的指导原则的重要性，是我们今后开展家庭教育应十分注意的问题。

互相学习是促进家教讲师团工作一个重要环节，家教讲师团成员每到一地讲学，我们都及时通知其他同志参加，以达到互相观摩、互相启发的目的。每期《当今家庭教育》出版后，我们也及时组织有关人员学习，吸取刊物中的精华，为自己所用。

（三）领导重视，支持家庭教育工作

金平区委、区政府大力支持区关工委开展家庭教育活动，区委副书记、区长张胜光同志专门给关工委的同志、各街道、各中小学、幼儿园分管家庭教育的领导作报告，强调家庭教育的极端重要性。区委常委、组织部部长李伟佳同志在家庭教育讲师团成立大会上作了题为《认真开展家庭教育，促进未成年人健康成长》的报告，要求各街道、中小学校要分工落实一名副书记或副校长分管家庭教育工作，明确各级一把手是青少年教育工作的第一责任人，分管领导是直接责任人，并要求做到四个"必须"，即讲师团的重要会议必须参加，讲师团的书面工作汇报和文件必须认真批阅，讲师团的重大活动必须积极参与，讲师团的实际困难必须认真解决，以此推动我区家庭教育工作和关心下一代工作。区政府庄素桦副区长非常关心家庭教育讲师团的工作，亲自听汇报，亲自帮助解决活动经费等问题。

区关工委张朝烈主任十分关注家庭教育杂志的出版和发行，他亲自带领大家到中山市、佛山市参观学习他们的家庭教育经验，亲自拜访金味集团公司庄坤平董事长。庄董事长得知讲师团开展活动缺少资金，当即慷慨解囊，给讲师团以资金和物质上的支持和帮助。张主任还亲自撰写《金味情》一文，对庄董事长情系讲师团的赤诚之心深表谢意。现任区关工委主任蔡锡河主任听说市关工委要到金平召开家庭教育现场会,非常重视,多次组织讨论,审议汇报材料,并指导落实现场会各项准备工作,使现场会圆满成功。他还亲自组织、主持嘉泰雅园住宅区的居民的家庭教育报告会,请区家教讲师团团长给居民作讲座,收到良好的效果。区妇联刘冬晓主席、共青团区委谢海洲书记多次参加讲师团的会议并给予具体指导。区教育局苏纯局长以"声文并茂"对讲师团的工作给予高度的评价,表达出赞赏之情。

汕头市关工委张第高主任、陈嘉瑜副主任亲自参加我区关心下一代家庭教育讲师团成立大会。张第高主任在讲话中,通过若干案例说明家庭教育的极端重要性,高度赞扬金平区的家庭教育工作,对我们寄予很大的希望。市妇联领导和儿童部、市教育局领导和德育科、团市委领导和市青少年研究所、市青少年活动中心对我们的工作给予热情的关注和支持。

家庭教育,一个沉重的课题,任重道远。今后,我们将遵循《全国家庭教育指导大纲》提出的指导原则,联合各有关方面力量,积极筹措资金,不断探索、不断实践、不断创新,将关爱送给每个家庭,为未成年人的健康成长而继续努力。

2011 年 3 月 14 日

阅读，让孩子终生受益[1]

阅读，陪伴孩子成长；阅读，让孩子终生受益。

多年来，汕头市金平区教育局关工委将阅读贯穿于工作的始终，通过阅读，让每一个学生养成了良好的阅读习惯，并在阅读中不断提高自身的人文素养。

一、明确意义，制定目标

我们以"书香满校园""书香满家庭"为朝阳读书活动主题，以"我读书，我快乐"为行动口号，构建学习型学校、学习型家庭，激发广大师生和家长不断阅读的自觉性。

全区 123 所中小学，个个成立关工委，成立读书指导小组，积极开展朝阳活动。朝阳读书活动，使教师树立享受读书、终身学习、终身教育的理念，一生与书香为伴；使家庭在温情的氛围里，有书籍的陪伴，有求知的氛围，有思想的交流，让家庭这个港湾更洋溢着知识、情感与思想散发的独有芬芳；使学生真正地认识到书是人类智慧的结晶，要与好书为友，养成良好的读书习惯，以读书长知识，读书增智慧，读书促养成，读书树理想，读书育人格为目标。

二、抓点促面，培育典型

多年来，教育局关工委在工作实践中发现、培育了一批典型，例如，中学系列有聿怀中学、东厦中学、金园实验中学等，小学系列有龙眼小学、桂花小学、东厦小学、长厦小学等。

(一) 聿怀中学全员行动，朝阳读书活动扎扎实实

教师读书系列。每位教师拟订一份读书与自身专业发展计划；每位教师每年认真阅读两本教育名著；写好读书随笔，每学期不少于两篇。学校举办读书沙龙，组织教师交流读书体会，开展读书征文活动；创办《聿怀师道》内刊，发表教师读书心得体会。学校举办青年教师校园文化讲座、聿怀大讲堂、读书征文大赛等一系列"书香校园"的活动。

学生读书系列。每年在高一年级开展"书香萦绕的青春"读书活动。发动语文教师每人向学生推荐2～3本适合中学生阅读，有益于提高学生心智的书籍。熟读经典诗词，基础年级，熟读背诵课内要求的诗词；毕业年级，熟读背诵《高中背诵古诗文》。根据新课程标准的要求，确定推荐必读书目100本，组织学生开展"大阅读"活动。大力推进学生剪报活动。读完后，将自己喜欢的部分剪下来，贴在笔记本上，并在班里朗读自己摘抄的精美词句，写一些读后感或观察日记。创办学生校刊《笔目鱼》《聿韵》和学生文集《聿怀学道》。

家庭读书系列。印发《"书香满校园"告家长书》，进行宣传发动；围绕读书活动，充实家长会、家长学校的活动内容；参加汕头市书香家庭的推荐、评比与表彰活动；注意发挥家长委员会的作用，使其成为学校书香行动有力的支持者、宣传者、参与者和建设者。开展"我向母亲推荐一本书"活动，将家庭引入热爱图书、享受阅读、享受经典的行列中来。学校每年结合"艺术创造节"和4·23国际读书日，开展全校性的读书活动，邀请家长一起参加。读书社区化，要求家长定期带孩子到图书馆、书店等开展读书活动。有条件的家庭可开展"网上读名著"活动。联系汕头市图书馆为每位教师办借书证，方便教师家庭阅读、查阅资料。

（二）龙眼小学活动育人，张扬学生个性

龙眼小学多年来注重学生的读书活动，从学生单独读到师生同读，到亲子同读；从书香满校园到书香满家庭，学生在浓浓的读书氛围中快乐成长。学校把"倡导读书风尚，营造和谐校园"作为办学特色，以读书营造校园书香氛围，以读书提升校园文化品位，以读书加深校园文化积淀。学生通过阅读，遨游其间，与大师对话，与伟人交流。日积月累，阅读成为学生张扬个性的园地，书本成为学生德育教育的素材，在丰富多彩的读书活动中提升学生的道德文化素养。

读书月。以绘画、手抄报、读书征文、读书计划、好书推介、美文介绍等形式，让孩子记下最快乐、最感动、最难忘的瞬间、事件、场景，表达对明天的向往、对未来的憧憬、对学校的美好祝愿。

读书沙龙。同学之间、师生之间互相交流自己阅读的收获，研读美文、欣赏片段、交流心得、推介好书；英语沙龙，学生自设情景，在轻松愉快的生活交际氛围里，感受英语的魅力，提高学习英语的积极性。

读书与实践。举办"艺术创造节""快乐读书节""阳光体育节"，在陶冶学生的情操的活动中，激发他们的想象力、表现力和创造力。倡导写读书日记、读书随笔，力求使学生在阅读中升华，提高文化素养。

亲子阅读，合力育人。4月，开展"我和爸爸、妈妈同读一本书"的亲子读书活动。把读书活动延伸到家庭，邀请家长参与读书活动，与孩子一同逛书店、一同购书、一同读书、一同做读书报、一同写读书心得，促进亲子的沟通。5月，开展师生读书沙龙活动：诵读古诗文、欣赏古诗文、班级读书会、冰心文学欣赏、童话故事演讲、朱自清散文畅谈、读书小论坛等。

开展读书写作活动。一、二年级写童谣；三、四年级写诗歌；五、六年级写读书随笔；倡导"与诗画交朋友"，学生展开想象，描绘出一个个生动、奇妙的意境。参与社区读书活动。组织学生参与中共汕头市委宣传部、

市文明办、市妇联在龙眼社区举办的各项读书活动，让书香飘溢社区，为孩子营造和谐健康的生活家园，让孩子拥有健康的心理。

三、关工委领导带头，力促朝阳读书活动的发展

汕头市金平区教育局关工委重视朝阳读书活动，每次关工委开会必定学习中外名人关于青少年教育的论述，以科学的前沿的教育理念指导关工委的工作。局关工委常务副主任张能治同志是一位传播阅读乐章的使者。1979年，飞厦中学举行读书节，他为该校教师作题为《读书·求异·创造》的读书报告。从那开始，15年来，他在省内外做了200多场演讲，为学生、教师和家长奉献了阅读的乐章。他的《让读书成为生活的习惯》《阅读与思考照亮人生》《我的人生目标——与高一级新生谈人生规划》《与智慧同行与自信为友》《IQ + EQ + AQ = 成功的人生教育》等演讲专题，以大量古今中外名人阅读的故事激励广大青少年学习、学习、再学习，读书、读书、再读书。

张能治的专著——26万字的《爱，让孩子快乐成长——e时代家庭教育真谛》一书近期已由广东人民出版社出版，这部书是作者长期读书的结晶。爱尔兰皇家科学院院士、国际农业工程委员会主席、爱尔兰都柏林大学终身教授孙大文读了该书后深有体会地说："借鉴他人成功的经验，吸取别人的经验教训，是一种最有效的学习手段。《爱，让孩子快乐成长——e时代家庭教育真谛》这部书，科学的评述、积极的建议和典型的案例，给人耳目一新的感觉，回答了许多父母的疑难问题，是网络时代难得一见的父母教育孩子的工具书，值得家长学习、参考和借鉴。"北京师范大学教授、中国教育学会家庭教育专业委员会理事长赵忠心指出："《爱，让孩子快乐成长——e时代家庭教育真谛》是一部很有特色的书，资料丰富，观点科学，可读性也很强，宜于推广。"东北师范大学教授、中国教育学会家庭教育专业委员会副理事长、秘书长赵刚评论："人类的家庭史就是一部书

写提高家庭成员生命、生存、生活质量的历史。优秀的家庭教育，需要与时俱进，与时代律动相伴随。在互联网的时代如何选择教育子女的方法，张能治先生这部书值得一读，会引发广大家长的深刻思考。"

《爱，让孩子快乐成长——e时代家庭教育真谛》由中国教育学会家庭教育专业委员会向全国读者推荐。这部书的出版发行，对全省的朝阳读书活动将会产生积极的促进作用，正如广东人民出版社所指出：这是一本教人如何爱孩子的书，适合广大家长阅读！这是一本教人如何爱学生的书，适合广大教师阅读！这是一本教人如何爱自己的书，适合广大青少年阅读！

金砂中学关工委副主任余德元以陶行知先生"爱满天下"的激情为学生作了多场读书讲座，勉励青少年学生努力读书。区教育局分管关工委的领导、副局长赵耿辉以《家长应如何培养孩子的智力》为题，从心理学的角度阐述读书的极端重要性，强调家长的读书必将带动子女读书。东厦中学关工委主任、副校长庄思明以《养成教育是当前教育困境的一个突破口——读林格的〈教育是没有用的：回归教育的本质〉一书的所思所想》为题，以自己的读书带领教师读书，以教师读书带领学生读书，具体说明读书的重要性，收到了良好效果。金园实验中学校长陈利斌经常给学生作读书报告，该校的朝阳读书活动蔚然成风。聿怀中学关工委委员、广东省特级教师方仰群为学生所作的学习《弟子规》的报告，学以致用，深受学生欢迎。长厦小学校长黄汉辉重视关工委工作，他以多年管理学校的经验撰写的论文《家长如何管理好孩子的学习》，告诫家长应如何重视读书，以自身的读书指导读书。鮀浦中学副校长严增城以自己认真读书带动师生读书。

四、以《当今家庭教育》为载体，营造阅读氛围

区教育局关工委和区关心下一代家庭教育讲师团主办的《当今家庭教育》旨在促进未成年人健康快乐成长。该刊从2009年创办以来，已出版了

10期，发行了25000份，深受广大读者欢迎，收到了良好的教育效果。我们在该刊设置了"朝阳读书"专栏，经常刊登师生和家长的读书作品，为朝阳读书活动起着推波助澜的促进作用。《当今家庭教育》编辑部多次组织关工委和关心下一代家庭教育讲师团举行读书讨论会，如学习尹健莉的《好妈妈胜过好老师》，孙云晓、张引墨的《藏在书包里的玫瑰》等书，让大家大开眼界，为关心未成年人工作从理论上提高了认识。

中学校长陈利彬的《陪伴和沟通：帮助孩子顺利度过青春期的两大法宝》、小学副校长赵燕群的《理解童心》、汕头教育学院副教授肖钟汉的《为孩子营造文化氛围》、学生家长唐丽珊的《读书，我们的终生朋友》、陈开城的《让孩子乘上课外阅读这匹骏马》、翟荣莉的《好读书·爱生活·负责任》、陈雪迎的《经典诵读，你试过吗？》、李德江的《梅花香自苦寒来》、学生余斯涵的《书·精神·品味》、叶思远的《当梅花飘香之时》、吴晓纯的《超越自我》、肖斯骏的《感恩，永不放弃》等文章在《当今家庭教育》的"朝阳读书"专栏发表，给教师、家长和学生提供了一个互相交流互相学习的平台，有效地促进了朝阳读书活动的发展。

当我们发现龙眼小学的"亲子同读一本书"的活动这个典型时，我们便在《当今家庭教育》开辟"龙眼小学亲子同读"专栏，分三期介绍该校家长子女同读一本书的心得体会，发表了几十位家长的读书感言，推广该小学亲子同读的经验，让广大家长、教师和学生共享读书乐、乐读书的成果。

《当今家庭教育》2011年第2期（总第10期）发表了吴莉芙老师的《让孩子快乐地读书》一文，介绍了她的儿子王梓快乐读书，今年以文科661分的高分被北京大学元培实验班录取的经验。吴莉芙认为，阅读决定人生，一个人的知识、才华、素养、品格、精神境界以及学习成绩的好坏、高低都与其阅读量有很大关系。所以要尽早培养孩子阅读的兴趣和习惯。作者花费了不少工夫，在孩子进入小学之前就已经培养了他书不离手、每天阅读的好习惯。因为起步较早，加上方法得当，王梓从小就对书籍有着浓厚的兴趣。就这样，大量的课外阅读使他知识面广，基础好，学习兴趣浓，从小学到初中、高中，他一直视学习为快乐，学习起来比较轻松，成绩一直名列前茅。凡看过《让孩子快乐地读书》的读者，不论教师还是不同职业的家长，都称赞作者教子有方，深深感受到读书的重要性。

菁菁的校园书香浓，朝阳读书活动如一股股涓涓的细流融入学生的心灵；阅读伴着学生成长，生命在阅读中更加精彩。读书正逐步成为孩子们的生活习惯，影响着他们的品格，促进他们健康成长。

2011 年 9 月 27 日晚于广州

① 本文为作者撰写的《汕头市金平区中小学朝阳读书活动情况回顾》，收入本书时有删节。在广东省朝阳读书活动中，张能治荣获"广东省朝阳读书活动先进个人"称号，汕头市金平区教育局关工委荣获"广东省朝阳读书活动先进集体"称号。

第十三章 陶研之歌

创造教育之光

——论陶行知的创造教育思想及其现实意义

陶行知（1891—1946）是我国伟大的人民教育家，他为中国教育改造、普及人民教育、为争取民族解放和建立人民民主的新中国奋斗了一生。陶行知的创造教育思想贯穿在他一生的教育实践中。今天，在推进教育现代化、信息化的进程中，学习、研究和宣传陶行知的创造教育思想有其重要的现实意义。

一、陶行知是提倡创造教育的先驱

陶行知是20世纪初我国留美的杰出学者。他1917年回国，早年历任南京高等师范学校教授、教务主任，东南大学教育科主任，《新教育》杂志主编等职。他反对"沿袭陈法"和"仪型他国"，极力主张革新教育。陶行知创造教育思想形成于1913—1919年。1919年4月，陶行知在《第一流的教育家》一文中大力提倡创造精神，他说："敢探未发明的新理，即是创造精神；敢入未开化的边疆，即是开辟精神。"如何创造呢？他强调："创造时，目光要深；开辟时，目光要远。总起来说，创造开辟都要有胆量。"他精辟地指出："在教育界有胆量创造的人，即是创造的教育家；有胆量开辟的人，即是开辟的教育家，都是第一流的人物。"[1]

1933年3月，陶行知在上海大夏大学作《创造的教育》的演讲，提出"行动是老子"的著名论断，强调"行动"的特别重要性，这是辩证唯物论的实践第一的观点。他又说："手和脑在一块儿干，是创造教育的开始；手脑双全，是创造教育的目的。"[2]手的动作，有利于开发人的大脑，完全符合现代脑科学的原理。

1943年10月,陶行知发表了著名的《创造宣言》,这是陶行知创造教育思想的顶峰。他说:"教师的成功是创造出值得自己崇拜的人。先生之最大的快乐,是创造出值得自己崇拜的学生。说得正确些,先生创造学生,学生也创造先生,学生先生合作而创造出值得彼此崇拜之活人。"又说:"处处是创造之地,天天是创造之时,人人是创造之人,让我们至少走两步退一步,向着创造之路迈进吧。"[3]陶行知充分肯定学生的创造力、创造潜质,并以能"创造出值得彼此崇拜之活人"为最大快乐。

1944年9月20日,陶行知在儿童福利工作人员会议上作了《创造的儿童教育》的专题演讲,他强调教育"能启发解放儿童创造力以从事于创造之工作"[4]。他提出儿童六大解放:"(一)解放儿童的头脑,使之能想;(二)解放儿童的双手,使之能干;(三)解放儿童的眼睛,使之能看;(四)解放儿童的嘴,使之能说;(五)解放儿童的空间,使之能接触大自然和大社会;(六)解放儿童的时间,不逼迫他们赶考,使之能学习自己渴望学习的东西。"[5]

综上所述,陶行知的创造教育思想是一贯的、始终如一的。世界上最完整提出创造教育思想的是我们的陶行知。陶行知的创造教育思想在今天,乃至未来的教育改革和实践具有永恒的指导意义和实践价值。

二、陶行知是创造教育的出色实践家

陶行知是一位行以求知知更行的实践家。他在30年的教育生涯中积极宣传创造教育思想,并先后创办了十几所学校,勇敢实践创造教育思想。他创办的学校有南京安徽公学、南京晓庄师范、浙江湘湖师范、淮安新安小学、上海山海工学团、上海自然学园、儿童科学通讯学校、香港业余补习学校、重庆育才学校、重庆社会大学等。

陶行知是一个非常有个性的创造教育家。他坚持"洋为中用"的原则。

杜威是美国著名哲学家、教育家。他师从杜威，认真学习杜威的哲学思想、教育思想，发现杜威对教育与生活、学校与社会的关系的观点有错误，他将它翻了半个筋斗。杜威认为，教育即生活，学校即社会。陶行知则认为，生活即教育，社会即学校。1927年3月，陶行知在南京北郊晓庄创办晓庄试验乡村师范，实践他的生活教育理论。他为晓庄师范制定校训——"教学做合一"。⑥这一校训，完全符合辩证唯物论的方法论原理。1939年7月，在四川重庆附近合川县凤凰山创办育才学校，从难童中挑选有特殊才能的人入学。他为育才学校制定的教育方针是：民主的、大众的、科学的、创造的。在他"创造的"教育方针引导下，育才学校培养出许许多多有创造才能的人才。陶行知又是一个古为今用的典范，明代哲学家王阳明认为："知是行之始，行是知之成。"陶行知则认为："行是知之始，知是行之成。" 1934年7月，他正式宣布由"知行"改名为"行知"。他签名为"衍"（行知行），确信"行以求知知更行"。他身体力行，积极推行平民教育、乡村教育、普及教育、国难教育、抗战教育、全面教育、民主教育。他以大量的教育实践活动，丰富了他的创造教育思想。他是我们推行教育改革的楷模。

三、"生活教育"理论是陶行知创造教育思想的精髓

1917年，陶行知写了《遗传论》，这是陶行知生活教育理论的第一个经典文献。陶行知认为，性情有可变和不可变两种，"教育之功，则在设备种种适当习染之机会，使天性之正者，得以发荣滋长；其不正者，得以湮没于无形"。⑦陶行知提出了遗传、环境和教育三者相互正确关系，这是他的生活教育理论的科学基础。

究竟什么是生活教育理论，陶行知曾在不同时期，针对不同情况，从不同角度作过无数次的论述。在创办晓庄师范12年之后，1939年12月陶行知在答复一位朋友的信中，对生活教育理论作了系统的概括："从定义上

说，生活教育是给生活以教育，用生活来教育，为生活向前向上的需要而教育。从生活与教育的关系上说，是生活决定教育。从效力上说，教育要通过生活才能发出力量而成为真正的教育。'教学做合一'，是生活法亦即教育法。为要避去瞎做、瞎学、瞎教，所以提出'在劳力上劳心'，以期理论与实践之统一。'社会即学校'这一原则，要把教育从鸟笼里解放出来。'即知即传'这一原则，要把学问从私人的荷包里解放出来。'行是知之始，知是行之成'，是教人从源头上去追求真理。工学团或集体主义之自我教育，是在团体生活里争取自觉之进步。'教育是民族解放、大众解放、人类解放之武器。'"[8]这就是生活教育理论的要点。生活教育理论是一个有机的整体，它包含五个基本内容。

（一）"生活即教育"——生活教育的本体论

生活是教育的源泉，没有生活便没有教育，什么样的生活就会有什么样的教育。教育来源于生活，并服务于生活。陶行知提倡"康健的生活便是康健的教育；劳动的生活便是劳动的教育；科学的生活便是科学的教育；艺术的生活便是艺术的教育；社会革命的生活便是社会革命的教育"[9]。生活是人类一切实践活动的总称，它随着社会的发展而变化。陶行知说："时代是继续不断的前进，我们必得参加在现代生活里面，与时代俱进，才能做一个长久的现代人。"21世纪是创造的世纪，21世纪的生活是创造的生活，21世纪的教育是创造的教育。

（二）"社会即学校"——生活教育的领域论

整个社会就是一个大学校，要充分利用社会的环境进行教育。陶行知说："整个社会的活动，就是我们的教育范围。"又说："不运用社会力量，便是无能的教育。不了解社会的要求，便是盲目的教育。""社会即学校"是陶行知的大教育观。按照陶行知的观点，学校教育应该伸展到大自然和大社会各个方面。今天，我们强调教育现代化、教育信息化，这是现代化社会、信息化社会对教育提出的要求，谁跟不上现代化、信息化，谁就会被现代化社会、信息化社会所抛弃。

（三）"教学做合一"——生活教育的方法论

陶行知强调："教学做是一件事，不是三件事。我们要在做上教，在做上学。在做上教的是先生；在做上学的是学生。从先生对学生的关系说，做便是教；从学生对先生的关系说，做便是学。先生拿做来教，乃是真教；学生拿做来学，方是实学。不在做上用工夫，教固不成为教，学也不成为学。"⑩"教学做"是一个整体，"做"是这个整体的核心。"做是发明，是创造，是实验，是建设，是生产，是破坏，是奋斗，是探寻出路。"⑪一句话，"做"就是实践，就是行动。怎样做才算是真正的做？胡思乱想不是做。"只有手到心到才是真正的做"，"真正之做只是在劳力上劳心，用心以制力"⑫。教的法子要根据学的法子，学的法子要根据做的法子，要把教和学紧密结合起来。在实施素质教育的今天，我们强调教师备课，既要备教法，更要备学法。如何"学"，已成为当前教学改革的一个重要课题，教学改革的突破口。教是为了不教，因此，要培养学生正确的学习方法。学生学的法子，要根据做的法子。我们要把教法、学法和做法结合起来。

（四）"行是知之始，知是行之成"——生活教育的认识论

陶行知强调"行以求知知更行"，叫人弄清知识的来源，从源头上去追求真理。"行是知之始，知是行之成。"行—知—行，体现出实践—认识—实践的辩证唯物论认识事物的规律。"亲知"是从行动中得来的，各种问题得来的"闻知""说知"必须安根在"亲知"里面。⑬这完全符合人的认识规律，符合实践出真知，实践是检验真理的唯一标准这一马克思主义认识论的规律。

（五）"千教万教教人求真，千学万学学做真人"——生活教育的目的论

陶行知强调，"教育是民族解放、大众解放、人类解放之武器"。这充分说明陶行知办教育的明确目的——为人类的解放。他说："先生不应该专教书，他的责任是教人做人；学生不应当专读书，他的责任是学习人生之道。"陶行知号召学生要追求真理，实事求是，争做真人。

陶行知一贯重视培养学生的生活能力和创造能力。生活教育就是创造教育，它是培养一代创造新人的正确途径。这是陶行知批判旧教育、改革旧教学方法的伟大创造。陶行知无愧为伟大的创造教育家、第一流的教育家。

四、学习陶行知，做创造型教育家

陶行知是伟大的创造教育家，遗憾的是，他的创造教育思想在中国得不到广泛的传播，这有其复杂的原因。在陶行知诞辰110周年的今天，全国范围内掀起的学陶师活动，方兴未艾，这是时代发展的必然，它将极大地推动我国教育改革的深入发展。

在新的世纪里，我们应如何学习陶行知？

要更新教育观念，建立新型的人才观。长期以来，在人才培养上我们存在不少问题，其中，创造性思维欠缺尤为突出。随着信息技术的发展，未来所有的知识都可以输入电脑，人不一定要记那么多知识，人最重要的是能力，是创造力。学生的能力靠我们去培养。活动是激发学生创造思维的前提，没有活动就没有学生的创造性。我们应通过大量的活动培养学生的创造力。

既要看学生的智商（IQ），更要看学生的情商（EQ）。科学研究表明，一个人的成就，很大程度上决定于他的EQ的高低。EQ是可以培养的。最

新脑科学研究证明,大脑中管情感区域的右脑到 20 多岁才成熟,这就给我们加强对学生 EQ 培养提供了很好的机会。教师应通过自我意识、自我控制、对他人理解等方面对学生的 EQ 进行训练,这是极其重要的训练。IQ 极高的学生可以赢得国际奥林匹克知识竞赛奖,但唯有 EQ 极强的人才具备获得诺贝尔奖的前提。

改革考试制度、考试方法,建立科学的评价标准,这是促进学生素质全面发展的重要一环。1934 年,陶行知发表了《杀人的会考与创造的考成》一文,尖锐地抨击旧教育的考试制度。67 年过去了,我们的考试制度至今仍未有根本的改造。"学生是学会考,教员是教人会考,学校是变了会考筹备处。"⑭今天我们一些做法与陶行知所批评的是何等相似!这足以证明,改革考试制度和评价方法,任务多么艰巨。

要有科学的评价标准。一部《红楼梦》,100 个人读了,有 100 个人的不同感受,不可能要求一个答案,言之成理就应认可,有创意的才是优秀。

要鼓励学生提问。教育科学研究表明,每个学生都有巨大的潜能,而且每个学生的潜能都不一样。鼓励学生提问,是让学生的潜能充分发挥的重要一步。陶行知很重视学生的提问,他在《每事问》一诗中说:"发明千千万,起点是一问。禽兽不如人,过在不会问。智者问得巧,愚者问得笨。人力胜天工,只在每事问。"⑮著名科学家李政道在回答南京大学的学生提问时说:"求学问,需学问;只学答,非学问。"这是对学问的精辟见解,也是对提问重要性的科学概括。教师也要学会设问。我国著名数学家陈景润攻克哥德巴赫猜想,攀上世界数学的高峰,就是他在中学时老师提出这个世界性的数学难题而引发的。爱因斯坦说:"唤起创造性的表现和求知之乐,是为人师者至高无比的秘方。"愿老师们都来重视学生的提问,真正唤起学生的"求知之乐"。

我们要用创造精神学习陶行知的创造教育思想,不能呆板照搬。1945 年,陶行知语重心长地告诫人们:"生活在变化,历史在发展,你怎样一字一句地模仿我呢?此路不通,要另找生路。那就是——仿我者死,创我者生。"半个世纪过去了,今天我们的学习条件比起陶行知时代好得多。在新的条件下,邓小平提出"教育要面向现代化,面向世界,面向未来"⑯。面向现代化靠什么?靠创造。面向世界靠什么?靠创造。面向未来靠什么?靠创造。教育不创造,就无法面对"教育三个面向"。要实现"教育三个面向",最主要的是培养人的创造力。联合国教科文组织在一份报告中指出:"创造性的学习,创造性的思维,求得全面的发展。"我们要学习陶行知的创造精神,立足当地,面向中国,追赶世界。

陶行知是创造教育的先驱,陶行知的一生闪烁着创造教育之光。学习陶行知,在推进教育现代化、信息化的进程中,把自己造就成为创造型教育家。让创造教育之光照耀千秋万代。

2001 年 7 月 19 日
于汕头碧霞庄

①陶行知:《第一流的教育家》,见《陶行知全集》(第一卷),四川教育出版社 1991 年版,第 26 页。

②陶行知:《创造的教育》,见《陶行知全集》(第三卷),四川教育出版社 1991 年版,第 526 页。

③陶行知:《创造宣言》,见《陶行知全集》(第四卷),四川教育出版社 1991 年版,第 4—5 页。

④陶行知:《创造的儿童教育》,见《陶行知全集》(第四卷),四川教育出版社 1991 年版,第 537 页。

⑤陶行知:《民主的儿童节》,见《陶行知全集》(第四卷),四川教育出版社 1991 年版,第 571 页。

⑥陶行知:《教学做合一》,见《陶行知全集》(第一卷),四川教育出版社 1991 年版,第 124 页。

⑦陶行知:《遗传论》,见《陶行知全集》(第十一卷),四川教育出版社 1991 年版,第 2 页。

⑧陶行知：《谈生活教育——答复一位朋友的信》，见《陶行知全集》（第四卷），四川教育出版社1991年版，第428—429页。

⑨陶行知：《生活即教育》，见《陶行知全集》（第二卷），四川教育出版社1991年版，第8页。

⑩陶行知：《教学做合一》，见《陶行知全集》（第一卷），四川教育出版社1991年版，第126页。

⑪陶行知：《教学做合一下之教科书》，见《陶行知全集》（第二卷），四川教育出版社1991年版，第651页。

⑫陶行知：《在劳力上劳心》，见《陶行知全集》（第一卷），四川教育出版社1991年版，第128—129页。

⑬陶行知：《行是知之始》，见《陶行知全集》（第二卷），四川教育出版社1991年版，第3—5页。

⑭陶行知：《杀人的会考与创造的考成》，见《陶行知全集》（第三卷），四川教育出版社1991年版，第159页。

⑮陶行知：《每事问》，见《陶行知全集》（第七卷），四川教育出版社1991年版，第50页。

⑯邓小平：《为景山学校题词》，见《邓小平文选》（第三卷），人民出版社1993年版，第35页。

第十三章 陶研之歌

陶行知的教育目标与当今的素质教育[①]

陶行知是我国近代史上最杰出的人民教育家。作为伟大的人民教育家，陶行知的教育思想是极其深刻的。陶行知的教育目标是他教育思想的重要组成部分。学习研究陶行知的教育目标，对于全面贯彻党的教育方针，提高全民族的素质有重要的现实意义。

一、陶行知的教育目标

教育目标是指教育要达到的标准和结果。教育目标是我们教育工作的出发点和归宿点。它贯穿于教育工作的整个过程，是我们培养人才的质量标准。

陶行知的教育目标是什么？他在《湘湖教学做讨论会记》中提出培养乡村人民儿童所敬爱的导师的五个教育目标："康健的体魄""农人的身手""科学的头脑""艺术的兴趣""改造社会的精神"。他把要达到这五个目标的内容都具体地组织到课程里面去。

陶行知的五个教育目标与我们现在所主张的德、智、体、美、劳五育全面发展的教育目标是基本一致的。陶行知有鉴于"东亚病夫"的耻辱，在强调全面发展中把"康健的体魄"放在第一位，他把注意体育，关心学生身体健康，看作教育的天职。陶行知提出的第二个教育目标是"农人的身手"。这是针对农村学生来说的，对全体学生来说就是"劳动的双手"。"劳动的双手"指的是劳动技术教育。他十分重视教育与生产劳动相结合，提倡手脑双挥，培养富有创造能力的人才。他说："中国对于小孩子一直是不许动手，动手要打手心，往往因此摧残了儿童的创造力。"因此，他提出要"解放小孩子双手"。陶行知的第三个教育目标是"科学的头脑",指的是智育。他反对学生死读书,读死书,读书死,提倡创造性的学习。他说,"处处是创造之地,天天是创造之时,人人是创造的人。"又说:"教师的成功是创造出值得自己崇拜的人。"陶行知的第四个教育目标是"艺术的兴趣",指的是美育。他说:"艺术生活是人们生活的重要内容","要用美术去改造社会"。育才学校还专门建了艺术馆,成立了美术团,从多方面给学生美的熏陶。陶行知的第五个教育目标是"改造社会的精神",指的是德育。他办学是为了改造社会,他培养学生的目的也是要改造社会。他主张在整个教育和教学的过程要渗透思想品德教育的因素。他说:"道德是做人的根本一环,没有道德,纵使你有一些学问和本领,也无甚用处。"

陶行知的教育目标来源于他的著名生活教育理论。陶行知主张"生活即教育","我们要想受什么教育,便须过什么生活"。他认为:"是康健的生活,就是康健的教育,是不康健的生活,就是不康健的教育";"是劳动的生活,就是劳动的教育,是不劳动的生活,就是不劳动的教育";"是科学的生活,就是科学的教育,是不科学的生活,就是不科学的教育";"是艺术的生活,就是艺术的教育,是不艺术的生活,就是不艺术的教育";"是改造社会的生活,就是改造社会的教育,是不改造社会的生活,就是不改造社会的教育"。为使学生受这五种教育,陶行知把学生都组织到这五种生活中去,在学中做,在做中学,使学生学得生动活泼,学生的素质得到了全面提高,学生的实际工作能力和创造能力得到充分发展。

二、当今素质教育的结构

半个世纪以前,陶行知便针对当时中国教育的弊端,提出五个教育目标的精辟见解。中华人民共和国成立40多年来,广大教育工作者、理论工作者对我国的教育目标进行了很多有益的探索,但长期以来,教育由于受到"左"的干扰破坏,对德、智、体、美、劳五育的理解常常发生偏差,往往强调一方面而忽视另一方面。

究竟素质教育包含哪些内容，它们之间的关系如何？

在整个素质结构中，包含着德、智、体、美、劳五个因素，每个因素是各自独立的。所谓独立因素，即是它们各自由不同的内容组成，各有其特殊的发展过程，各有不同的作用和价值，不能互相代替。德育又称"思想政治教育"，包括思想品德教育。它由道德认识、道德情感、道德行为组成，它是人的全面发展教育的重要方面。智育就是向学生传授系统的、科学的基础知识，在掌握知识的同时开发智力，发展能力。它是学生在校活动的最主要内容。体育是向学生传授体育的知识和技能，并养成锻炼身体的习惯，提高学生的身体素质，增强体质。它是学生进行其他各育的物质基础。美育是使学生自觉地感受自然、社会和艺术中的美，培养他们正确认识美、欣赏美和创造美的能力，并注意在自己的生活中体现美。劳动技术教育是向学生传播现代生产的基本知识和技能，培养正确的劳动观点和劳动习惯。为什么要把劳动技术教育作为一种因素提出来呢？这是因为劳动观点、劳动习惯不同于一般的德育，生产知识、生产技能不同于一般的智育。早在1866年马克思就把生产技术教育与智育、体育并列为三项基本内容之一，这是从大工业生产的实际出发，也是从自然科学发展到一定水平的实际出发的。今天在四个现代化的进程中，生产技术教育显得更加重要。因此，在中小学阶段，应该给学生以劳动技术教育，尤其是职业中学。劳动技术教育应该成为教育目标中的一个独立因素。

德、智、体、美、劳各因素又是互相联系的，它们联结在一起，构成一个统一整体。整体是由部分组成的，任何部分只是整体中的一部分。黑格尔讲得对，"割下的手就失去了它的独立存在，就不像原来长在身上那样，它的灵活性、运动、形状、颜色等都改变了，而且它腐烂起来了，丧失了它的整个存在了。只有作为有机的一部分，手才获得它的地位"。德、智、体、美、劳五育是一个整体，每一育只是整体中的一部分，它依靠整体而存在，它们是互相渗透、互相制约和互相促进的。因此，无论哪一育，如果离开五育这个整体，它就会像脱离身体的手一样失去它的地位。

三、学习陶行知，切实加强素质教育

陶行知的教育目标是非常明确的，多年来，我们提出要加强素质教育的方向也是非常正确的，但在具体操作中仍然存在不少偏差，影响着学生素质的提高。在这些偏差中，突出的有：片面追求升学率的倾向；学生课业负担过重，身体素质较差；学生存在逆反心理，思想教育的效果不大；学生的操作能力和创造能力较低；等等。

《中国教育改革和发展纲要》指出："基础教育是提高民族素质的奠基工程，必须大力加强。"那么，怎么加强呢？

我们认为，学习陶行知，研究陶行知，宣传陶行知，这是加强素质教育一个重要方面。陶行知为达到他主张的五大教育目标，提出"教学做合一"的教学方法。什么是教学做合一？陶行知认为，"教的方法根据学的方法；学的方法根据做的方法。事怎样做便怎样学，怎样学便怎样做。教与学都以做为中心"，"在做上教，在做上学"，"做是学的中心，也就是教的中心"。陶行知在他一生的教育实践中反复要求教师将这五个教育目标贯彻到教育的整个过程，为我们树立了让学生全面发展的典范。陶行知的教育思想精辟，适合中国国情，富于改革创新精神。我们应该认真学习，大力宣传，使广大教育工作者、广大学生及其家长、各级领导和社会各界人士对陶行知有更多的了解；我们应该认真研究陶行知的教育目标，积极实施他所倡导的"教学做合一"的教学方法，探索出适合改革开放这个国情的教学内容和教学方法，使学生的素质结构更合理，素质水平更高，更能担负起四个现代化建设的重担。

《中国教育改革和发展纲要》强调："中小学要由'应试教育'转向全面提高国民素质的轨道，面向全体学生，全面提高学生的思想道德、文化科学、劳动技能和身体心理素质，促进学生生动活泼地发展。"这给加强素

质教育提出明确的要求,我们要认真贯彻执行。当前要认真执行新的大纲和课程方案,保证开全科目,保证艺术、体育和第二课堂活动时间,严格控制作业量,保证学生有足够的睡眠时间。示范性中小学要带头执行课程方案,在切实减轻学生课业负担,加强素质教育方面做出示范。

我们应该深入进行教和学的研究,使教师教得生动,学生学得主动。当前要特别注意学习科学的研究,教给学生科学的学习方法,这是教的根本目的。教师如果只顾单纯传授知识,而忽视教给学生掌握知识的方法,这是不合格的教师。教是为了不教。只有教给学生学习的方法,使学生能够自学,自觉地学,自主地学,这样的教才是真教,这样的学才是真学。教给学生学习的方法,这是学生受用无穷的财富。这样的教学方法是应试教育的方法所不能比拟的。

我们应该加强心理科学的研究。目前,我国的心理科学研究还比较落后,真真正正懂得心理科学的教师还不多,因而对学生心理的研究就存在不少薄弱环节。学校里的思想教育或多或少存在公式化的毛病。这样的教育方法,其效果是差的。我们只有摸清学生的心理,知道他们在想什么;他们对校长和老师的角色期待是什么;他们喜欢什么,厌恶什么;他们主张什么,反对什么;他们的心理需要是什么,不需要的是什么,只有充分摸清学生的心理活动的现状,我们思想教育的内容才能有的放矢,我们思想教育的方法才能生动活泼。学生如果存在逆反心理,教育的效果是极差的。对于后进生如此,对于优等生也如此。对于普通学校的学生如此,对于重点学校的学生也如此。最近,党中央号召我们要加强学生的德育工作,加强对学生进行爱国主义教育,这是非常必要的。我们一定要注意采用生动的形式,使学生在没有逆反心理,或极少逆反心理的情景下接受教育,这样效果才显著。

陶行知的五大教育目标是面对全体受教育者来说的。当前,我们在强调加强素质教育时,应该面对所有中小学的全体学生,要努力克服有些地方削弱面上学校办重点学校的错误做法。重点学校要给人以示范,重点的数量不宜过多，重点不应搞特殊，重点更应加强素质教育。否则，面上学校的师生就会产生对重点学校不服气的逆反心理，就会失去办重点的意义。

各级政府、教育行政部门应该给所有学校提供加强素质教育的必要条件。陶行知指出，"我们是现代的人，要过现代的生活，就是要受现代的教育"，"观察一个国家或一个学校的教育是否合乎实际生活，只须看他有无生活工具"，"教育有无创造力，也只须看他能否发明人生新工具或新人生工具"。当今社会已进入信息科学的时代，如果我们的学校不能给学生计算机知识的教育，那么，我们的学生就无从运用计算机工具去为社会服务；如果我们的学校不能给学生一些信息科学的知识教育，那么，我们的学生就无从心理和实际技能方面去适应信息社会对人素质的要求；如果我们的学校不能按国家规定的办学条件和管理要求去努力，那么，我们培养出来的学生就不可能有全面发展的素质。

认真学习陶行知的教育目标，结合当今国情，积极践行陶行知的教育目标，切实加强素质教育，促进学生德智体美劳全面发展，这就是结论。

1994 年 9 月 17 日

①本文是作者为广东省、广州市、天河区联合举办的 1994 年陶行知教育思想研讨会撰写的论文，刊登在 1997 年《汕头陶研十年》一书中。

以陶为师，爱满学生
——谈教师职业道德

引 子

老师们，爱太重要了。爱是开启智慧的钥匙、净化学生心灵的泉水、激发学生向上的动力。爱是教育高效的基础和前提。

老师们要关心、理解、尊重学生，平等、真诚地对待每一位学生，让学生在班级，在学校处处感受到母亲般的温暖，从而产生热爱老师，热爱学校，热爱学习的感情。但事实上，还有为数不少的教师不懂得爱学生，因而教育效果差，甚至出现教育的悲剧。

● **公开学生日记的悲剧**

某地一初中女生平时性格内向、自尊心强，有写日记的习惯。一次课间偶然的机会，一位女同学无意中发现其书包里的日记，好奇地翻看，并将日记中记录其爱情心理活动的一段文字摘抄下来，汇报给了班主任。第二天，班主任老师将日记中的有关内容在全班同学面前朗读出来，并斥责说考试在即却不好好学习、作为女生不思检点等。当该生失声痛哭时，老师将此视为对自己的不尊重，说"要哭出去哭，知道要面子就别写那样的日记"。消息传开，学校中到处有人对该生指指点点、说三道四，该生觉得再也无脸见人、前途无望，回家后服毒自杀。①

这是教育的悲剧。造成这种悲剧的原因是复杂的，有家庭的原因，也有社会的原因。我们要问，难道就没有教育的原因吗？回答是肯定的。如果我们的教师多点爱、少点刻薄，多点关心、少点冷漠，多点尊重、少点挖苦，教育效果就大不一样。这就涉及师德问题。

什么是师德？师德是教师在教育实践中所遵循的道德观念、行为规范的总和。

别林斯基说："爱，是教育的工具和媒介。"

陶行知提出"爱满天下"。

我认为，"爱"是师德的集中体现。会不会爱、爱什么、怎么爱，这都需要认真学习、认真研究、认真实践。只有这样，才能做一个有高尚师德的教师。

一、"爱"是陶行知师德的核心

为什么说"爱"是陶行知师德的核心？我们可以从如下四个方面来理解：陶行知的博大胸怀、奉献精神、学生情结、创造精神。

（一）陶行知"爱满天下"的博大胸怀

陶行知是伟大的教育家，毛泽东称他为"伟大的人民教育家"，周恩来说他"是一个无保留追随党的党外布尔什维克"，宋庆龄称他为"万世师表"，他为改造中国教育、普及人民教育、争取民族解放和建立人民民主的新中国奋斗了一生。

陶行知是20世纪初我国留美的杰出学者、教育实践家。陶行知一生办了很多学校和教育机构。1917年留美回国，早年历任南京高等师范学校教授、教务主任，东南大学教育科主任，《新教育》杂志主编等职。陶行知倡导教育改革，开展平民教育活动；开展乡村教育试验，创办晓庄师范；倡导普及大众教育，创办工学团，组建新安旅行团，倡导小先生制；积极实施战时教育，组织生活教育社，创办育才学校。

"陶行知先生是革命的教育家、坚定的民主战士、人民的诗人，这种'三位一体'的饱满内涵，决定了他性格的丰富性——既有学者的渊博、诗人的热情,又有政治家的气魄、社会活动家的能量。"②

"爱满天下"的教育思想可以说贯穿了陶行知先生教育思想的始终。纵观陶行知的教育理论,从"知行合一"到"行知合一",又向"行知行合一"深化;从"教学合一"到"教学做合一",到"社会即学校"的生活教育论的构建;从"千学万学,学做真人"的人格,到"千教万教,教人求真"的实质,无不体现出陶行知"爱满天下"的博大胸怀。

(二)陶行知"爱满天下"的奉献精神

"爱满天下"的"爱"是一种精神,是一种热爱祖国、热爱民族的爱国精神。陶行知在《晓庄三岁敬告同志书》中写道:"晓庄是从爱里产生出来的。没有爱便没有晓庄。"

"爱满天下"的"爱"是一种精神,是一种言传身教的精神,陶行知在《南京安徽共学办学旨趣》一文中说:"要学生做的事,教职员恭亲共做;要学生学的知识,教职员恭亲共学;要学生守的规则,教职员恭亲共守。"他认为,"唯有学而不厌的先生才能教出学而不厌的学生",只有真教师才能培养出真人才。陶行知说:"好学是传染的,一人好学,可以染起许多人好学。就地位论,好学的教师最为重要。惟有学而不厌的老师才能教出学而不厌的学生。"

"爱满天下"的"爱"是一种精神,是一种"捧着一颗心来,不带半根草去"的奉献精神;是一种"人生为一大事来,做一大事去"的敬业精神;是一种"活到老,做到老,学到老,教到老"的学习精神。

(三)陶行知"爱满天下"的学生情结

陶行知在1931年写的《不如学阿尔》一文指出:"如果你是一位教师,切莫轻于断定小朋友的品格。我们看他是坏蛋,他未必就是坏蛋。容或教师眼中之坏蛋,倒是一个真的爱迪生。千万不要把你的阿尔逼跑了,可是留他在学校里也不是甘言蜜语敷衍他所能了事。他欢喜玩科学的把戏,你得使他有可用的工具。"③

"爱满天下"的核心是爱生,"即以学生之乐为乐,以学生之忧为忧;学生之休戚即我之休戚,学生之苦恼即我之苦恼是也"。爱生之心是教师职业素养中最重要的一条,是师德的集中体现。"要人敬你,必先自重。各人一举一动,一言一行,都要修养到不愧为人师的地步。"因此,爱生之心,是一种崇高的感情。有了这种爱生之心和爱生之情,就能转化为一种巨大的教育力量,它是教育取得成功的法宝。

(四)陶行知"爱满天下"的目标就是让学生学会创造

1919年4月,陶行知在《第一流的教育家》一文中大力提倡创造精神,他说:"敢探未发明的新理,即是创造精神;敢入未开化的边疆,即是开辟精神。"如何创造?他强调,"创造时,目光要深;开辟时,目光要远。总起来说,创造、开辟都要有胆量"。他精辟地指出:"在教育界,有胆量创造的人,即是创造的教育家;有胆量开辟的人,即是开辟的教育家,都是第一流的人物。"④

1933年3月,陶行知在上海大夏大学作题为《创造的教育》的演讲,提出"行动是老子"的著名论断,强调"行动"的特别重要性,这是辩证唯物论的实践第一的观点。他又说:"手和脑在一块儿干,是创造教育的开始;手脑双全,是创造教育的目的。"⑤手的动作,有利于开发人的大脑,完全符合现代脑科学的原理。

1943年10月,陶行知发表了著名的《创造宣言》,这是陶行知创造教育思想发展的顶峰。他说:"教师的成功是创造出值得自己崇拜的人。先生之最大的快乐,是创造出值得自己崇拜的学生。说得正确些,先生创造学生,学生也创造先生,学生先生合作而创造出值得彼此崇拜之活人。"又说:"处处是创造之地,天天是创造之时,人人是创造之人,让我们至少走两步退一步,向着创造之路迈进吧。"⑥陶行知充分肯定学生的创造力、创造潜质,并以能"创造出值得彼此崇拜之活人"为最大快乐。

1944年9月20日,陶行知在儿童福利工作人员会议上作了《创造的儿童教育》的专题演讲,他强调教育"能启发解放儿童创造力以从事于创造之工作"⑦。他提出儿童六大解放:"(一)解放儿童的头脑,使之能想;(二)解放儿童的双手,使之能干;(三)解放儿童的眼睛,使之能看;(四)解放儿童的嘴,使之能说;(五)解放儿童的空间,使之能接触大自然和大社会;(六)解放儿童的时间,不逼迫他们赶考,使之能学习自己渴望学习的东西。"⑧

陶行知的创造教育思想是一贯的、始终如一的。世界上最完整提出创造教育思想的是我们的陶行知。陶行知的创造教育思想在今天,以至未来的教育改革和实践具有永恒的指导意义和实践价值。

综上所述,陶行知的博大胸怀、奉献精神、爱生情结、创造精神四个方面,深刻说明"爱"的教育的重要性,"爱"是陶行知师德的核心。

二、爱学生是教师的职责

(一)爱学生是法律规定教师的义务

1986年通过的《中华人民共和国义务教育法》第十四条规定:"教师应当热爱社会主义教育事业,努力提高自己的思想、文化、业务水平,爱护学生,忠于职责。"

1993年通过的《中华人民共和国教师法》第二章权利和义务第八条教师应履行下列义务:(一)遵守宪法、法律和职业道德,为人师表;(四)关心爱护全体学生,尊重学生人格,促进学生在品德、智力、体质等方面全面发展;(五)制止有害于学生的行为或者其他侵犯学生合法权益的行为,批评和抵制有害于学生健康成长的现象。

1995年通过的《中华人民共和国教育法》第九条规定:"公民不分民族、种族、性别、职业、财产状况、宗教信仰等,依法享有平等的受教育机会。"《中华人民共和国教育法》第三十二条规定："教师享有法律规定的权利，履行法律规定的义务，忠于人民的教育事业。"

从上述法律条款可以看出，爱学生是教师应尽的义务。老师们要有强烈的法律意识，深情热爱学生，这是依法治校的需要。

2000年教育部《关于加强中小学教师职业道德建设的若干意见》要求广大教师做到：要热爱学生，尊重学生人格；不讽刺、挖苦、歧视学生，不体罚或变相体罚学生。爱学生是教育行政部门对教师职业道德建设的基本要求，是一个合格教师的必备条件。

（二）每个学生都是天才

日本心理学家多湖辉在《幼儿才能开发》一书写道："在每个孩子身上都蕴藏着巨大的、不可估量的潜力，每个孩子都是天才，宇宙的潜能隐藏在每个孩子心中。"因此，教师应热爱每个学生，赏识每个学生。

谈到赏识教育，这里要特别提到周婷婷。周婷婷是什么人？

周婷婷——中国第一位聋人少年大学生。⑨

周婷婷三岁半还一个字也不会说，震耳的雷声都听不见，是个聋人。由于父亲周弘精心地、科学地培养，周婷婷发生了戏剧性变化：6岁认识了2000多个汉字，进普通小学，并跳了两级；8岁背诵了圆周率小数点后1000位，打破当时吉尼斯世界纪录；11岁被评为"全国十佳少年"；16岁成了中国第一位聋人少年大学生，在人民大会堂7000人的表彰大会上作精彩的发言，引起轰动，受到江泽民总书记的亲切接见和高度评价；成功地在电影《不能没有你》扮演主角婷婷。

周婷婷只是个智商平常的孩子，与普通人相差无几。周婷婷是个聋人，是个残疾人，尚且能取得如此巨大的成就，那些健康的人，普普通通的孩子更都是天才，都有巨大的潜能，等待我们去开发，去挖掘，去释放。

因此，作为教师，我们要爱每一位学生，不论是家庭富有的，还是贫寒的；不论家长地位是显赫的，还是普通百姓。每个学生都是天才，都能成才。只要我们付出爱，用爱的信念去启发他，爱的行动去教育他，他就会成为对社会、对人类有用之才。

三、爱的误区

爱的教育有许多误区，我在这里提出四种误区，和老师们讨论。

（一）科科考100分

科科考100分，这是很多学生家长的普遍心理要求，也是长期的应试教育造成的一种心理定势，是中国传统教育的一大弊端。每科都考100分，是不是他的知识掌握得最好，能力最好，潜能得到最好的开发呢？答案不是肯定的。学生求知的过程是复杂的，从未知到知，从知之不多到知之较多，是一个循序渐进的过程。答错了，不要紧，研究错的原因，在错上下工夫，错就会变成对。有的家长、有的老师，不能容许学生答错题，说错话，做错事，特别对优秀学生，更不允许出错。这就给学生造成一种极大的心理压力，一种苦闷的心理，这对学生的成长会产生极大的危害。如果我们不追求科科、次次都考100分，学生就可以减轻压力，在轻松愉快的心境下去读书，去寻求知识，去扩大自己的知识面。

教室是出错的地方。有个中国孩子在日本上学，他的日语不好，但上课发言非常积极。孩子的父母问他怎么就不怕出错。孩子说，不怕，老师说教室就是出错的地方。

好一个教室是出错的地方！教室，出错的地方，这是对传统教育的挑战。在学生成长的岁月里，出错，其实是他们应有的权利。学习过程中，出错是正常的，不出错才是不正常的。出错，就要了解错在哪里，如何改错，改错有什么方法，有什么途径，这就需要探究。通过探究，错误的改为正确的，印象会特别深刻，有的终生难忘。这样的课堂最活，这样的教学最美。

教室→出错→探究→改错→正确→印象最深刻→最活最美。请老师们记住，这是一条深情热爱学生的公式。

(二) 次次得第一

与科科考 100 分的同时，很多家长都希望自己的子女能够考第一：班里第一、年级第一、全校第一。且不说不可能人人都考第一，即使自己真的次次考第一，对其成长也没有好处。宇宙是无限的，世界是复杂的，对宇宙的规律，对世界事物的认识是逐步的，而人的精力是有限的，再伟大的科学家都不可能懂得世界任何事物，要在各种领域都获得第一是不可能的。在求学阶段，你不是第一，就更有学习的榜样；你不是第一，就更容易找出差距；你不是第一，就更容易发现你出错的地方，更会激发你探究问题。教师既要爱考第一的学生，更要爱不是第一的学生，包括倒数第一的学生、成绩很差的学生、偏科的学生。

● **发现控制基因"赛克林"的蒂姆·汉特**[⑩]

蒂姆·汉特是什么人？蒂姆·汉特，英国人，1943 年 2 月 19 日生，1965 年毕业于英国剑桥大学生物化学系，1968 年获剑桥大学博士学位。1991 年任英国皇家科学院院士以及美国国家科学院外籍院士。1982 年发现了控制基因"赛克林"。这一发现使他荣获 2001 年诺贝尔生物学及医学奖。赛克林对细胞分裂周期起着控制作用。这一发现有助于了解细胞分裂周期的本质，而癌细胞则是在失控状态下的分裂，从这个角度说，基础性研究将帮助人类最终攻克癌症。

汉特博士中小学时成绩很差，是班里的垫底生。当年他的生物成绩最好，英语也还不错，法语就差了，拉丁语最差，数学简直一团糟，物理也不怎么样。汉特博士说我要感谢我的生物老师，他是德国人，在他的鼓励下，我的生物课是班里学得最好的。汉特博士请记者转告读者："小时候分数差不必自卑，它不能决定一个人的一生。"汉特有两个女儿，他想留给她们的宝贵财富是什么？他说，精神财富是最重要的，而其中爱心、仁慈、为他人着想又是重中之重。

但愿老师们都愿意接纳成绩差的学生，接纳有问题的学生，接纳所有的学生，因为他们每一个人都会成才，关键在于教育，不信，大家跟踪进行调查。

（三）没问题成绩就优秀

教学中教师往往会问学生还有没有问题，若学生没有提出问题，似乎什么问题都解决了，教师往往会感到很满足。其实课讲得好不好，与学生有没有问题是两码事，没有必然的直接的联系。有问题不是坏事，而是好事，请听大师们怎么说。

宋代朱熹说："读书无疑须有疑，有疑定要求无疑。无疑本自有疑始，有疑方能达无疑。"

教师的本领应该让学生产生问题，提出问题，然后再去寻求解决问题的方法。生产中的重大突破都来自对现状的挑战，来自好奇心和怀疑精神。

（四）听话就是好学生

● 首相夫人参观幼儿园的故事

有一次，荷兰首相来中国访问，中方安排他的夫人参观幼儿园。当礼宾车抵达幼儿园门口时，只见门口两边齐刷刷地站了两队小朋友，一律昂首挺胸，站得笔直，手挥舞着塑料花，口喊着："欢迎、欢迎，热烈欢迎。"来到教室，只见整个教室鸦雀无声，孩子们个个在座椅上纹丝不动，双手放在背后，稚气的脸上，表情非常严肃。看到这些，首相夫人很快便结束了参观。回国后，首相夫人对中国大使说，这是她历次出访中感觉最不好的一次。为什么？孩子就是孩子，他们应该蹦蹦跳跳才对，即使是做个鬼脸也很可爱。

中小学课堂教学不要搞得死板严肃，应该创造条件让学生有更多表现的机会，尤其是公开课，它是作为模式让大家学习、模仿，更要注意这一点。

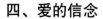爱的期许：家庭教育及其他

四、爱的信念

（一）成就别人也成就自己

教师把爱奉献给学生，善待每一个学生，这是教师的天职，是以人为本的体现。传统教育把教师比作蜡烛、春蚕，赞扬教师无私奉献，甘愿牺牲的精神，诚然这是可贵的。但是，在今天，在市场经济高度发达，只讲付出，不讲回报，只讲成就别人，不讲成就自己，这是不现实的。教师在奉献爱，成就别人的同时也应该成就自己。教师，不仅要点燃学生生命之火，也要点燃自己的生命之火。教师在教给学生知识、本领的同时，也要不断学习，充实自己，在促进学生成长的同时，自己也不断成长，这才是真正做到以人为本。教师必须具有广博的知识，足够的实力，才能给学生以真正的爱。

（二）尊重学生人格，适时给予表扬

对成绩突出的学生，进步明显的学生进行表扬，这是大家都懂得的。而对一些成绩一般，进步不快的学生，也要想方设法，寻求表扬的地方。有个例子说给大家听。

日本有个著名画家，读小学时不擅长画画，有一次上美术课，老师要求学生当堂作一幅画。画好以后，老师要求大家将画摊开放在桌上，然后闭上眼睛休息，让老师欣赏。如果老师抚摸你的头，说明你的画画得很棒。那一次，他的头被老师轻轻地抚摸了一下。从此，他对画画充满信心，他绘画的天赋得到淋漓尽致的发挥。画家成名之后才知道，那堂课上，老师抚摸了班上所有同学的头。

这个故事说明，不论学生有没有值得表扬的地方，寻找机会，适时给予表扬，都是很必要的，都会给学生造成良好的心理影响。这个故事说明，

每个学生的行为都盼望教师给予认同、赞扬,这是合理的心理需求,我们应该想办法满足他,使这种合理的心理需求变成积极的心理行动。表扬方法得当会唤醒、鼓舞、激励学生,培养他们的自信心,这是使他们继续前进的无限驱动力。当然,表扬应该是得体的,要注意方法和技巧,让学生珍惜教师对他的爱。

(三) 角色换位,将心比心

请大家先看看汕头市2003年高考第一次模拟考作文题:阅读下列的材料,根据要求作文。

一位老妇人对替她推开商店沉重大门的陌生青年表示感谢,青年说:"我妈妈和您年纪差不多,我只是希望当她遇到这种情况时,也会有人为她开门。"刚参加工作的小护士为病人扎针,两次都没成功,很紧张,病人安慰她:"不要紧,再来一次。"第三针终于成功了,小护士非常感谢病人的鼓励,病人告诉她:"我的女儿正在读医科大学,和你差不多大,我真希望以后她第一次扎针,也能得到患者的宽容和鼓励。"

歌曲《高天上流云》中有这样的唱词:"莫怨人情冷,将心来比心;一人添上一根柴,顽石也能炼成金。"如果我们每个人在生活中能够多一点将心比心的感悟,就会对老人多一分尊重,对孩子多一分怜爱,就会使人与人之间多一些宽容与理解,少一些计较与猜疑。

请以"将心比心"为话题写一篇文章。要求:立意自定,文体自选,题目自拟,不少于800字。

这道作文题出得很好,如果我们的老师在教育中能够多一点将心比心的感悟,就会给学生多一分尊重、宽容和理解。老师都是从学生走过来的,角色换位,将心比心,对待学生就不会居高临下、盛气凌人,而是以一种朋友的心态,爱抚学生,和学生促膝谈心,学生也敢和你说话、和你交心,把你当成真诚的朋友,就会听进你的意见,教育效果就会倍增。

(四) 爱和惩戒

我们强调教师爱学生，对学生应该尊重、宽容、平等、理解时，是不是不可以批评呢？对学生的缺点是应该批评教育的，学生犯错误，也可以进行惩戒。这里有一个界限，不得对学生进行体罚或变相体罚，不许侵犯学生的隐私权，不得损害学生的身心健康。

体罚是对学生给予身体上感到痛苦或极度疲劳的惩罚，并造成学生身心健康损害的侵权行为。它包括体罚和变相体罚，即"体"罚与"心"罚。体罚是我国现行法律中明令禁止的行为。而惩戒是指"施罚使犯过者身心感觉痛苦，但不以损害受罚者身心健康"为原则的一种惩罚方式。它在目的、手段、方式和产生后果上都与体罚有本质区别，其中最关键的在于，体罚损害了受罚者的身心健康。

那么，怎么运用惩戒权呢？

关于擦校牌的惩戒。上海市比乐中学唐关胜校长关于惩戒的例子。他曾碰到一个严重违纪的学生，他的处理方式是，先让学生在学校的荣誉室里熟悉学校获得过的所有荣誉，并写出感受，然后罚学生参加劳动——擦洗学校的校牌。他的用意就在于让学生以自己的行动擦亮校牌。这样的惩戒效果很好，这样的教育可能影响学生的一生，这位学生毕业后工作干得很出色。[11]

我相信老师们在教育实践中会有很多有效的办法批评学生、惩戒学生，但一定要注意不得损害学生的人格和身心健康，这是界限，越过这个界限，就会违规违法。

(五) 善待每一位学生

"人间多一所学校，就少了一座地狱。"巴尔扎克说得多好啊！学校作用如此之大，为此，教师必须善待每一个学生，要适时帮助有困难的学生。教师一句话、一个动作、一个眼色，都会使人终生难忘。

陶行知关于孩子拆金表的故事。朋友的孩子将金表给拆坏了，被孩子的母亲打了一顿，问陶行知怎么办？陶行知的对策是：把孩子带到修表铺，修表铺成了课堂，修表师傅成了先生，孩子成了学生，修理费成了学费，修表成了一堂生动的实验课。

通过这堂修理钟表的实验，孩子的好奇心得到满足，创造精神得到培养。居里夫人说："好奇心是学者的第一美德，而好奇心又总是兴趣的导因。"老师的责任在于培养孩子的好奇心，保护孩子的好奇心，千万不能因一时的冲动或个人的爱好，打掉孩子的好奇心。

"如果谁欺负你，就来告诉我！"这是中国篮球巨星姚明小学班主任龚玲珍老师对他说的一句话。身高2.26米的中国篮球队中锋姚明，小学时是班上个子最高的孩子，也是最老实的孩子，因此常遭到别人的欺负。班主任龚老师这句话十几年来一直鼓舞姚明前行，包括西征休斯敦NBA之旅。我们相信，姚明在美国、在NBA、在人生道路上，还会碰到各种各样的困难和挫折，班主任龚老师这句话一定会继续给他勇气和力量，这是一种信念，一种老师对学生爱护，坚信学生一定会成功的信念。

老师们要像龚老师那样关爱每一个学生，让他勇敢而前行。

善待每一位学生，教师要为每个学生付出心血，不放弃每个人，对每个孩子都要了如指掌：随便走进哪个班，随便挑一个学生，就能详细说出这个学生的方方面面。

大家看过《永不放弃》这部电视剧吗？它演的是急诊室的故事。电视剧《永不放弃》里急诊室的医生们杜小青、李天明（江珊、李幼斌扮演），他们以抢救病人为己任，把无数患者从死亡线上拯救过来。他们善待生命，永不放弃爱的信念，永不放弃生命的尊严，受到人们的高度赞扬。

杜小青面对三个集体跳楼自杀的女工、三个因心理压力太重吃一瓶安眠药而生命垂危的中学生、一个不知何故用书包带自缢的小学四年级男生，她发出呼唤——"用爱的名义发一个誓言/永不放弃/爱的信念，用爱的名义发一个誓言/永不放弃/生命的尊严"。

请听由刘欢演唱的电视剧《永不放弃》的主题歌《永不放弃》。

永不放弃

原以为人生故事平淡／谁知转眼风云突变

昨天已成为过眼云烟／明天为何如此遥远

原以为人生路途遥远／谁知尽头已在眼前

宁愿轻愁就此了断／生死离别不忍说再见

今天的分分秒秒都是对生命最严酷的考验

今天的相依相伴都是对生命最深情的眷恋

用爱的名义发一个誓言／永不放弃／爱的信念

用爱的名义发一个誓言／永不放弃／生命的尊严

老师们，你们所从事的是拯救学生心灵的事业，也应该善待每个生命，尊重每个生命的尊严，永不放弃爱的信念。愿老师们都来学习白衣天使杜小青、李天明，用爱的名义发一个誓言，永不放弃爱的信念；愿老师们都像白衣天使杜小青、李天明那样，用爱的名义发一个誓言，永不放弃生命的尊严；愿老师们都以人类灵魂工程师的名义雕塑出每个学生美好的心灵，让他们迸发出灿烂的火花。

五、爱的行动

既然爱这么重要，老师们就应拿出行动来。

（一）潜移默化，培养自信心

说到自信心，我就想问一问大家，世界上唯一获得两次诺贝尔科学奖的科学家是谁？她是玛丽·居里（即居里夫人）。

玛丽·居里有一句名言："我们不但要有恒心，尤其要有自信力。"恒心和自信力使居里夫人在科学上获得重大突破。1902年经过45个月的艰苦奋战，玛丽·居里成功提炼出0.1克镭，但当时还不为科学界所承认，她再经过艰苦的实验，终于测出镭的原子量为225，镭终于为科学家们所承认，被世人所承认，为人类做出巨大贡献。为表彰居里夫人这位伟大科学家的成就，她一生两次获得诺贝尔科学奖。

自信使人自强，适当的"骄傲"使人成功。自信是成功的前提。著名科学家丁肇中在《科技发现的几点体会》中说："我的第一个体会就是不要盲从专家的结论。第二个体会是对于自己应有信心，做你自己认为是正确的事情……不能因为别人反对，你就停止。"

对学生自信心的培养，应通过平时的教育活动来体现，不可能一蹴而就，只有长期努力，潜移默化，才能形成。自信心是一种极可贵的心理素质，一旦形成，它就能陪伴你战胜学习、生活、工作中的艰难险阻，逐步走向成功的彼岸。因而，培养学生的自信心是教师爱学生的最好行动。

（二）持之以恒，养成良好习惯

习惯是一种无形力量、顽强力量。良好习惯会使人顽强、乐观、和谐、友好，会形成一种撞击成功的巨大力量。不良习惯一旦形成，就很难克服，它会产生强大的破坏力，祸害一生。

习惯要从一件一件小事做起，长期坚持，才能形成。俄罗斯教育很重视培养学生的文明习惯，教师往往从一件件小事启发孩子养成文明习惯，提高道德修养。如教育孩子要把垃圾扔到垃圾箱里。垃圾扔到垃圾箱里，这是一件小事，但很多同学就做不到，结果教室地面、走廊经常看到纸屑、面巾纸。课桌的抽屉里也经常发现废纸等杂物。在学校养成垃圾扔到垃圾箱里的习惯，在家里就不会将垃圾扔到室外，扔到楼下，在社会就不会将垃圾扔到马路、扔到公共场合。垃圾扔到垃圾箱里，就会形成一种环保习惯。环保的重要性已越来越受到政府重视和国民的认同。

教师要通过长期努力，培养学生以下良好习惯。

读书的习惯。爱因斯坦说："人的差异在于业余时间。"学生要养成课外阅读的习惯，到了社会，就会形成业余读书的习惯，老师们的差异也在于业余时间。

正视错误的习惯。作业做错了，考试答错了，要正视它，专门设置改错本，对错的部分加以练习，这一部分印象会特别深刻。

锻炼健体的习惯。广东金山中学的学生天天要晨跑、做操。学会一种到几种锻炼健身的方法，终身受益。

饮食卫生习惯。不要挑食，营养才全面。常剪指甲，饭前要洗手，避免病从手入。

劳动习惯。在家要学着做家务，如洗菜、炒菜、做饭、擦洗门窗、拖地板，在校打扫卫生、浇花、除杂草。

尊重他人的习惯。要学会倾听别人的意见，遇见有困难的同学要帮助，在公共汽车上要让位给有需要的人。

养成良好的习惯，将会终生受益。

（三）加强指导，培养自学能力

科学研究表明，每位学生都有自学潜能。学生的自学能力靠教师培养。课堂教学要改革，改变教师一讲到底的传统模式，要让学生真正成为学习的主体，主动学习。

著名教育改革家魏书生说："教育的责任，固然要教给学生真理，但更重要的，还是要培养学生发现真理的能力；要教给学生知识，更要培养学生自己学习知识的能力。"[⑫]各科教师要根据各科的特点，探索培养学生自学能力的方法。教师不要包办代替，剥夺学生发挥自学潜能的机会，要加强指导，放手让学生自学，在长期的自学训练中掌握自学的方法。

（四）学会宽容，留给学生改过自新的充分余地

严和宽都要有一个度，都要遵循认识规律和教育规律，那种认为越严越好的做法是错误的，这是因为它违背认识规律和教育规律。宽容是爱的一种表现，是爱的艺术。要让孩子从宽容中认识到自己的缺点或错误，认识到自己的前进和努力的方向。这样的宽容，是教师高超教育艺术的表现。

第十三章　陶研之歌

● 陶行知与四颗糖果

陶行知先生在育才学校当校长时，发生过这样的一件事：一天，他在校园里看到男生王友用泥块砸自己班上的男生，陶行知当即喝止了他，并让他放学后到校长室去。

放学后，王友早早站在校长室门口准备挨训。陶行知走过来，一见面却掏出一块糖果送给王友，并说："这是奖给你的，因为你按时来到这里，而我却迟到了。"

王友惊愕地接过糖果。随后，陶行知又掏出一块糖果放到他手里，说："这第二块糖果也是奖给你的，因为当我不让你打人时，你立即就住手了，这说明你很尊重我，我应该奖励你。"

王友更惊愕了，他眼睛瞪得大大的，不知道校长想干什么。

陶行知又掏出第三块糖果放到王友手里："我调查过了，你用泥块砸那些男生，是因为他们不守游戏规则，欺负女生；你砸他们，证明你很正直善良，且有跟'坏人'作斗争的勇气，应该奖励你啊！"

王友感动极了，他流着泪后悔地喊道："陶……陶校长，你打我两下吧！我砸的不是坏人，而是自己的同学啊……"

陶行知满意地笑了，他随即掏出第四块糖果递给王友，说："为你能正确地认识错误，我再奖励给你一块糖果，只可惜我只有这一块糖果了。我的糖果完了，我看我们的谈话也该完了吧！"

陶行知的宽容使王友感动不已。陶行知善于从犯错误的学生身上发掘他的闪光点，并给予恰如其分的表扬，使王友认识到自己行为的是非，这将对他的人生产生深远影响。

尾　声

我认为，陶行知是师德的楷模。爱学生是教师的职责，教师要克服爱的误区，永不放弃爱的信念，用爱的行动，使每个学生都获得成功。

我祝愿：老师们，认真学习陶行知的师德，做 e 时代爱满学生的教师！

2008 年 10 月 24 日

①张维平：《中小学校学法用法案例评析》，载《中国教育报》2003 年 3 月 30 日第 4 版。

②杨应彬：《序》，载周毅、向明著的《爱满天下——陶行知文学传记》，江苏教育出版社 1991 年版，第 3 页。

③陶行知：《不如学阿尔》，载《陶行知全集》（第二卷），四川教育出版社出版 1991 年版，第 118 页。

④陶行知：《第一流的教育家》，载《陶行知全集》（第一卷），四川教育出版社 1991 年版，第 26 页。

⑤陶行知：《创造的教育》，载《陶行知全集》（第三卷），四川教育出版社 1991 年版，第 526 页。

⑥陶行知：《创造宣言》，载《陶行知全集》（第四卷），四川教育出版社 1991 年版，第 4—5 页。

⑦陶行知：《创造的儿童教育》，载《陶行知全集》（第四卷），四川教育出版社 1991 年版，第 537 页。

⑧陶行知：《民主的儿童节》，载《陶行知全集》（第四卷），四川教育出版社 1991 年版，第 571 页。

⑨周弘：《赏识你的孩子——一个父亲对素质教育的感悟》，四川少年儿童出版社 2000 年版，第 50—51 页。

⑩《北京青年报》社/《发现·图形科普》杂志社主编：《与诺贝尔大师面对面》，文化艺术出版社 2002 年版，第 264—272 页。

⑪参见《中国教育报》2002 年 12 月 28 日第三版。

⑫魏书生：《中学生实用学习法》，沈阳出版社 1998 年版，第 1 页。

我们要向陶行知学习些什么[①]

陶行知是中国近代史上杰出的教育家、教育思想家、教育改革家，卓越的民主主义战士，伟大的爱国者，坚强的共产主义战士。今天，我受区文教局、区教育工会、区陶行知教育思想研究会的委托，在大会上作有关陶行知的发言。

一、深受人民爱戴的伟大教育家陶行知

陶行知1891年10月18日生于安徽省歙县西乡黄潭源村。原名陶文濬，后改知行、行知，签名为"知"，确信"行以求知知更行"。他家境清贫，天资聪颖。1897年，6岁入家乡蒙童馆。1906年，15岁入歙县崇一学堂。1908年，17岁进杭州广济医学堂。1909年入南京汇文书院。次年转入金陵大学文科。1914年以第一名毕业于金陵大学。后赴美留学，先在伊利诺伊大学学市政，获文科硕士学位，后在哥伦比亚大学研究教育，获"都市学务总监资格文凭"。

陶行知于1917年回国，早年历任南京高等师范学校教授、教务主任，东南大学教育科主任，南京安徽公学校长，《新教育》杂志主编等职。他反对"沿袭陈法"和"仪型他国"，极力主张革新教育。1922年任"中华教育改进社"主任干事，后与朱其慧等人发起组织"中华平民教育促进会"，与朱经农合编《平民千字课》，奔走于冀、察、苏、浙、皖、赣、豫、鄂等省，推行平民教育。1925年任《新教育评论》杂志主编。

陶行知1927年3月在南京北郊晓庄创办试验乡村师范学校（后改名为晓庄学校），开展乡村教育运动，形成了"生活教育"理论体系。1928年又

支持、指导创办"浙江湘湖师范学校"。1929年上海圣约翰大学授予荣誉科学博士学位。1930年4月，晓庄学校被国民党封闭，陶行知被迫避难于日本。

1931年春，陶行知返抵上海，任《申报》总管理处顾问。创办"自然学园""儿童科学通讯学校"，编辑出版《儿童科学丛书》和《儿童科学活动指导》，发起"科学下嫁"运动，大力普及科学教育。1931年"九一八"事变后，陶行知把他的生活教育运动和民族民主革命斗争结合起来，积极从事抗日救亡运动，创立"国难教育社"，推行"国难教育"。1932年起，先后创办了"山海工学团""晨更工学团"，首创"小先生制"，成立"中华普及教育助成会"，开展"即知即传"的普及教育运动。1934年创办、主编《生活教育》半月刊，7月正式宣布由"知行"改名为"行知"。

1936年，陶行知出访欧、美、亚、非28个国家和地区，宣传抗日救国，介绍中国大众教育运动，历时两年多，为促进华侨团结，开展人民外交，推动对日禁运做出很大贡献。1938年8月，陶行知回国路过香港，倡导举办了"中华业余补习学校"，12月在桂林成立"生活教育总社"，被选为理事长。接着建立"晓庄研究所"。1939年7月，陶行知在四川重庆附近合川县凤凰山古圣寺创办育才学校，从难童中挑选有特殊才能的人入学。1945年，陶行知当选为中国民主同盟中央常委兼民主教育委员会主任委员，主办《民主》星期刊，主编《民主教育》杂志。8月毛泽东到重庆与国民党谈判，毛泽东曾多次接见陶行知。谈判结束，陶行知代表民盟到机场为毛泽东飞返延安送行并合影留念。1946年1月，陶行知在重庆创办社会大学，任校长，大力推行民主教育。

抗日战争胜利后，陶行知于1946年4月回到上海，立即投入反独裁，争民主，反内战，争和平的斗争。民主战士李公朴、闻一多遭国民党特务暗杀后，陶行知获悉自己被列为黑名单的第三名。陶行知一面做好了"我等着第三枪"的牺牲准备，一面继续坚持斗争。他在三个月内向各界演讲100多次。终因"劳累过度，健康过亏，刺激过深"，于1946年7月25日患脑溢血逝世，享年55岁。毛泽东同志亲笔题写悼词，尊称他为"伟大的人民教育家"。

二、我们要向陶行知学习些什么

（一）学习他"捧着一颗心来，不带半根草去"的奉献精神

陶行知的奉献精神是极其伟大的，表现是多方面的。他留学美国，是著名教育家杜威的得意门生。可是将要进行博士学位答辩的时候他回国了。他没有把取得博士学位桂冠这件个人的大事放在心上。他认为，要解决中国教育问题的论文，应该回到中国去写。他把一颗纯洁的心奉献给伟大的祖国。

他"是一个无保留追随党的党外布尔什维克"。他在伦敦瞻仰马克思墓，题了"光明照万世，宏论醒天下，二四七四八，小坟葬伟大"的诗，表达他对马克思、对马克思主义的崇拜的思想感情。他积极参加爱国活动，在抗日救亡运动中，他赞成中共的"联合阵线"的主张，与沈钧儒、邹韬奋等联合发表《团结御侮宣言》，被反动当局通缉，他岿然不动地以一颗热心、一腔热血，通过写诗歌、杂文、演说等形式，抨击"不抵抗主义"。为了不当亡国奴，他不顾妻子刚病逝，四个孩子分处三地，生活穷困的景况，靠演讲、卖文做费用，自费到欧、美、亚、非28个国家和地区宣传抗日主张。抗战胜利后，他参加争民主反内战活动，遭到特务盯梢，法院传讯，以至把他列入暗杀的黑名单，他仍然顽强地战斗着。在他生命的最后100天，他做了100多场反内战要和平，反独裁争民主的演讲。当他闻知特务罪恶的枪口瞄准他的时候，他想到的是怎样给他的学生、他的青年朋友多留下一点东西。他提笔给育才学校师生写最后一封信，号召"为民主死了一个就要加紧感召一万个来顶补"。

陶行知的奉献精神更多地表现在他把爱心献给孩子们，献给中国的老百姓。他一生创办了晓庄师范、晓庄小学、晓庄幼稚园、山海工学团、育

才学校、社会大学等十几所学校。还办"自然学园"、"儿童通讯学校"(即函授)、"空中学校"(即广播讲座),他还自编教材,出版农民识字课本,为我们留下400多万字的著作。他播下的种子不仅在他亲手开拓的园地开花结果,而且随风飘向远方,直达大洋彼岸。

陶行知自题的对联"捧着一颗心来,不带半根草去",是他奉献精神的集中体现。

(二)学习他"千教万教,教人求真;千学万学,学做真人"的创造精神

陶行知认为,"第一流的教育家"应该是"敢探未发明的新理","敢入未开化的边疆"。他的志向就是当第一流的教育家。

陶行知是著名教育家杜威的学生。1917年他回国后,到南京进行调查,1918年写出新教育论,批评当时的教育方法,指出办教育与改造社会是同一件事,而不是两件事,提出了"生活教育"的理论体系,把杜威的理论翻了半个筋斗。杜威说:教育即生活,学校即社会。陶行知把它反过来说:生活即教育,社会即学校。陶行知还提出"教学做合一"的教学方法。陶行知的生活教育理论是一个完整的教育理论体系,它的目的是要通过教人,去改造生活,改造社会。陶行知提倡创造性教育,他说:"教师的成功,是创造出值得自己崇拜的学生。"他用自己的实践,造就了一大批追求真理,学做真人的一代新人。陶行知的生活教育理论可以用八个字来概括,这八个字就是:实践→求知→创新→育人。实践是第一位的,这完全符合马克思主义哲学实践第一的观点。陶行知原来的名字叫知行,后来在创立生活教育理论时把它改为行知,这充分说明他对行动,对实践的重要性的认识。

陶行知的"生活教育"理论所指的"生活"不仅仅是衣食住行的日常生活,而且是指人们生活所需要的一切。它包括物质生活和精神生活,个人生活和社会生活。生活即教育,办教育就是对生活的改造。我们要好好学习陶行知的创造精神,培养出建设社会主义祖国的创造型人才。

(三) 学习他"爱满天下"的伟大情怀

陶行知捧着一颗爱心待人，正如他所说的那样，"爱满天下"。从他的行动看，他以爱人之心待人是与爱事业、爱祖国、爱人类的进步繁荣凝结在一起的。郭沫若说："他的人民意识觉醒得比任何人快而且彻底。"他的一颗爱心是捧给人民的。1924年他就说过，他最小的学生4岁，最老的学生66岁，北至蒙古，南至南洋群岛，西至德国，东至美洲，他都以一颗爱心教他们识字，或与他们通信。陶行知家乡有一个13岁的小孩叫吴立邦，写信给他表示了长大要为社会服务的志向，还要向他学作诗。他欣喜地回信说："接读你的信，如同吃甘蔗一样，小朋友的信啊！是我精神的源泉。"他先后给吴立邦写了两封信，谈人生哲理，谈要"把生命放在诗里，把诗放在生命里"的做人作诗之道。

他待自己的学生亲如兄弟，在学校不仅教他们做学问，更重要的是教他们怎样做人。他对贫穷的学生、身体有缺陷的学生更是关怀备至，特别注意发现、培养有特殊才能的孩子。可以说，"没有爱，便没有育才学校"，陶行知就没有这么伟大的成就。

同志们，陶行知的奉献精神、创造精神和爱满天下的情怀，是我们向他学习的三个主要方面，但陶行知精神远远不止这些。

那么，我们应怎样向他学习呢？

三、身体力行，在实践中学习陶行知

(一) 学习

各校要广泛开展学习陶行知的活动，使广大教师对陶行知的品德、教育思想、改革精神、创造性办学的伟大实践有所了解。学习的形式可以灵活多样，目前资料还比较缺乏，大家要想办法，区"陶研"会也来想办法，向大家提供一点。

（二）宣传

要利用学校一些场地，如黑板报、墙报出版宣传专栏，有条件的可以搞小型展览，举行报告会，请本校学得好的老师作报告，也可以请市、区"陶研"会的同志来校作报告，并积极开展讨论，以把学习引向深入。

（三）实践

陶行知在办学过程特别强调实践，我们学习陶行知，应该付诸实践。只有身体力行，积极实践，才会有所体会、有所收获、有所改革、有所创造。

（四）建立健全陶研小组

目前，我区已有金龙小学、新乡小学、金砂小学、金厦职中、飞厦中学建立了"陶研"小组，金砂中学也准备建立。我们希望有更多的学校建立"陶研"小组。已建立的要进一步健全机构，并经常开展活动。

（五）准备召开学术年会和纪念陶行知诞辰100周年的活动

学术年会准备在今年12月份召开，年会除交流论文外，区文教局党政工还要出台进一步开展学习陶行知的意见。请同志们写好论文，参加年会交流。

"我们纪念陶行知先生，就要学习他振兴中华，追求真理，献身人民的精神，投身于'两个文明'的建设，为全国的社会主义现代化建设贡献力量。"同志们，请遵循江泽民同志的指示，努力学习陶行知，积极宣传陶行知，为发展金砂教育，为繁荣祖国的教育事业而奋斗！

1990年8月24日

①本文是作者作为金砂区陶研会会长在汕头市金砂区教育工作会议上的发言,原题目是《学习陶行知 宣传陶行知》,编入本书时有删节。

第十四章 督导之歌

一个教育督学的人生追求

共产党人的宗旨是什么？是为人民服务。教育工作者的职责是什么？是使受教育者成为一个有理想、有道德、有文化、有纪律的人。做一个对别人有所帮助的人，这就是我——一个共产党员，一个教育工作者的人生价值。

这几年我的工作主要有两个方面：一是督导评估，二是讲学。

从1989年任金砂区教育督导室主任到现任汕头市督学，我从事督导工作已经有17年之久，对督导业务是比较熟悉的，但我深知，督导工作是一项政策性强、业务水平高的综合性工作，单凭经验是远远不够的。为此，我一方面注重学习，学习国家有关的教育法规、政策，学习前沿的教育理论，学习新课程的标准和内容；另一方面注重调查了解，认真察看被督导单位的设备设施、校容校貌，查阅相关档案资料，访问有关人员，详细占有材料，虚心倾听评估组的意见建议，如果是评估组长，则在此基础上花力气写出具有较高指导意义的评估意见。评估结束后，我将评估意见打印成书面文件，及时送达受评单位和有关教育行政部门，以满足他们的迫切需求。

教育督导的任务是监督、检查、评价、指导。如何指导？这几年，我应一些学校和教育行政部门的邀请，为各地的教师、学生、家长开讲座，做了一些指导工作，至今已讲了100多场。飞厦中学举行读书节，应校长的邀请，我给老师们作了《读书·求异·创造》的讲座；2004年，汕头市委精神文明办开展全民读书月活动，我为岐山中学、锦泰中学、月浦小学、岐山中心小学等校师生作了《让读书成为生活的一种习惯》的讲座；良好习惯是一个人成功的基石，我为金砂中学等校的同学们作了《习惯的形成及其对人生的影响》的讲座；21世纪的经济是知识经济，教育如何面对，我为金荷中学、汕头四中、东凤镇全体教师等单位分别作了《知识经济呼唤素质教育》和《知识经济呼唤高素质的教师》的讲座；陶行知是中国现代最伟大的教育家，他为中国教育的现代化在国内外驰骋半个多世纪，我为金园职业学校作了题为《创造教育之光——论陶行知的创造教育思想及其现实意义》的讲座；创造是教育的根本，我为长厦小学、芙蓉小学、黄图盛纪念中学、苏北中学、丹阳中学等学校作了《创造教育与创造型教师》的讲座；"爱"是教师职业道德的集中体现，我为天竺中学、东方中学、金禧中学、汕樟中学等学校作了《没有爱就没有教育》的讲座；几年前，潮州市彩塘中学要求我给学校定一个校训，我给该校提出"主动、和谐、求是、创新"的校训，并给全校教师作了一场演讲，阐述校训的内涵，突出主动学习、和谐发展的极端重要性；实施新课程是当前教育的热点，我给东凤镇的中小学教导主任作了《教导主任在实施新课程中的角色定位》的讲座；2004年，应饶平县教育局的邀请，给全县中小学正副校长和县教育局全体干部作了《创造教育期盼创造型校长》的讲座；给潮州市湘桥区名教师培养对象研修班作了两场讲座；最近在潮阳等地作了《以优质教育开启灿烂人生》的讲座，在汕头经济特区林百欣中学给高中部的学生家长做了《父母是子女良好习惯的老师》的讲座。目前，我的素质教育系列讲座已有18个专题，内容包括素质教育的多个侧面，听讲人数达几万人次。

几年来，我以演讲这种独特形式为本地和外地的教师、学生、家长服务。如何使我的演讲更能满足听众的需求，如何提高督导评估的质量，我从以下四个方面进行努力。

一、热情学习

21世纪，学习是每个人终生的任务。要想在教育上有发言权，就时刻不能放弃学习，就得用满腔的热情去学习。

（一）学习研究前沿理论

1983 年，美国哈佛大学认知和教育学教授霍德华·加德纳出版了《智能的结构》一书，提出多元智能理论。加德纳的多元智能理论证明了人类思维和认识世界的方式是多元的，每种智能在人类认识世界和改造世界的过程中都发挥着巨大的作用，具有同等重要性。而环境和教育对于能否使这些智力潜能得到开发和培养起着重要作用。素质教育就是要让每个学生能够有差异地发展，实现个人应有的以及可能实现的最大、最好的发展。1995 年，美国哈佛大学行为与脑科学教授丹尼尔·戈尔曼出版了《情绪智力》一书，提出"情商"这一概念。戈尔曼认为，决定一个人成为社会栋梁还是庸碌之辈的关键因素与人们自我管理和调节人际关系能力的大小，也即情感智商的高低有关。我对加德纳的多元智能理论和戈尔曼的情商理论的学习和认同，有效地更新了自己的教育观念，指导了我的讲学和督导工作。

（二）聆听专家学者的讲座

专家学者的讲座会从多侧面给自己提供信息，从中吸取营养。这几年，凡是适合的讲座我都争取机会去听，如在广东汕头金山中学听了校长黄晖阳《爱情——那是田野里一片绿油油的庄稼》的爱情讲座；在汕特中心幼儿园听了深圳一杰早期教育研究室主任、教育硕士李一杰《让孩子成为一个快乐、成功的人》的学前教育讲座；在汕头市实验学校和汕头市世贸实验学校听了北京四中网校副校长刘开朝《信息技术与中小学教学改革》和《怎样帮助孩子确立良好学习习惯》的讲座；在飞厦中学听了金平区教育局副局长鲁澄南关于新课程《教学评价·成长记录》的讲座；在潮州听了韩山师院物理系教授郭鸿钧《纳米及其应用》的科技讲座；听了成功学创始人李践《做自己想做的人》的成功学讲座。此外，还有魏书生关于学习学的讲座、周弘关于赏识教育的讲座，等等。这些讲座极大地丰富了我的教育思想。

（三）参加多种培训

新课程的实施，需要一个不断认识、不断实践、不断深化的过程，参加新课程的培训，这是一个必不可少的环节。这几年，我参加了市教育局在鮀岛影剧院举行的由湖南师范大学石鸥教授主讲的《适应时代需求，全面推进课程改革》的培训，参加在汕头教育学院举行的新课程通识培训，参加在聿怀中学举行的初一级新教材培训。通过上述各种培训，加上自学和听课、评课活动，我对新课程的指导思想和课程结构有了一个较清晰的认识。

（四）向被评估单位学习

到各校评估，我会比较详细地查阅各校的科研课题资料，既掌握情况，又能了解到各类学校各个学科的科研信息，从中得到教益。我到汕特中心幼儿园评估，该园办了几个蒙氏实验班，效果很好，深受家长欢迎。蒙氏是意大利著名的国际儿童教育专家蒙台梭利，我从幼儿园借来蒙台梭利的专著，认真学习蒙台梭利的教育思想，更好把握当前幼儿教育的动向。

二、认真付出

（一）制作课件

黄晖阳校长在讲座中间播放贝多芬的交响乐，效果很好，我从中得到启发。我请人指导，将讲稿制作成多媒体课件，演讲时既播放配合主题的音乐，又有图像和文字说明，大大增强了演讲的生动性。制作课件需要搜集资料，需要合理构思，需要反复修改，以达到较佳效果。它花去我大量时间，但我乐此不疲。

（二）编印演讲提纲

每场演讲我都编印演讲提纲给听众，人手一份。有了它，听众对演讲的思路、结构就比较了解，可以加深对内容的理解。演讲提纲末尾我留下电话，有需要的人可以随时与我联系沟通，以示对听众负责。

（三）问卷调查

每场演讲，事先我都要与单位领导座谈，或召开教师座谈会，了解该单位教育教学等方面情况，以便讲学时有的放矢。一些讲座，我还制作问卷，事先向听者做调查，使演讲更有针对性。

三、积极参与

（一）回答听众的提问

敢于提问，这是主动学习的表现，演讲者应给以热情支持。我给中学生讲《让读书成为生活的一种习惯》后，隔天学生给我发来多条信息，询问有关读书、习惯、成才等问题，我逐一打电话回答他们的提问。学生发来的信息多数是借用家长的手机发的，我打电话回复时，往往学生不在家长身边，我则多打几次，直到与学生联系上为止。一位高一学生听了讲座之后，单独找我反映他的情况，并要求我保密。这位男生的家庭经济较差，他的妹妹曾被一男人污辱过，此事给他妹妹、他自己和家庭造成极大的伤害。我感谢这位学生对我的信任，敢于向我倾吐他家庭的隐私，并表示为他保密。我从心理上给他以疏导，在策略上给他以支持，帮助他正确面对，努力消除事件给他造成的影响。通过谈话，他的心灵得到了安慰，决心振作起来学好功课。潮南一位小学教师对一道小学毕业班的作文题的审题与领导及多数老师的理解不同，感觉很苦恼，她给我发来短信，征求我的意见。我即刻打电话给她,与她探讨作文审题问题,支持她的看法,并告诉她与别人沟通的方法。

(二)参加"成长心连心"活动

2004年8月,我应邀参加外地一所中学开展的一项叫作"成长心连心"的活动,这是一项由企业家策划的别开生面的社会公益活动。该活动由100名中学生和100名学生对应的家长、50名教师、60名企业家共300多人组成。活动的目的在于促进学生与家长、与老师、与他人的沟通、互信和关怀。参与者通过一连串不同形式的活动,在体验中学习优质的沟通、信任、支持和欣赏的方法。它以生动活泼的体验式活动的形式来落实素质教育的内涵,使得参加者可以从提升自我素质开始,开创未来美好优质的生活。起初学校领导班子意见不统一,主要是怕出问题。许校长征求我的意见,我在详细看了策划书和该培训机构在上海、杭州、南京等中学活动的录像后,给予大力支持,统一学校行政一班人的思想,并在后来的班主任会和学生大会上亲自做动员。由于企业家们的无私奉献、精心策划和家长、师生的积极配合,一整天的活动特别成功。我参加了活动的全过程,感悟到一种新型的人与人沟通的方式:①平等、尊重。参加活动的家长、教师、学生和企业家都以一个普通人的角色参与其中,这是沟通的前提。②真诚、真实。在活动中彼此都敢说话,说真话,这是沟通的基础。③营造适宜的环境和气氛,开展形式多样的活动,这是沟通最有效的方法。通过这场活动,我感受到现代企业家的风采、学习精神和善于沟通的高超本领,也感受到学校德育工作的丰富内涵,以及师生之间、家长与子女之间、领导与群众之间、人与人之间的有效沟通的重要性。在学校德育工作中,我们应该有所作为,有所创新,才配得上共产党员这一光荣称号。

(三)切磋交流

全国优秀班主任、特级教师方仰群老师在局机关党员会上介绍经验,会后我与他交流，谈到当前学校的德育工作，谈到学生成绩排名等问题。他给我送来了他的演讲稿——《从马克思到口香糖》，我则送给他我的演讲专题。互帮互学，取长补短。一位学者来汕头讲学，提到国内有教师提出第10名现象。会后，我与他交流，指出"第10名现象"是美国一位著名心理学家提出来的，"第10名现象"和松下公司录用70分人才的观点是一致的。通过切磋交流，我受益匪浅。

四、勇敢面对

讲学，这是我自己找来的工作，是我为教育、为社会服务的一种特殊形式。我所讲的专题，多数是听讲单位给我提出来的。写好一个专题，我需要很长的时间，但我把它当作教育对我的挑战来完成。我觉得，要做一个对别人有所帮助的人，就应该敢于迎接这种挑战。我的每份讲稿，都注意有理论支撑，这样才会令人信服。注意运用案例说明问题，这样才更直观、更有说服力。如讲《IQ + EQ + AQ = 成功的人生教育》这一专题时，我列举了中外17个典型案例，说明提高每个人的情商、逆境商的极其重要性。我的演讲注意理科、文科相结合，经济、科技、教育相结合，中学、小学、幼儿园相结合。现场对话，现场回答听众的提问，这是一件难度较大的事情，为了更好地跟听众沟通，我愿意接受这种挑战。给家长讲学，难度是最大的，因为家长的职业五花八门，文化差距很大，要满足不同家长的需求，必须花更大的力气。汕头林百欣中学的几百名家长从老远的地方跑到学校听讲座，两个小时的演讲，家长们那么认真、那么专心，这是我意想不到的，我感受到他们的迫切需求。"精彩、实在"的评价给我以鼓舞，我今后将会更加努力去做，以满足社会的需求。

各学校各单位为我的讲学提供了诸多方便，给我以鼓舞和力量。饶平县教育局专门在大会议厅装备一个电教平台，满足我演讲的需要。分管教育副县长亲临听讲，教育局局长亲自主持会议，当天下午又专门召开学校校长座谈会，就我讲的创造型校长等问题展开讨论。在外市一个镇几百名中小学教师集中在大戏院听我演讲，这是该镇自"文革"以来最大的一次教师集会，当地电台和电视台都做了报道，在群众中产生良好的影响。潮阳师范附小请我讲学，周边十所小学老师闻讯也来参加，在月浦、岐山也有类似情况。一位中学校长深情地说："听了张局长的报告，胜读十年书。"潮阳一位小学教师认为，"张局长的讲演是一顿丰盛的教育套餐，受用无穷"。面对大家的赞扬，我受到鼓舞，也感觉担子沉重。

热情学习，认真付出，积极参与，勇敢面对；不断挑战自我，不断提高督导和演讲的质量，做一个对别人有所帮助的共产党员，做一个无愧于伟大变革时代的共产党员，这就是我的人生追求、我的人生价值。

2005 年 5 月 17 日

像葵花一样天天向着太阳[①]

各位领导、各位来宾、各位家长、葵花幼儿园老师们、小朋友们：

大家好！金秋十月，葵花幼儿园迎来了她的 15 岁生日，我谨代表家长朋友们表示热烈的祝贺！

15 年来，我见证葵花幼儿园的成立、发展和壮大：

1995 年葵花幼儿园成立。两年后，1997 年被评为区一级幼儿园。又过两年，1999 年被评为市一级幼儿园。四年后，2003 年我作为汕头市一级幼儿园评估组组长莅临葵花幼儿园复评，葵花幼儿园给我留下了良好的印象。

2004 年，葵花幼儿园引进联合国儿童基金会在全世界推广的"小脚印"早期教育项目，2005 年通过验收，成为当时全国四个实践基地之一。

2006 年 10 月 14 日我应邀到葵花幼儿园作了题为《更新育儿观念 培养孩子良好品格》的演讲，与家长朋友们谈幼儿的家庭教育。

2007 年年初，我的外孙许夏旸在葵花幼儿园参加"小脚印"活动，接着读小小班、小班、中班，今年读大班。每学期我都到幼儿园参观学习。

2007 年，葵花幼儿园开展"黄金阅读"的实验，我的外孙也参加该实验，我经常到园了解情况并给予指导。

今年 3 月，我主编的《当今家庭教育》第 5 期刊发了葵花幼儿园家庭教育专辑，介绍葵花幼儿园教师和家长撰写的六篇文章和九幅照片，全面推广葵花幼儿园的经验。

所有这些活动让我深深感到：葵花幼儿园是一所环境优美、管理规范、教师敬业的幼儿园；是一所领导力量强、办园理念新、教育科研突出的幼儿园；是一所能让孩子快乐成长、办园效益好、各方面硕果累累的幼儿园；是一所家长信赖、社会认可、有良好社会声誉的幼儿园。

第十四章 督导之歌

"爱和自由"这是幼儿赖以健康成长的环境,葵花幼儿园给孩子们提供了这样的环境。葵花幼儿园的老师们以幼儿心理学为指导,给孩子们充分的爱和充分的自由,让孩子们沐浴在爱和自由氛围中!

最近,我撰写了《儿童发展敏感期与家庭的早期教育》一文,将刊登在《当今家庭教育》第7期"幼教园地"栏目上。作为幼儿的家长,要特别关注儿童的发展敏感期,要实行科学的家庭早期教育。作为幼儿园的教师,也要特别关注儿童的发展敏感期,给孩子科学的早期教育。

家长朋友们,为了自己的孩子健康成长,家长一定要注重学习,提高科学育儿的水平;一定要积极配合幼儿园的活动,支持幼儿园教师的工作;孩子在幼儿园能做的事,到家里也一定要像在幼儿园那样做好;家庭和幼儿园有机配合,这是孩子成长不可缺少的环节。

祝愿葵花幼儿园的小朋友们,像葵花一样天天向着太阳,快乐成长!

祝愿葵花幼儿园的老师们以优质教育开启灿烂的教育人生!

祝愿葵花幼儿园家长朋友们,关注儿童发展敏感期,有效实施家庭的早期教育,促进孩子健康成长!

祝愿在座各位领导、各位来宾像童年时那样,开心快乐每一天!

2010年10月9日

①本文是作者应邀在葵花幼儿园成立15周年庆祝大会上的讲话。

给陈店小学的一封信

王萃长校长，各位副校长、主任：

你们好！寄去复查座谈会上我的发言材料三份：一份给学校，一份给潮南区教育局督导室周修永主任，一份给陈店镇教育组。

这次复查的意见与初评的写法有所不同，我主要从理论层面加以总结，概括为优质教育问题：让德育贴近生活是德育的新视角，课题实验和常规教学研究相结合是教学改革的新思考，以多媒体网络教育手段，促进学生主动发展是传统与现代相结合的新尝试。新视角、新思考、新尝试，是你们学校在这三个方面所取得可喜成绩的体现，希望你们能在这些方面继续努力，让学生更主动发展、自主发展。

对今后发展思路的建议，我提到学习前沿教育教学理念问题，谈了三个方面："课外阅读""问题意识"和"体验式德育"。这些都是当前教育的热点和难点问题。如何解决这些问题，既需要进一步学习，从理论上认识其必要性、可行性，更要注重实践，在教育教学活动中研究解决问题的方法。我给教师讲的专题《以优质教育开启灿烂人生》，是对这些方面所做的一点探索。愿我们每个人都成为研究者，一起来努力。

还有两个问题，也请你们注意：一是家庭教育问题，二是多媒体教学与传统教学整合问题。这是当前德育工作与教学工作中两大突出问题，需要积极实践，努力研究。家庭教育是当今中国教育一块短板，还未引起全社会的足够重视，尤其是教育界的重视，为此，我把家庭教育作为我当前研究的一个重点，以求在这方面有所作为。

我的意见不一定正确，仅供你们参考。有不妥之处，请你们批评指正。你们有何想法，有何需求，请随时告知。

请转达我对全体老师的问候,对陈店居委会领导和镇教育组领导的问候。共同努力,以促进陈店小学向更高层次发展,这是我的愿望。积极实践和求索,老师们必定会得到更多的快乐和幸福,这是我的祝愿。

此致

敬礼!

你们的朋友　张能治

2006 年 5 月 22 日

于汕头碧霞庄

注重规范,超越规范,凸显学校个性[①]

一、总体评价

汕头市澄海中学是一所已有90年办学历史,具有光荣革命传统,为社会做出显著贡献的学校;是一所校园美、校风好,教师勤教、学生乐学,教育质量高,人才辈出的学校;是一所学生全面发展,体育特色明显,教育现代化气息浓厚的学校;是一所学生热爱、家长满意、社会赞赏,具有充足发展后劲的名校。

澄海区委、区政府、区教育局高度重视,积极支持澄海中学的发展。自第二次复评四年来,学校针对复评组提出的意见和建议,紧跟全国高中教育改革的形势和创建国家示范性高中的标准,结合本校实际,采取一系列有效措施,为学校的可持续发展创造了良好条件,取得突出的成绩:不断优化办学条件,不断扩大办学规模;加强校园文化建设,创设了"条块整合"的管理模式,提高管理效能;改革德育模式,使其更具科学性和实效性;注重理论学习和课题研究,突出"精致教学",强化常规管理,学生德、智、体、美、劳全面发展,教育质量全面提高;后勤管理力度大,安全措施可行有效。

二、主要成绩和经验(略)

(1)努力完善办学条件,校园环境更加优化。
(2)深化管理体制改革,重视师资队伍建设。

（3）强化常规教学管理，注重课题研究。

（4）德育工作扎实，更具科学性和实效性。

（5）长期培育，体育特色鲜明。

三、建议和希望

（1）认真学习《国家示范性高中评估方案》，制定规划，积极创建，争取早日达到目标。

（2）进一步加强队伍建设，努力造就一支勤学习、会思考、敢改革、重实践的强大师资队伍，以适应学校规模扩大的需要。

（3）注重规范，超越规范，凸显学校个性，凸显学校特色。

注重规范，就是有些地方还不规范。例如：班额太大，严重制约着教学质量的提高；图书馆阅览室面积不够大；教师的办公室太小；科学楼各个专用室的科学氛围还不浓；生物园档次较低；美术室教具缺乏；等等。所有这些都需要在今后的发展中加以规范。

超越规范，就是要在规范的基础上凸显自己的学校个性。学校个性，是这所学校的文化个性，是这所学校的文化内涵，是这所学校的办学特色，是这所学校的精神积淀。现在中国的教育，千校一面、万人同语的现象很严重。作为一所有悠久办学历史的名校，超越规范，凸显学校个性，凸显学校特色，这个问题应该提高到理性层面来思考、来研究。

澄海中学有什么比较突出的个性？例如，管理中的"条块整合"，突显年级管理，突显教育与教学的整合，就有个性；"精致教学""自主学习"这些研究和实践也比较有个性；家庭教育强调家长要关注孩子的兴趣、习惯，关注学习过程，关注与子女沟通等，这些做法也是比较有个性的；澄海中学的体育工作成绩显著，体育特色明显，但如何表述，如何提高到理性层面来研究，需要老师们进一步探讨。我所提这些方面，都是澄海中学比较有个性的一面，重点中学就要敢于超越规范，勇于实践，不断总结升华,才能凸显学校的个性,凸显学校的特色。

经过复评,复评组全体同志一致同意澄海中学继续保持省一级学校称号,建议报省审批。

复评组同志们祝愿澄海中学在不久的将来迈进全国示范性高中的行列,为澄海、为汕头的教育事业、为人类的未来作出更大的贡献!

2005 年 10 月 28 日

① 此文是作者作为省一级学校复评组发言人撰写的复评意见,并在驻地澄海莱芜金叶山庄制作成课件,然后在澄海中学办公楼二楼会议厅,代表复评组向澄海中学全体行政干部、年级长、教研组长及区政府、区教育局等有关方面领导,首次以多媒体课件形式进行反馈。"注重规范,超越规范,凸显学校个性"这个题目是收入本书时加的。其时澄海中学校长为郑楚钦。

第十五章 演讲之歌

张能治演讲专题

说明：长期以来，我以演讲的形式为家长、学生、教师服务，印出多个演讲专题让受众单位选择。本文是第五稿的演讲专题题目。

家庭教育

（1）更新教育理念，做 e 时代合格父母

（2）父母的职责：培养孩子的良好习惯

（3）提高学习力的着力点

（4）家庭教育的误区与对策

（5）做智慧快乐的小学（中学）生

（6）儿童发展敏感期与家庭的早期教育（幼儿教育）

（7）更新育儿观念，培养孩子良好品德（幼儿教育）

（8）做一个平凡女性、智慧的母亲

（9）倾听，父母与子女沟通的诀窍

（10）IQ＋EQ＋AQ＝成功的人生教育（心理教育）

（11）儿童的"六大解放"与当今的家庭教育

（12）我们需要网络　我们不能沉迷于网络

（13）习惯决定子女的命运

（14）做智慧的父母　促进孩子快乐成长

（15）家庭教育是孩子成长的底色

（16）家校结合，培养孩子的良好习惯

青少年教育

（1）让读书成为生活的一种习惯

（2）阅读与思考照亮人生

（3）人生目标与人生规划

（4）我与智慧同行

（5）珍惜生命，做智慧的中学生（安全教育）

（6）与快乐为伴，做个自信的人（心理调适）

（7）绿色上网，做智慧的中学生

成人继续教育

（1）读书·求异·创造

（2）知识经济呼唤素质教育

（3）创造教育与创造型教师

（4）时代呼唤优质幼儿园教师

（5）以优质教育开启孩子的灿烂人生

（6）创造教育期盼创造型校长

（7）没有爱就没有教育（教师职业道德）

（8）以陶行知为师　爱满学生（教师职业道德）

（9）主动·和谐·求是·创造（校训与校风）

（10）论习惯的形成及其对人生的影响

（11）阅读与职业道德及其他（企业员工）

（12）课题研究与教师的专业成长

（13）做个智慧与自信的人（干部职工）

2013 年 9 月

读者之声

印象深刻，特色鲜明

林　枫

《前言　爱的信念》已细读，很有创意；少年之歌、读书之歌、亲情之歌、感恩之歌、自信之歌、生命之歌、公益之歌、刊物之歌、写书之歌、校长之歌、局长之歌、关工之歌、陶研之歌、督导之歌、演讲之歌……特色鲜明，给人以深刻的印象。

《爱的期许：家庭教育及其他》这个书名好，高度概括了全书内容。

2019 年 12 月 21 日

（林　枫：广东省汕头市读者）

"爱与榜样"的好书

苏耀良

德国教育家福禄贝尔曾说："教育之道无他，唯爱与榜样而已。"《爱的期许：家庭教育及其他》全书15章共91篇文章，内容涉及广泛，作者用一个"爱"字贯穿全书，统揽全书，使方方面面的内容联成一个有机整体：

爱读书、爱家庭、爱生命、爱生活、爱他人、爱工作、爱事业……这样的编排独具匠心，体现了作者的高明。

张主任年近八旬，仍以高度的社会责任感和饱满的工作热情，先后出版了六本有分量，有水平，有温度，理论与实践紧密结合，有很强指导性和操作性的好书，令人佩服，值得学习！

2019 年 12 月 22 日

（苏耀良：广东省清远市读者，清远市清新区关工委常务副主任）

有大爱之心的智人

陈景山

张老师好！最近看了陈俊乾写的文章才知道您仍在做没功利性却十分有意义的事，真令人感动啊！您真是一位有大爱之心的智人。知道您身体康健，作为您的学生，我感到甚是欢慰！

一个人若抛弃功利性专心做自己喜欢且有益他人的仁事，必定精神愉悦充实，身体充满活力，也必应仁者寿之吉言！张老师，衷心地祝福您！

2017 年 12 月 28 日

（陈景山：广东省潮州市读者）

一个幸福的家

黄卓才

能治，分享了你的大作《牵手》。这是纪实作品，述事细致，情节感人，感情非常真挚，我读来很感动。祝贺你有幸牵手一位贤妻，拥有一个幸福的家庭！

2019 年 9 月 21 日

（黄卓才：广东省广州市读者，暨南大学教授、作家）

最令晚辈敬仰的人

洪　琳

《牵手》情深意切，感人肺腑，现代家庭典范；退而不休，无私奉献于教育事业，最令晚辈敬仰！

2019 年 9 月 21 日

（洪　琳：广东省广州市读者）

一个优美的故事

陈俊乾

《牵手》是一篇好文章,很值得一读。

与其说《牵手》是一篇好文,不如说是一个优美故事,一对恩爱夫妻真情永远的爱情故事。《牵手》的故事,作者张能治老师是自己讲自己的事,有些事鲜为人知,其事迹真实感人。张能治老师早年在红星中学(前身潮安六中,现为东凤中学)任教,1984年调任彩塘中学(潮安二中)校长,后调往汕头市工作。

老师夫妇一路牵手,风雨同心,真情永远。

读罢老师《牵手》一文,敬慕之情涌动心头。

衷心祝愿张能治老师偕夫人陈赛珠老师健康快乐长寿!

2019年9月27日于潮州
(陈俊乾:广东省潮州市读者)

《牵手》读后感

邓淑娟

"执子之手,与子偕老",《牵手》这篇文章的作者是怀着感恩的心,来写自己与相濡以沫的妻子陈赛珠"牵手"的感受。

"有缘千里来相会",也许真的就是天注定的缘分,让出生在马来西亚沙捞越诗巫小镇的赛珠,年仅4岁时就随二伯父千里迢迢回到了潮州。文章以朴实无华的文字、自然亲切的口吻,细细讲述了与秀外慧中的陈赛珠结缘的经过,以及几十年来共同携手走过的丰富人生。

20个世纪70年代初期,国家尚未改革开放。1973年结婚时,他们只有极简陋的10平方米的居所,课余时间要自己锄地种菜。赛珠勤劳朴实,无论生活多么艰难,家务多么繁重,她都默默承受着,还生下了两个可爱的女儿。对于需要长期照顾的年老多病的二伯母,她怀着感恩的心悉心照顾,从未抱怨。对于事业心极重的丈夫,她通情达理,一直积极支持着。几十年来,妻子用她的爱心和善良孝顺长辈,感染和教育着下一代。文章中所展示的一幅幅真实的生活画面,让我们清晰地看到了一个美丽善良、温柔贤惠的妻子形象。

当同样都拥有善良之心的人结合在一起,凭着诚信和感恩过日子时,再苦再难都会共同承担。"家",始终都是和谐温馨甜蜜的。作者自从牵了"她"的手,心中一片坦然和满足,就好像同时拥有了朝霞和晚霞:"每天她目送着我骑着自行车……迎着朝霞到红星中学上班去,下午又骑着车披着晚霞回家……日复一日,生活充满甜蜜与幸福!"

如今,牵手之人虽各已鬓发染霜,但爱情的花朵依然绚烂。作者在文章的结尾,再次对牵了一辈子手的爱妻表达了自己无限感激之情:

"几十年过去了,我们牵了一辈子的手,收获了爱情和婚姻,收获了家庭和事业;几十年过去了,我们收获了满满的幸福,收获了浓浓的爱!"

2019 年 11 月 2 日于香港粉岭

(邓淑娟:香港读者)

《牵手》动我情

陈遵宝

不得不佩羡,兄有真慧眼,所爱贤勤实,钟情竟一见!
果然赛珍珠,一世把手牵!偕老美伉俪,欣阅《牵手》篇,
心语写朴实,恩爱字行间。忆兄姐大龄,晚婚起当年,
不是一家人,岂进一扇门!赛珠配能治,良缘几十年!
尊爱心地良,百善孝为先,上服侍高堂,诸事忙不嫌,
悉心乐照顾,为尊享天年,汗滴"自留地",寒舍苦也甜;
女儿学妈妈,母孝子亦贤,拍得一张照,外婆乐嘴边,
逢节回老屋,举家念从前,皆不忘初心,老少齐向前……
读《牵手》大作,感动我心洵,爱心与孝心,难能贯全程,
家庭与事业,相彰一路兼,"不能没有她",丈夫真珍言!
吾亦爱赛珠,恰她也姓陈,般配能治兄,硕果出今天,
教育作贡献,文论著连连,尤其论家教,真知有卓见,

关心下一代，祖国植心田！立足当今事，胸怀理想篇，
民族复兴梦，双双践行人！深得父母教，薪火晚辈绵，
繁（帆）星亦闪烁，辉映日月间！美哉一家子，春秋韩水边！
激动我心怀，只因《牵手》篇，清清播涟漪，悠悠传天边！

2019 年 9 月 16 日于昆山蒲园

（陈遵宝：江苏省苏州市读者）

您永远是我们的老师

陈三鹏

佳作《牵手》，令人感动。从某种意义上看，它甚至比您从教从政的辉煌业绩更能打动读者的心。在当今社会，尤其是知识群体，能像你们这样简朴而又甜蜜地生活，历经千辛万苦却始终相濡以沫，其比重已越来越少。

您永远是我们的老师，不管过去还是将来，不仅在课堂上，而且在课堂外。祝老师和师母幸福快乐、健康长寿！

2019 年 9 月 22 日

（陈三鹏：广东省潮州市读者，韩山师范学院副教授、原副院长）

文情并茂的《牵手》

赵崇兴

《牵手》文情并茂,拜读再三,感慨系之!

都说成功的男士有一半是他贤内助的功劳,读了《牵手》,我更加觉得这真是至理名言。

艰辛的生活经历和曲折的人生际遇,对于我们来说,无疑是一种无可替代的精神财富,它会使人更加坚强,迎难而上,更加一往无前。作者和赛珠对生活的勤恳耕耘、对亲人的真诚厚爱,使我无比感慨。

2019 年 9 月 23 日

(赵崇兴:广东省江门市读者)

众人赞《牵手》

张局长,您写得好感人,看得我都要流泪了。真情流露就是好文章。《牵手》写得很真挚,真的是好文章!

——黄健桢

(黄健桢:广东省汕头市读者)

2019 年 9 月 6 日

张主任:昨天我把《牵手》复制到电脑,放大字体细看一番,下列句子给我留下特别深的印象:

"办理手续的是办事组的杨阿葵同志,一张泛黄的结婚证书仍珍藏着。"

"二伯母喜欢养猫,珠经常买鱼给猫吃,让二伯母开心。"

"出门之前一定要量好各人的尺寸,保证买来的衣服合身。"

"外婆听后打了几下床板,就闭上眼睛了。"

……

作者记述几十年前的陈年旧事,是如此清晰、如此细致入微,使我一下子明白什么叫记忆犹新。作者对陈年旧事记忆犹新,不是来自记忆的特异功能,而是来自对珠刻骨铭心的爱,来自对亲人的深切怀念。

《牵手》精准的细节描述,体现了专业写作的水平,也是文章的魅力所

在，好文章值得细读。

——苏耀良

（苏耀良：广东省清远市读者）

2019年9月22日

拜读佳作，深为感动。赛珠温柔贤淑、勤俭敬业的优良品格，你们夫妻恩爱、女儿孝顺都在对往事的娓娓细述中跃然纸上。我羡慕你们，也深表敬佩。祝你们健康快乐，幸福满满！

——罗华生

（罗华生：湖南省湘潭市读者）

2019年9月9日

《牵手》，这个题目好，给读者带来温馨的联想，可以自由在"牵手"的路上说出自己人生的故事。

在这个充满温情的故事里，作者真实地记录下自己的爱情与亲情以及人生的脚印。这些对自己与子女，以及亲友，都是宝贵的财富。作为朋友与读者，我在文章里更加认识了你们。

——王锡安

（王锡安：香港读者）

2019年9月11日

细舅，您好！《牵手》已细读。几十年的缩影，有血有肉，满满的感情、亲情、知恩、感恩、爱岗、敬业充满人生旅程。值得晚辈学习、尊敬。东四小学、东凤老屋、红星中学、潮安二中都是我熟悉的地方，尤其是茶箱当"茶几"及"二房一厅"印象深刻。

——林　枫
（林　枫：广东省汕头市读者）
2019 年 9 月 22 日

　　读了《牵手》一文，很受教育和感动！真羡慕你有一位这么优秀贤惠的伴侣和一个幸福的家庭！真是人生的大幸！

——刘颖丽
（刘颖丽：北京市读者）
2019 年 9 月 22 日

　　《牵手》我读了几遍，觉得很好！作为家庭教育题材，师母的大度大德，对于年轻一代的父母来说，很有引领作用和教育意义。

——陈茂锐
（陈茂锐：广东省潮州市读者）
2019 年 9 月 8 日

读了《牵手》一文，四丈把对家庭、爱人、女儿的爱用文字淋漓尽致地表达出来，真值得我们学习！

"人生道路，选对伴侣，牵对手，不易；相濡以沫，和谐相处，牵一辈子的手，更难。"四丈说得多好，向四丈学习！

——陈慕云

（陈幕云：广东省潮州市读者）

2019 年 9 月 28 日

张能治老师是教过我的老师中最敬业、最无私、最优秀的教师之一。我至今仍然感激感恩他的教诲，并珍藏他当年编写的语法书。我衷心祝福他健康长寿！好人好报！

——张家庆

（张家庆：广东省潮州市读者）

2019 年 9 月 27 日

后 记

爱 的 心 声

经过坚持不懈的努力,《爱的期许:家庭教育及其他》终于可以付梓了,这是我近九年来出版的第五本家庭教育著作,我由衷地高兴。

本书取名《爱的期许:家庭教育及其他》,意在期待与赞许,希望年青一代的家长能在爱的名义下,从生活和事业等方面通过积极努力,为孩子们营造健康绿色的环境,促进他们自由快乐地成长。未来是属于少年的,"少年之歌"作为本书第一章,其含意也在此。

感谢全国各地的专家学者为本书的出版作了精彩的点评导读,为读者指明了努力的方向。他们是:中国教育学会家庭教育专业委员会名誉理事长、全国网上家长学校名誉校长、北京师范大学教授赵忠心先生,暨南大学中文系教授、作家黄卓才先生,中国政法大学教授、博士生导师李晓先生,广州大学教育学院研究员、硕士生导师、广东现代家庭文明与亲子教育学会会长骆风先生。

感谢各地读者的阅读分享,"读者之声"是读者给予作者爱心的馈赠、极大的鼓励与鞭策!感谢特约校对陈潮荣先生的精心校对!

感谢中山大学出版社王天琪社长、编辑室主任徐诗荣的大力支持,感谢蔡浩然编审的积极指导和美术编辑林绵华的精心设计,感谢责任校对周玢、责任技编何雅涛的辛勤付出!

感谢热心公益倾心家庭教育的广东格林教育文化有限公司董事长洪琳先生的赞助和奉献!

1968年8月我于暨南大学中文系本科毕业,到中国人民解放军牛田洋生产基地锻炼,经历了1969年"7·28"强台风大海潮的洗礼,1970年4

月开始从事教育工作，至今已50年。"爱"始终是我生活和工作的主旋律，不论当中学教师，还是中学校长、区教育局副局长；不论当市督学、市学习科学研究会副理事长，还是区教育学会会长、青少年科技教育协会理事长、陶行知研究会会长；不论当区教育局关工委执行主任、家庭教育讲师团团长，还是《当今家庭教育》《孩子与家庭》杂志的主编；不论是在岗担任行政职务，还是不在岗没有行政职务，我从事的每项工作，都付出爱。爱的奉献，奉献给孩子，奉献给家长，奉献给教师，奉献给社会关注家庭教育的人们，奉献给伟大的祖国和人民，这本书就是我爱的心声写照。

关爱孩子，关注家庭教育是我挥之不去的情结。从"爱的信念"到"爱的心声"，一路走来，历尽艰辛，虽苦犹甜。作者期盼广大的家长，尤其是年轻的父母能将科学的"爱"传递给孩子，让他们坦然潇洒，成功地奔向幸福的远方，这是本书出版的初衷。

感谢我的妻子陈赛珠、女儿张晓帆、张晓星、女婿许桂鑫、张霞，没有他们的关心与支持，我不可能完成本书的创作，感谢所有关心本书出版的人们！

谨以此书献给我的家人、亲人、朋友！献给关注孩子健康快乐成长的人们！回眸50年的人生历程，《爱的期许：家庭教育及其他》充其量是家庭教育大花园中一朵小花而已。有芬芳，也一定存在不足，敬请读者批评指正。

张能治

2020年5月1日

于汕头碧霞庄家中